El diálogo oblicuo

El diálogo oblicuo

Orígenes y Sur: fragmentos de una escena
de lectura latinoamericana (1944-1956)

Nancy Calomarde

Consejo Editorial

Luisa Campuzano
Adriana Churampi
Stephanie Decante
Gabriel Giorgi
Gustavo Guerrero

Francisco Morán
Waldo Pérez Cino
José Ramón Ruisánchez
Nanne Timmer
Jasper Vervaeke

© Nancy Calomarde, 2015
© de esta edición: Almenara, 2015

www.almenarapress.com
info@almenarapress.com

ISBN 978-90-822404-7-4

All rights reserved. Without limiting the rights under copyright reserved above, no part of this book may be reproduced, stored in or introduced into a retrieval system, or transmitted, in any form or by any means (electronic, mechanical, photocopying, recording or otherwise) without the written permission of both the copyright owner and the author of the book.

Introducción..9

I. Escenarios, recorridos y deslices
   (para llegar a Sur desde la isla)......................................19

   ¿Americanismo u occidentalismo?...21
   La América del Norte ¿un capítulo aparte?.............................32
   Las trampas de la Modernidad..36
   La ruta Orígenes-Sur..47
   El meandro de Rodríguez Feo: Henríquez Ureña...................65
   El espejo: Henríquez Ureña en Sur..71

II. Escenas de lectura argentina en Orígenes...................... 77

   La escena de las reseñas..79
   La escena de los repertorios comunes 100
   La escena de las notas críticas.. 121
   La escena de las colaboraciones. 128

III. La ruta argentina de Virgilio Piñera............................. 137

   Cómo circuló Piñera en la literatura argentina 139
   Piñera a viva voz..143
   Para llegar a Borges (o la cita imposible Borges, Leonor y Piñera)....... 163
   Bianco, lector de Piñera.. 166
   La experiencia de sus «revistitas». Una lectura
   al revés de Orígenes y Sur 171
   Una lectura cultural desde la periferia 177
   La escritura autoconsumida 185

IV. La ficción sin límites..189
    Descentramientos, religaciones y diásporas en la ficción piñeriana..... 190
    Piñera y el canon de la constelación Borges... 199
    Tantalus o la autoconsumación del canibalismo................................... 213

Epílogo..221

Bibliografía...225

Agradecimientos 237

Mi estimado compañero: acabo de recibir la hermosa revista que ustedes han tenido la delicadeza de enviarme a *Sur*. Cuba nos tiene acostumbrados ya a revistas de magnífico contenido y de penetración extraordinaria. Pero creo que esta supera todas las experiencias anteriores.

> Sábato en carta a Lezama Lima fechada un 25 de agosto (sin precisar año) (Lezama Lima 1993: 305)

Introducción

Las páginas que siguen son el resultado –siempre provisorio– de un largo proceso de investigación y escritura, cuya brújula ha sido una serie de preguntas capitales: ¿cómo pensar el diálogo entre dos revistas latinoamericanas elaboradas en los puntos más distantes del movedizo y a veces ambiguo mapa cultural de Latinoamérica? ¿Cómo reponer esas conversaciones de las que los textos dan cuenta, aunque las políticas y las discursividades programáticas las hayan silenciado o hecho emerger de maneras muy parciales? ¿Cómo hacerlo, además, atendiendo a las especificidades de cada campo cultural? Esas preguntas me fueron orientando en la elaboración de mis hipótesis y en sus sucesivas rectificaciones y ajustes.

Dichos interrogantes comenzaron a plantearse a partir de una primera incomodidad crítica: si la huella de la literatura argentina en *Orígenes* parecía relativamente visible (a pesar de lo esquivo y contradictorio de algunos textos), la posibilidad de ese rastreo en *Sur* resultaba una empresa bastante menos fecunda, ya que la revista argentina no publicaría sistemáticamente autores cubanos hasta entrada la década del cincuenta y las referencias a los escritores insulares y a su cultura serían casi inexistentes en el período de doce años durante el cual apareció la revista de José Lezama Lima. Pese a esa elipsis, algunos síntomas de la tardía emergencia estarían sugeridos en un diálogo subterráneo que se llevaba a cabo a través de determinadas prácticas de lectura y escritura, cuya funcionalidad estaría articulando una doble dimensión: problematizar los modelos reproductores subyacentes en cierto tipo de «modernidad[1]» y

---

[1] Para las definiciones de este concepto me he basado en los trabajos de Ángel Rama (1984), Julio Ramos (1989), Walter Mignolo (1991: 1995) y Zulma Palermo (2005), principalmente. Esta última señala: «Según Dussel (1999) la Modernidad es un fenómeno que concibe a Europa como el centro del sistema planetario, y por lo tanto no se trata de un funcionamiento inde-

«modernización» –como hipótesis ratificadora de la existencia de centros y periferias y sus funciones específicas, y de las erráticas y vanas relaciones entre periferias entre sí[2]–, y postular una praxis (de lectura y escritura) heterogénea, fragmentaria, asistemática y tangencial. De manera tal que este trabajo intenta dar cuenta del siguiente problema o hipótesis: en la mitad del siglo, durante el período en el que coinciden en su publicación (1944-1956), *Sur* (1931-1979) y *Orígenes* (1944-1956) construyen un diálogo oblicuo que se lleva cabo a través de diversas textualidades y desde operativos heterogéneos. Dichas redes podrían ser ordenadas para el análisis en «series culturales», familias poéticas, genealogías, cartografías de lectura.

Paralelamente, la revisión del contacto hacía emerger las desiguales condiciones objetivas de cada campo que obturaban el escurridizo apetito de acercarse al otro. Además, dichas relaciones –regidas por el azar, el deseo «oblicuo» que fractura la reciprocidad (haciendo ostensible la asimetría) y los avatares de la carrera individual de algunos de sus miembros (el modo en que inscriben su subjetividad literaria en una red de lecturas)– no reproducían un sistema de modelos y hegemonías –ni en lo relativo a la lecturas metropolitanas ni a las que los vinculaban a las escrituras de la periferia local–, sino más bien las problematizarían en las particularidades de la escena dialógica, a través de reinvenciones, ficcionalizaciones y descentramientos del ejercicio de lectura latinoamericano que lee especularmente, es decir: a sí mismo en el otro. En otros términos, para comprender esa «escena», en el fragmento de los operativos críticos, simbólicos e ideológicos, y las representaciones literarias que llevan a cabo las dos publicaciones, era necesario atender a las condiciones objetivas y a los procesos de constitución de cada campo cultural ya que el efectivo contacto en última instancia dependería de las posibilidades materiales –la presencia de textos, editoriales, mercado

---

pendiente o interno a ese imaginario, sino que genera la oposición centro-periferia a partir de la incorporación del Nuevo Mundo a la cartografía mundial, anexando así la colonialidad» (Palermo 2005: 90). Otro rasgo importante para ingresar a esos conceptos ha sido el aportado por Ramos (1989) respecto de la consideración de un desigual proceso modernizador en América Latina, en tanto fue operado en contextos diversos –culturales, políticos, económicos–. Las diferentes consideraciones teóricas sobre los procesos modernizadores, distanciándolos de cierta idea de una Modernidad y modernización cuasi homogéneas para la región latinoamericana, han merecido una rica y diversa bibliografía crítica.

[2] Como han estudiado Cornejo Polar (1994; 1998) y Palermo (2004), la homogeneización de las diferentes modernidades devenidas de operativos coloniales acarreó, como una de sus consecuencias, la pérdida de las relaciones entre periferias, abandonadas al aislamiento y a la pobreza de vínculos culturales interregionales.

e importadores– a las que se subordina, o al menos condiciona, el apetito literario[3]. Esa dimensión «sociológica» del diálogo, sin embargo, constituiría un territorio móvil sobre el que la escena se monta pero cuyas referencias no se agotan en él: era preciso revisar las lecturas y escrituras que producían las revistas a la luz de la elecciones (estratégicas, ideológicas, estéticas) de sus enunciadores, como así también de las tensiones y programas que llevaban a cabo en el texto colectivo (la revista).

Para abordar estos problemas he apelado a categorías aportadas por la crítica, algunas de las cuales he resemantizado y «ajustado» en el contexto de mis lecturas. A partir de ellas, procuro dotar de una ficción de orden a mi discurso y de una urdimbre lógico-conceptual a los problemas. Me ayudan también a recortar, a renunciar, a postergar problemáticas secundarias para las hipótesis centrales del trabajo, y luego a integrarlas en sistemas más vastos, más comprensivos. Categorías, entre otras, como «series», «poéticas», «escenas de lectura», «escenas de escritura», «repertorios», «constelaciones», articulan mis reflexiones no a la manera de un molde predeterminado sino a modo de imágenes que me permitan pensar desde un tipo de dinámica que sintetizaría como expansión e integración, problematización y ordenamiento.

Para puntualizar algunos de esos insumos críticos[4]: denomino «serie» a la organización de textos y discursos en torno a un problema o eje del que dan cuenta desde diferentes modulaciones genéricas, retóricas e ideológicas. Esta categoría me permitirá poner en tensión los textos, hacerlos dialogar para comprender sus mecanismos internos, ya que no constituyen un sistema autónomo sino que esas estrategias forman parte de una serie personal (inscrita dentro de la obra de un autor determinado) y de una producción colectiva (el texto de una revista), y esas dos dimensiones expanden horizontes ideológicos diversos. Si por una parte articularía la forja de una subjetividad escritural en el denso entramado discursivo de su tiempo, dicho concepto hace posible también realizar la historización de esas prácticas que, si bien no están ceñidas a una estricta secuencia cronológica (ya que puede apelar a la anacronía, a la futurología o a la yuxtaposición), revelan aspectos de un devenir, en tanto

---

[3] Esta consideración general no implica ningún tipo de determinismo, que la serie literaria vendría rápidamente a rebatir, sino señalar la importancia que adquiere para una escena dialógica latinoamericana la efectiva circulación de artefactos culturales provenientes de otros sistemas, que diseminan la lectura y habilitan a los agentes capacitados para llevar a cabo el operativo.

[4] Adelanto algunas categorías muy usadas en este capítulo, aunque cada una de ellas se explica en el capítulo correspondiente.

microhistoria de una idea, o una forma que a su vez integra la corriente incesante de un «discurso de época».

En segundo término, trabajo la noción de «ficciones teóricas[5]» en el sentido de metáforas que me permiten «plurisignificar» contenidos y dimensiones. El gesto de ficcionalizar categorías pretende poner de manifiesto ese carácter de artificio de los sistemas y los conceptos, y apuntalar un desarrollo teórico provisorio, cuyo rigor se define en la coherencia interna de su enunciación, como producto de una actitud vigilante y atenta en la lectura de los «objetos».

Con la categoría «escena de lectura» (en algún sentido similar al concepto que trabaja Molloy) he pensado el espacio de la recepción y la reescritura en términos de una ininterrumpida escena que se da a lo largo de la vida de un sujeto y de una formación cultural, en tanto prácticas fundantes de identidad, a través de las cuales se escenifican las propias concepciones sesgando la palabra del otro, se «proyectan» los deseos y se actualizan los programas. Es decir, entonces, lectura como traducción, en algún sentido, entendida como ejercicio traspolador y autorreferencial, ya que mientras pretende volcar, expandir y diseminar contenidos en otro contexto –traducir al otro al propio sistema– «traiciona», descontextualiza la poética de su referencia para reinscribirla en una red de enunciados afines al sistema al que pertenece el lector y hace emerger de este modo el lugar (poético, político, ideológico) desde donde se produce la enunciación.

También he tomado algunos elementos teóricos y metodológicos provenientes de las Teorías de la Recepción (Jauss 1992 y Even Zohar 1999, entre otros), para pensar conjuntos de problemas que vinculan a grupos literarios, a campos culturales y a geoculturas diferentes y sus interconexiones: el modo en que pasaban las escrituras de un contexto a otro, cómo eran ordenadas, secuenciadas y procesadas, de qué modos pasaban a integrar o refractar las poéticas que discutía la cultura de llegada. Al revisar y, a veces, redefinir categorías como «constelación», «redes», «repertorios», «polisistemas» he podido organizar una

---

[5] Ludmer considera «ficciones teóricas» aquellos programas articuladores de diferentes órdenes que enlazan la verdad y la ficción, la literatura y la vida, los límites, las fronteras, lo legítimo y lo prohibido de una sociedad: «cuentos hechos solamente de símbolos, diferencias, órdenes, espacios, poderes, verdades y justicia» (Ludmer 2000: 458). En el contexto de este trabajo, «ficciones teóricas» debe ser entendido como un artefacto cultural que articula diferentes órdenes de la praxis sociocultural. Esto me permite leer las metáforas de los textos como un operativo de ficcionalización y también de verosimilización, una maquinaria constructora de diferentes tipos de fábulas y de «verdades», rompiendo límites de géneros y aún de espacios simbólicos.

maquinaria epistemológica y crítica que me permite trazar algunos recorridos dentro de la enorme complejidad y diversidad de esas páginas.

Por otra parte, el aspecto metodológico del trabajo sobre revistas (Sosnowski 1999), si bien ha cobrado cierto auge a partir, básicamente, de las nuevas concepciones de texto y discurso incorporadas por el posestructuralismo y los Estudios Culturales –que modificó la perspectiva anterior al desplazar el enfoque sobre las publicaciones periódicas como meros objetos subsidiarios de las «obra de autor» para pasar a concebirlas como objetos en sí mismos, con caracteres peculiares y de enorme valor, además, para el estudio de la configuración de los sistemas literarios, especialmente los latinoamericanos–, aguarda todavía por la concreción de una tradición específica que colabore en la construcción de insumos teórico-metodológicos. Me he apoyado para mi estudio en los trabajos[6] que hasta la fecha han ido abriendo esta senda. Y a esa línea pretenden aportar mis actuales reflexiones.

Por otra parte, esta investigación tuvo como uno de sus supuestos principales la consideración del texto revista como «obra abierta» (Eco 1992), en tanto unidad en sí misma y en ese sentido constructora de una poética –heterogénea y múltiple– dentro de la cual dialogan, se tensionan, se expanden o diseminan las escrituras; pero una unidad que deja leer, en su apertura, el denso tejido de los discursos con los que dialoga. El sistema está atravesado de historicidad, de allí que su dinámica y sus cambios constantes exijan recortes y secuenciaciones, a partir de al menos dos grandes universos: el de las poéticas individuales de sus miembros, inscritas en una trayectoria personal, en un «texto» autobiográfico, y el de la «macroestructura» poética[7] del texto colectivo (que a su vez es un recorte de una tarea de «grupo[8]», aunque la exceda y al tiempo la limite). En los casos de *Orígenes* y de *Sur*, el estudio de los textos del sector hegemónico no agota la explicación de las poéticas que circulan en ese espacio. Entre otras razones, porque una revista cultural podría ser pensada como un espacio de lucha por las hegemonías específicas, por la sustitución de paradigmas, por la clausura de lo viejo, en esta dinámica las poéticas y los sujetos culturales son recolocados en posiciones de centralidad y marginalidad relativas. En suma, dicha provisoriedad de los lugares invita a una revisitación de los cambiantes y heteróclitos operativos textuales y simbólicos, de las políticas discursivas

---

[6] Entre otros, los de Sosnowski (1999), Sarlo (1983; 1992) y Gramuglio (1983; 1986; 1999).

[7] Este concepto tiene algunas vinculaciones con la idea de Even Zohar de «polisistemas» en tanto unidades heterogéneas integradas por otras, y así sucesivamente (véase Zohar 1999).

[8] Para las discusiones sobre grupo y generación en los estudios sobre revistas, véase especialmente Fernández Retamar, Arcos, Barquet y King.

específicas, a través de las cuales las revistas colaboran en la construcción de un canon para sus literaturas, en la medida en que el nivel de legitimación que adquieren en el contexto de su propio sistema «autoriza» de modo ambivalente los roles de «importador», legislador y antologador.

A partir de estas afirmaciones, puede derivarse la relevancia que adquirieron para mi investigación los aportes de la Sociología y su pertinencia para los Estudios Literarios y Culturales (Bourdieu, Foucault, Williams, entre otros), ya que me permitieron estudiar la dinámica interna de los textos, entendidos, en esta perspectiva, no solamente a partir de sus reglas de funcionamiento inmanentes, sino también como microcampos que expondrían las luchas por el poder y el saber (Foucault 1979) que atraviesan toda escritura y a toda formación cultural. La serie –de la formación cultural que integra un campo específico– participa en la segunda instancia de la lucha por la imposición del canon en los sistemas regionales, como parte de un juego –o polisistema, como había señalado Even Zohar (1999)– que ingresaría, a su vez, al espacio de «un» orden[9], el de la «literatura mundial[10]» (Casanova 2001: 25). Sin embargo, este trabajo ha procurado distanciarse de esa secuencia totalizadora y marcar otro recorrido: el que construye las tensiones internas de las revistas releyendo el espacio de los campos específicos, y articulándose en un debate (cubano-argentino) que, siendo «local», no deja de ser global (al trasluz se filtran los debates de la metrópolis), para poder de este modo fragmentar, localizar, discriminar la singularidad de un diálogo americano.

Con respecto a la construcción del corpus, y en el contexto teórico metodológico que he venido sintetizando, me enfrenté a una de las principales dificultades del proceso en tanto el trabajo con revistas –pensadas en el contexto de la polifonía interna y de la articulación con la densidad discursiva de su tiempo– conlleva el desafío de expandir las voces múltiples que contienen los textos y, en esa apertura, recortar, secuenciar, hacer asequible al entendimiento

---

[9] No pretendo, en este trabajo, recorrer esa secuencia ni problematizar el constructo de la «República Mundial de las Letras» –pese a la incomodidad teórica que una ficción homogeneizadora provoca en la reflexiones de las literaturas latinoamericanas–. Para profundizar estos aspectos, véanse los trabajos de Antonio Cornejo Polar y Walter Mignolo. Resulta imprescindible en este orden remitir al trabajo –capital para los estudios literarios latinoamericanos–, de Ana Pizarro (1994), en la medida en que las tensiones y la heterogeneidad de los fenómenos literarios resultan abordados desde diferentes puntos de vista.

[10] Casanova ha señalado que «la historia de las rivalidades que tienen a la literatura como objeto y que han creado –a fuerza de negativas, de manifiestos, de resistencia, de revoluciones específicas, de nuevos caminos, de movimientos literarios– la literatura mundial» (Casanova 2001: 25).

y a la argumentación. Si «nada es más viejo que una revista vieja», como reza el conocido *desideratum*, al poner el ojo en un tipo de textualidad cuyo principio fundacional parece articularse a un indisociable carácter de actualidad, ese atributo no adelgaza el ímpetu «antologista» y, en ese sentido, «clasicista», propio de su relación –y pertenencia– con el universo literario. Muy por el contrario, las lleva al cultivo de una forma de actualidad que condensa el culto por la tradición y un deseo de perennidad[11] que se deja leer en el fuerte principio literario que funciona en la selección de sus repertorios y que configura uno de los rasgos de su especificidad.

De modo que la pregunta acerca de cómo resolver esa densidad y monumentalidad sin caer en el riesgo de la dispersión resultaba decisiva. El camino ha sido el de reconstruir fragmentos de los debates y tensiones para circunscribirlos a «series», esto es, a recortes arbitrarios y artificiales. Los diferentes capítulos de este trabajo constituyen el recorrido por esas «ficciones de orden», los retazos de un escurridizo estatuto polémico que creí encontrar en las envejecidas páginas de aquellas publicaciones a los que «la pasión» crítica ha intentado dotar de una forma de actualidad.

Podría agregar que este libro ha sido ordenado en torno a un corpus principal por debajo del cual funciona una especie de corpus complementario: el primero está integrado por textos publicados en las revistas *Sur* y *Orígenes* durante el período estudiado, ordenados en la lógica serial en torno a problemas o preguntas (como el de los diálogos cubano-argentinos o las intersecciones de las tradición local en las operaciones de religación latinoamericana). Estos fragmentos, que buscan construir sentidos culturales, políticos, históricos, leen tangencialmente los demás textos de cada publicación y han sido seleccionados en base a un estricto criterio de pertinencia, que no deja de ser artificial y azaroso como cualquier operativo crítico (Agamben 2006: 9[12]), pero que me permite seleccionar y ordenar a partir de una lógica

---

[11] Lezama Lima ha insistido en el valor de la noción de «tradición por futuridad» y Victoria Ocampo ha apelado insistentemente a la construcción de «la élite futura» como propósitos fundamentales de sus respectivas empresas. En ambas revistas se observa cieto tipo de culto del pasado –recortado y arbitrario– y una mirada «política» sobre su tiempo (a pesar de que se las haya tildado de «apolíticas»).

[12] Señala Agamben: «Si, en cuanto traza los confines, la crítica abre a la mirada "el país de la verdad", como "una isla que la naturaleza encierra en confines inmutables", debe quedar expuesta sin embargo a la fascinación del "océano vasto y tempestuoso" que "trae incesantemente al navegante hacia aventuras que él no sabe rechazar y que, no obstante, nunca puede llevar a término"» (2006: 9).

determinada. En cambio, denomino corpus complementario al que resulta de aquellos textos que, si bien no integran las publicaciones, cumplen dos funciones indispensables: conforman el tejido crítico que, en su diacronía, permite comprender la forma en que se fueron transformando los paradigmas teóricos en el modo de comprender esos «artefactos culturales»; y trazan el tejido poético (en tanto líneas estético discursivas en tensión) mirado en un recorte sincrónico. Así, por ejemplo, las «revistitas» de Virgilio Piñera –releyendo a *Sur* y a *Orígenes*– o los prólogos y las antologías que enmarcan algunas de las notas y reseñas.

En los dos primeros capítulos analizo el impacto de algunas series de la literatura argentina tal como fueron registradas por su par cubana. En tal sentido, he recortado cuatro universos fundamentales: el de las colaboraciones con textos originales, los repertorios comunes, las notas críticas sobre literatura argentina y las reseñas. Ambos capítulos pretenden mostrar el carácter desigual de ese diálogo y promover algunas reflexiones que expliquen por qué la cubana ha hecho un registro minucioso de las novedades y políticas culturales de la argentina y ese operativo, en cambio, ha sido muy indirecto en el sur. Me propongo también revisar las zonas de *Sur* que acusan ese impacto, a través de un diálogo oblicuo que se escenifica tardíamente –luego de la visita de Rodríguez Feo a Buenos Aires, en 1955– pero en el que, en los modos de apropiación y resemantización de universos comunes, se estarían gestando los fragmentos de un intermitente diálogo latinoamericano.

En los capítulos tercero y cuarto, a los que podría denominarse «Escenas de escritura» –que como cualquier escritura supone el gesto de la lectura–, estudio el problema de la ficción piñeriana en tensión con los cánones de las revistas a las que se vincula. Su importancia como «enclave» se justifica no sólo porque fuera designado por Lezama como «corresponsal argentino» sino también porque su obra narrativa distancia y fractura el canon originista, y un movimiento similar puede registrarse en su «narrativa argentina» respecto de *Sur*. En tal sentido, la narrativa de Piñera –uno de los pocos originistas publicados en *Sur*– entraña el enorme valor de «escritura de frontera», a la manera de un borde poético que interpela ambiguamente a los dos sistemas. La ruta argentina de Piñera se divide en dos capítulos porque en uno interrogo sus diálogos ensayísticos, cartas, *plaquettes* y experiencias editoriales en relación con los sistemas de *Orígenes* y *Sur*, como una especie de pretexto a su poética ficcional, y en el otro me centro específicamente en la relación entre los relatos publicados en el circuito *Sur* y los de Borges, como epítome estelar de una tradición que desvela al cubano e invita a la traición.

En lo que sigue, y debido a la cantidad de textos consultados en ambas revistas, las referencias a ellos indican el año, número y páginas correspondientes, y sólo en las ocasiones en que resulta imprescindible o pertinente figura el título del texto en cuestión. Por último, es preciso señalar que este libro no hubiera sido posible sin la enorme extensión del recorrido inicial de mi tesis doctoral, que he ido saqueando, recortando –y en parte también mutilando– para transformarla en un texto más amigable para el potencial lector. Mi anhelo profundo es que esa poda logre poner de relieve los problemas sustantivos de mi trabajo.

I.

Escenarios, recorridos y deslices
(para llegar a *Sur* desde la isla)

> ¡Qué estúpido el cuento de Bioy en *Sur*, y el del maestro Borges qué desteñido monótono! Lo de *Sur* cada día peor. [...] Encuentro unas palabras de Imbert en *Sur* que describen perfectamente el ideal de James sobre arte y vida. Están en un breve responso al perennemente fascinante tema de «Moral y Literatura» en Wilde[1].
>
> (Rodríguez Feo 1991: 42)

La primera pregunta que se impone frente al diálogo entre *Orígenes* y *Sur* remite a una zona de impertinencias e intencionalidades, de contactos y desvíos, de acercamientos y distancias, a ese espacio del puro juego hiperliterario donde las escrituras cobran vida propia, y en todo caso las «huellas argentinas» de esa lectura se liberan de las mallas de la interpretación «local» o particular que impone un sistema letrado y se vuelven un territorio expansivo y entonces fecundo para la reflexión en torno a las posibilidades de un coloquio americano. Lejos de cualquier constricción «escolar», la intemperie a la que en ocasiones parece haber sido arrojado el diálogo cultural latinoamericano por las condiciones económicas y políticas, en la mitad del siglo XX, ganan, en cambio, cierto horizonte de «libertad», potenciado sin duda por el ímpetu casi connatural a la lectura propia de un texto prestigioso, el del encuentro con un mejor decir sobre un horizonte ideológico relativamente compartido. Y sobre todo el carácter dislocado con que suelen funcionar algunas de esas

---

[1] El fragmento proviene de una carta de Lezama Lima a Rodríguez Feo fechada en abril de 1946.

escrituras desplazadas de su contexto de producción, particularmente cuando la amputación va acompañada de un doble operativo, el de la reimplantación en otro cuerpo, el de otra literatura. En este juego poderosamente intertextual dialogan los textos y podemos, por un artificio de la crítica, hacer dialogar también a sus autores.

El estudio del impacto y la presencia de una «Literatura nacional» dentro de cualquier revista inscrita en otro espacio literario presenta varias dimensiones. Sólo quiero recortar algunos fragmentos de esas escenas de lectura para preguntarme por el tipo de desajuste que ellas promueven.

La idea de un auténtico diálogo lleva implícito cierto prerrequisito de equidad; sin embargo, Bajtín nos ha mostrado que en un discurso aparentemente monológico es posible advertir las huellas de su alteridad plurivocal. El caso de la relación entre *Sur* y *Orígenes*, pensado en el recorte histórico desde la mitad de la década del cuarenta a la mitad de la década siguiente, exige revisar algunas consideraciones de orden más general que abonan el terreno para la posibilidad del diálogo.

Ahora bien, la hipótesis de ese diálogo americano impone examinar algunos de los supuestos donde se asienta la idea de un encuentro entre dos revistas cuyo lugar de enunciación –la propia cultura nacional o regional– estaba representado a la manera de un impulso de religación[2] (Zanetti 1994) y a la manera, también, de un recorte de la propia especificidad cultural sobre un telón de fondo más vasto, que posee al menos dos requisitos básicos: el de un *sistema compartido* –la occidentalidad, la modernidad– y la *obviedad* de ese sustrato, que patentiza claramente la idea de Ocampo de lo absurdo de imaginar la negación de Europa[3]. Me propongo, entonces, interrogar de qué maneras se figurativiza ese universo de la «universalidad» y sobre todo qué hiatos subyacen en la aparente homogeneidad de la representación.

En segunda instancia, el impulso de religación que he señalado en este movimiento pendular moviliza también una determinada representación de

---

[2] Cabe aclarar que el trabajo de Zanetti focaliza y explicita el modo de funcionamiento de los agentes de religación en el mapa de la literatura latinoamericana de fines del siglo XIX y principios del XX. Sin embargo, el problema de la religación continental ha sido largamente trabajado por algunos críticos, principalmente por Ángel Rama, quien se ha ocupado de los «polos de religación». Por ejemplo, en sus trabajos para Biblioteca Ayacucho a través de los ya clásicos volúmenes de *Poesía de la independencia, Pensamiento político de la emancipación, Pensamiento de la ilustración* y *Pensamiento positivista latinoamericano*.

[3] Ocampo señala en una carta a Frank publicada en el primer número de su revista: «¿volver la espalda a Europa? ¿Siente el ridículo infinito de esa frase?» (Ocampo 1931: 1: 11).

lo propio −nacional, continental o regional− dentro de las coordenadas de una conversación posible con sus pares −revistas, sujetos, textos, culturas− particularmente interesante por la dimensión geocultural que se pone en circulación entre lo cubano y lo argentino, lo insular y lo territorial, el norte y el sur, los extremos más radicales de la posibilidad americana.

En tercer lugar, es preciso reponer la dimensión material, empírica, histórica, de los contactos, relaciones y amistades entre esos intelectuales a través de los cuales circula y germina una determinada manera de entender no sólo el diálogo, sino principalmente las distancias que separan a las regiones ubicadas simbólica y materialmente en los extremos geoculturales de la parábola del encuentro, y en esas distancias, la perífrasis del diálogo americano.

La memoria de ese encuentro-desencuentro se escribe en los contactos reales de los miembros de *Sur* y de *Orígenes* que habilitaron para la otra revista una zona de la literatura de su región; una zona que llevaba implícitas la tensión, la lucha y la diferencia. Esa zona a su vez operó en el otro sistema al modo de una relectura del canon continental y una revisión del debate del propio campo, y en tal sentido funcionó dentro de un sistema de restricciones, mutilaciones, recortes que permitían afirmar una poética-individual y grupal dentro de un sistema de coordenadas.

Según mi estudio, cuatro diferentes rutas se recortan *asimétricamente* (Kanzepolski 2004: 35) en el diálogo cubano-argentino construido desde los marcos institucionales de las revistas y los marcos personales de la amistad poética: a) Mallea y Vitier, b) González Lanuza y Lezama, c) Piñera y Obieta (Gombrowicz)-Bianco, d) Rodríguez Feo, Borges y Martínez Estrada, Macedonio y Cortázar.

¿AMERICANISMO U OCCIDENTALISMO?

> La historia previa es para nosotros, por antonomasia, la cultura occidental
>
> (Fernández Retamar 1955: 38: 54)

Recién culminada la segunda guerra mundial, y desplazada la constante preocupación de la publicación argentina por la posición de los intelectuales que conformaban el núcleo ideológico de la revista frente al ascenso de la «barbarie europea» −entendida como oprobio y totalitarismo−, la violación de los derechos humanos y la decadencia en la vieja Europa, parecían abrirse óptimas condiciones para «volver los ojos a América», como un mandato fundacional del americanismo que estuvo inscrito en los pretextos de la correspondencia entre Ocampo y Waldo Frank en 1931[4]. Por su parte *Orígenes*, recién estrenada en el 44, podría plantear, en este contexto y a partir de su diagnóstico cubano de un «país frustrado en lo esencial político», que la revista acusa desde sus primeros números, y de la representación de una tradición americana como producto de la libertad, la creación y la tradición humanística, definida por Lezama como «orgullo y apetencia del americano» (Lezama 1944: 1: 6), un territorio óptimo –en la parábola del fracaso de la historia local hacia el legado martiano de lo «nuestro»– para el diálogo americano. Sin embargo, las respuestas no habrían sido tan simétricas ni ajustadas a esta lógica causalista.

El universo de la posguerra –y de la guerra fría– había consolidado un poder bipolar que tendría enormes consecuencias, no sólo en las definiciones de política internacional sino también en la reconfiguración del mundo cultural. El mismo concepto de occidentalidad, de matriz eurocéntrica y moderna, aparece interrogado por otras modernidades, surgidas del polo soviético y de la institucionalización del régimen comunista, que acercarían al espacio literario, en una de sus modulaciones, la ya clásica figura del compromiso del escritor. Las élites letradas latinoamericanas acusan el impacto del debate en sus programas culturales. Si bien la modernidad a la que se suscriben continúa adherida a la lógica tradicional (de matriz «occidentalizadora»), la polarización ideológica de los debates en torno al arte y al rol del intelectual serían tópicos que volverían a definirse a la luz de valores provenientes de dos universos claramente diferenciados: la libertad y la constitución del escritor crítico y separado de la ciudad-estado (Rama 1984) –el mito de la autonomía–, o el compromiso como la clave por la que se desplazarían algunos intelectuales en el recorrido del existencialismo hacia un acercamiento al comunismo –el mito del escritor unitivo, la palabra como una trinchera, entre la escritura y la lucha histórica la mediación del sujeto escritor–. Sartre y Camus representarían el epítome de estos dos repertorios para los universos de las dos revistas aquí estudiadas.

De manera que si bien es posible advertir en ambas publicaciones una preocupación por esa zona ambigua, pero perceptible, de la «universalidad», la representación de dicho repertorio –que contó con referencias compartidas y un sistema de valores e ideologías que procuraban redefinir desde la literatura y el discurso cultural– aspiraba, en una dimensión, a ligar lo americano a la

---

[4] Véase el primer número de *Sur* y Sarlo 1983.

cartografía de la occidentalidad, pero ese recorte ha sido menos homogéneo de lo que se ha señalado, y también más problemático, en la medida en que si por una parte legitimó una visión de la cultura local «atrasada» o poco desarrollada –en oposición al «modelo»–, en otros casos funcionó a la manera de un borde cuestionador de aquella totalidad, donde incluso optó por la apuesta a la borradura de la asimetría desde un proceso de autoconfiguración como sobreabundancia y plenitud cultural. En este contexto, las discusiones acerca de la literatura y la figura del intelectual escritor se inscriben en los marcos ideológicos de un fuerte debate de época: el intelectual «mediador» entre el polo «civilizador» y la cultura local, como figura paradigmática de la cultura latinoamericana decimonónica, y la noción de literatura atada a definiciones provenientes de las metrópolis y del sistema letrado. Por otra parte, las nociones de «escritor testigo» y portavoz del pueblo y de la obra como instrumento de la lucha social y política constituyen algunas de las versiones de una polémica que, abierta dos décadas antes, se profundiza en el contexto de las redefiniciones de los proyectos nacionales de la región.

Sin embargo, lo crucial de esa semiosis se configura no solamente en el mapa de aquellas culturas con las que se elige dialogar, sino en la definición de la dinámica, es decir, de la ruta –en su doble dimensión de «rumbo» y de carácter del movimiento– «civilizadora», modernizadora o creadora, la operatoria con la que se postula el intercambio, la traducción y la representación del otro cultural. El carácter especular (y casi siempre asimétrico) de su definición –de la periferia al centro o viceversa– pone en escena los supuestos que circulan en estos sistemas de contactos a través de hipótesis básicas que consagran la colonialidad o la horizontalidad de la operatoria. Además, en el trazado de la cartografía, se imbrican categorizaciones en torno al propio lugar del sujeto cultural implicado en la enunciación, al «otro» y al tipo de contacto al que se aspira. De modo tal que concebir la alteridad como un «modelo», en términos de un mayor desarrollo cultural, de una plenitud de la que carecería la cultura segunda, trae como consecuencia una semiosis cultural típicamente letrada y moderna. Otro sistema y otra *episteme* implicarían suponer que ambas culturas pueden dialogar en una relación simétrica, lo que podría devenir en una relación dialógica que disuelva la lógica del progreso y las visiones hegelianas de la historia cultural y plantee entonces el encuentro desde especificidades diferentes y no necesariamente desiguales. Y una tercera opción implica considerar que el «plus» del diálogo no radica en la reapropiación del repertorio cultural más moderno, sino en el aporte original americano, a la manera de una visión que pone el foco en la potencialidad de una enunciación articulada entre el sujeto y la colectividad a la que pertenece (un concepto cercano al que platea Arturo Roig como «sujetividad[5]»).

Resulta pertinente, entonces, revisar en qué medida las mismas definiciones de lo literario llevan implícitas la lucha por una territorialidad más vasta que la de la identidad nacional y, necesariamente, luchas por el poder y tensiones en torno a cierto tipo de «desigualdad», o diferente desarrollo, que hace emerger la hipótesis de un diálogo cultural al que necesariamente nos conducen los textos literarios y la labor de una revista cultural, en particular. Según Casanova (2001: 35), los debates sobre la identidad se libran en el espacio de la literatura, de lo que denomina «la república mundial de las letras» que trasciende las fronteras nacionales y está atravesado por relaciones caracterizadas por la desigualdad.

Me parece más productivo entonces, en este diálogo, interrogar lo que se oculta detrás de estas grandes construcciones –la «universalidad» o la «americanidad»–, lo que se pone en circulación en los textos particulares, en las operatorias puntuales, alejado del «paraguas ideológico» de las grandes definiciones.

Ahora bien, después de señalar esos recaudos y fisuras, ¿cuál es el hipotético «espacio de encuentro» configurado a través de una serie de postulados comunes respecto de la noción de cierta «universalidad» que se proponían lograr desde América? Encontramos un repertorio de lecturas compartido, recortado de manera central en el telón de fondo de *Revista de Occidente*, y una noción de «americanidad» que, aunque no es homogénea, sí está basada en prerrequisitos cercanos, además de cierta idea de la posición del intelectual y de la literatura con respecto a la política nacional y una codificación de valores relativamente afines sobre el arte, la moralidad y la misión de las revistas culturales[6].

No obstante, más allá de lo aparente, los programas encerraban profundas diferencias. Y ese horizonte de la «universalidad», tal como lo entendía *Orígenes*, coincidía sólo en parte con el que se representaba la argentina, en tanto se hallan diferencias en el trazado del mapa y también en el *modus operandi* de esa «traducción», algo similar a lo que sucedería con la categoría del «america-

---

[5] Roig (1993) construye este concepto a partir de la necesidad de formular categorías que sitúen la especificidad cultural latinoamericana. En su estudio señala algunas de las variantes de ese discurso a partir de la comprensión de una «sujetividad» que implica la doble asunción de lo individual y lo colectivo, dentro de una corriente que rompe la temporalidad occidental y se concibe como instancia de «comienzos y recomienzos»; es decir, circularidad concéntrica que se pregunta por el sí mismo y asume su condición colonial.

[6] Para la profundización de estas configuraciones, en el caso de *Orígenes*, véanse los estudios de Rojas, Arcos y Fernández Retamar; en el caso de *Sur*, a King, Gramuglio y Sarlo.

nismo». Esas diferencias son precisamente las que alimentan la posibilidad de un tipo de conversación y la acechanza de su politicidad.

Es preciso, además, considerar el hecho de que ambos proyectos estuvieron atravesados por una radical heterogeneidad, lo cual hizo posible que convivieran –de manera tensa, polémica y a veces antagónica– visiones de la cultura y de la literatura de su tiempo muy diferentes. Esta dimensión heterogénea hace necesario tener en cuenta, a la hora de revaluar los dispositivos textuales modelizadores de un diálogo americano, los puntos de fuga, las distancias respecto de lo que funcionaba como la hegemonía cultural de un programa. En términos globales, diríamos que en *Sur*, por ejemplo, las visiones americanistas de la tradición literaria –como futuridad abierta– no coincidían con la visión «ontologizadora y trágica», con una fuerte marca de revaluación de la historia, de Murena o Martínez Estrada, y éstas, a su vez, tampoco con la sostenida por su directora –su panamericanismo y liberalismo–. En el caso de *Orígenes*, la «tradición por exfuturidad» que promueve el originismo clásico, sostenido en una marca ahistoricista que supone la posibilidad de encarnación de la imago poética en la historia insular (la poesía encarna la historia equivale a afirmar un *tempo* poético denso como contradiscurso de las historias políticas y sociales consagradas), no se aproximaba a la visión de Piñera, que procuraba ahondar la marca antillana, el dolor y la carnalidad histórica de la cultura cubana.

Pese a estas diferencias, en ambos proyectos existió un espacio pretextual y prehistórico que sentó las bases del protocolo americanista, interceptado con insistencia a lo largo de sus vidas públicas. En *Orígenes* –como para la revista argentina lo habían constituido las cartas y los encuentros de la directora con Waldo Frank y con Ortega[7]–, el diálogo americano estaría promovido en la clave del Coloquio del 38 y puesto en funcionamiento de manera oblicua, es decir, no a través de ensayos que expliciten y discutan esos supuestos, sino más bien en las diferentes operaciones culturales de inclusión, difusión y construcción de espacios destinados a las literaturas de la región. Muy pocos ensayos hablan específicamente del problema como tópico central, pero éste se recorta de manera sesgada en una serie de textos entre los cuales se cuentan las *Señales* de Lezama o las notas sobre diversas obras de literatura y pintura. Quizá una de las excepciones sea el texto de Fernández Retamar –publicado en 1955, en la *Orígenes* dirigida únicamente por Lezama[8]– «América, Murena y Borges»,

---

[7] Para profundizar estos aspectos ver el artículo de Iglesia (2000: 8: 113-124).

[8] En un número posterior a la pelea entre Lezama y Rodríguez Feo que conllevó el apartamiento de este último.

que sirve para expandir las huellas de una perspectiva siempre presente, aunque sólo en apariencias de manera implícita. Ese texto, entonces, puede leerse como la culminación de un debate en sordina respecto del diálogo de América con Occidente que mantuvieron los escritores de *Sur* y de *Orígenes*.

A pesar de que ambos programas tuvieron ciertas referencias «americanas» comunes, la selección que operan dentro de ese mapa y el modo de concebir el diálogo ha estado mediado por las estéticas particulares y por el proyecto común en el que se redefinen. Como la hipóstasis de un encuentro, Reyes y Henríquez Ureña modelizan una parte de lo «mejor» del americanismo actual que deseaban potenciar en sus programas. En el contexto de la revista cubana, la galería del americanismo estaba sin duda encabezada por Martí y Casal, pero también de modo caprichoso por Vallejo[9], que es reubicado dentro de ese espacio. En una «extraña negociación» con cierta vanguardia, García Marruz fija un lugar en la tradición americanista de la revista propiciando una lectura del peruano según las claves predilectas del grupo: abolición de los dualismos, palabra como encarnación, borradura de la lógica historicista y creación de un tiempo poemático y profético de profundo contenido ético:

> Porque así sencillamente, como debe ser,
> Hablas las cosas que te pasan
> Y todavía más las que han pasado,
> Porque es necesario hacer clara la lista,
> El texto que te piden, la escritura que sacas
> Del olvido, que piden a ese sueño sombrío que es tu vida,
> La cláusula pasiva de tu carne, tus palabras,
> Como tú las querías para siempre
> (García Marruz 1944: 3: 31-32)

El caso de Martí es, fuera de dudas, la más clara referencia al espacio común al que aluden sus textos. La saga de discursos que incluyen al poeta-profeta como matriz fundacional del protocolo origenista traspasa los marcos de la publicación. Las antologías, conferencias y ensayos publicados por los principales referentes del grupo colocan al poeta de *Nuestra América* en esa indubitable genealogía. Si Martí constituye la síntesis de una lectura escatológica[10] que urde

---

[9] El texto de Fina García Marruz, «Carta a César Vallejo», publicado en la entrega de otoño del primer año, apunta a esa zona del americanismo forjado a partir del testimonio ante el dolor americano y la abolición de las fronteras entre vida y literatura.

[10] En el restringido sentido de «lectura de ultratumba».

una buena parte del origenismo (en términos de la encarnación del espíritu cubano como una de «Las eras imaginarias» más proteicas), la lectura centrada en la dimensión histórico-profética se define claramente en la serie difundida por Vitier: entre «La historia me absolverá» y el ciclo vital martiano, y entre *Versos sencillos* y el «Asalto al Cuartel de la Moncada». Bernabé ha señalado al respecto:

> Las relaciones de orden simbólico entre el último número de *Orígenes* y el desembarco del «Granma», entre la escritura de *Lo cubano en la poesía* y la lucha insurreccional del Movimiento 26 de julio, dan cuenta una vez más de ese hilo secreto, invisible, de una historia que alcanza su finalidad en la Revolución del 59, momento auroral de la convergencia. (Bernabé 2001: 65)

Sin embargo, la referencia martiana excede el espacio de lo cubano, por un lado, y por otro la lectura del propio Lezama lo integra a una tradición no coincidente en todos sus rasgos con la visión de Vitier. El número de *Orígenes* dedicado a celebrar el centenario de su nacimiento así lo evidencia. Para Lezama[11], Martí es la hipóstasis de la historia de su pueblo y el momento en que el estado místico puede engendrar una historicidad alterna, el momento de la encarnación de la imago en la historia, como «testigo de su pueblo y de sus palabras, será siempre un cerrado impedimento a la intrascendencia y a la banalidad» (Lezama Lima 1953: 33: 3-4).

La amplia convocatoria de autores[12] –cubanos, latinoamericanos y españoles– para el número homenaje a Martí es una muestra de ese carácter supranacional de la imago martiana y una apelación a la tradición hispánica y a la unidad latinoamericana. Probablemente sea el texto de Rodríguez Santos publicado en ese mismo número el que, como una elipsis, resuma el contenido americanista de la poética del director y de una parte del origenismo: la unidad de la escritura y la lucha en el testimonio, la capacidad de síntesis de la imagen poética, que puede contener lo diverso sin suprimir las tensiones:

---

[11] Aunque el artículo «Secularidad de Martí» aparece sin firma, se pueden advertir en él el registro de estilo y la concepción poética de Lezama.

[12] La lista de los colaboradores del número homenaje es la siguiente: Gabriela Mistral, Dulce María Loynaz, María Zambrano, María Rosa Lida, Fina García Marruz, Alfonso Reyes, Francisco Romero, Vicente Aleixandre, Emilio Ballagas, Vicente Barbieri, Luis Cernuda, Eliseo Diego, Eugenio Florit, Samuel Feijoóo, R. Fernández Retamar, Jorge Guillén, E. González Lanuza, A. Gatzelu, L. García Vega, Alcides Iznaga, Fayad Jamís, Lezama Lima, A. Menéndez, Pedro de Oraá, J. Rodríguez Santos, Octavio Smith, Cintio Vitier, Humberto Piñera Llera y Mario Parajón.

> Escribe, mira escribe...
> Un continente, un pueblo,
> una escalera,
> de estratos diferentes.
> (Rodríguez Santos 1953: 33: 95)

Es a esa complejidad «sin atributos», la encarnación del Verbo poético a la que aspira el grupo, a la que Florit había señalado: «Hay, creo yo, el mundo inconsútil, presencia indecible de la más absoluta poesía» (Florit: 1953: 33: 48).

Sin embargo, como ha señalado Ponte, Casal debe unirse a la hipóstasis martiana para recuperar esa tensión propia de la estética origenista y su modo de pensar lo americano. No es la duplicidad entre lo estético y lo ético que fecundaría la opción origenista lo más significativo de este vínculo, sino, por el contrario, su carácter de unidad en lo diverso lo que reclamaba el poeta de Trocadero: «Casal viene a cumplir en nuestra literatura lo entrevisto de los sentidos, que permiten ver la noche acurrucada en una hoja trocarse en oído o en concha marina [...] El perfume iba a ser reemplazado por el sabor. Y la gravitación, una severa gravedad iba a ocupar el sitio de la anterior evaporación» (Lezama Lima 1977: 97).

El trabajo que mejor resume la concepción del americanismo en la revista es el texto de Fernández Retamar «En torno a la obra poética de Alfonso Reyes», publicado en el número 34, de 1953. Allí el crítico señala, a propósito del mexicano, las invariantes de ese repertorio. En primer lugar, un trabajo sobre la forma que sólo en apariencias es «divertimento», porque el «hombre de letras» se define en ese gesto retórico y la obra contradice el puro juego fútil. Reyes encarna, además, el espíritu hispánico que los origenistas buscan arraigar en sus producciones, a través de la corriente que definen como unidad entre lo clásico y lo moderno. Lo clásico –la tradición de Góngora, Lope, Calderón y el Romancero–; lo moderno –los poetas del 27 y la generación de los *Diez poetas*–: entre uno y otro no existe distancia. Ahora bien, a esa metafórica comunión de la apuesta del origenismo clásico, Fernández Retamar hace ingresar el matiz de lo americano definido como «la voracidad y la nostalgia» –la distancia radical del otro– (Fernández Retamar 1953: 34), el apetito del otro y la actitud poética ante lo perdido. Profundizando en un tipo de historicidad que el grupo de Lezama se empeñó en obliterar, el autor de *Calibán* avanza aún más en esta modelización de lo americano como «acumulación de pasado y añoranza de una forma que no hemos engendrado». En el recorrido de un exceso de historicidad y ausencia de actualidad, negocia, sin embargo, con la apuesta «teleológica» del director.

En clara cercanía con la idea lezamiana de «tradición por futuridad», Fernández Retamar se afirma en una representación de su propia labor como intelectual dentro del grupo, a partir de la comunidad imaginaria que buscan construir, la «comunidad organizada frente al tiempo» de la que afirmará Lezama:

> Representa un mínimum de criterios operantes en lo artístico y en las relaciones de la persona con sus circunstancias. Será siempre, o intentará serlo en forma que por lo menos sus deseos sean a la postre sus realizaciones, un estado de concurrencia, liberado de esa dependencia cronológica que parece ser el marchamo de lo generacional. (Lezama Lima 1952: 31: 64)

El estilo de vida disciplinado y creador que se señala en Nota sin firma[13] a la muerte de Guy Perez Cisneros permite inducir ese espíritu encontrado por el autor en la obra del pintor –«una de las generaciones más valiosas, creadoras y responsables»– y en Martí, el de la línea que une al poeta modernista con el origenismo.

Es probable que la ruta descrita por Ponte acerca del emblemático abrigo martiano sirva para reconstruir esa línea americana del origenismo. *Orígenes*, como el abrigo, parte de Martí y reubica en los hombres de letras contemporáneos el espíritu de ese espacio:

> Lo ha traído a Madrid Pedro Henríquez Ureña, quien visita a Reyes durante unas vacaciones. Henríquez Ureña enseña en Minnesota y ha cruzado por La Habana al inicio de sus vacaciones […] Luego en Madrid, algún cambio de tiempo o el propio sino de la prenda para la desmemoria, han hecho que la olvide en casa de Reyes. (Ponte 2006: 81)

La parábola descentrada de la geografía cubana descubre la comunidad americana que intercepta Feo –y que se articula débilmente con el «americanismo» del otro director– a través de sus «académicos» migrantes, quienes habilitan un tipo de recorrido latinoamericano desde el exilio al interregno americano.

Ahora bien, existe un sustrato idiosincrásico que permite conciliar un espectro variado de posiciones. La catolicidad de su poética, tanto como el fondo filosófico del humanismo que reinventó *Orígenes*, dota a la noción de intelectualidad americana de un discurso ético donde no es posible separar

---

[13] Aunque se sobreentiende que fue escrita por Lezama, y además incluida más tarde en sus *Obras Completas*.

fondo y forma. En esa tradición, Henríquez Ureña y Reyes presiden el banquete originista de la ciudad letrada, en la medida en que configuran el rol del intelectual –escritor moderno, dueño de una vasta enciclopedia y de un discurso cultural que abreva en su propia biografía y en la reinvención de una patria americana en diálogo abierto con Occidente–. En esa ciudad se disuelven las dicotomías vida-arte, obra-biografía, a través de la función ética de la palabra, sin la cual no es posible una dimensión estética.

El supuesto «americanismo» de *Sur* ha sido abordado en diversas ocasiones[14]. Un efecto de esas lecturas exige pensar esta construcción inscrita en un complejo debate que no sólo implicaba redefinir la relación con la América de Norte (algo que, en los años cuarenta, atraviesa medularmente a la revista). Al respecto, baste recordar la publicación del ensayo de Mary Mc Carthy «Sobre Norteamérica la hermosa» en el número 192-194 de 1950, que dio pie a un larguísimo debate acerca de los vínculos entre el Norte y el Sur en clave de lectura cultural.

Un rol cercano al que ocupó Martí en *Orígenes*, en cuanto a la construcción de figuras tutelares que permitieran definir sin fisuras una efeméride y una agenda americanas, fue el de Sarmiento en *Sur*[15]. Aunque en una factura polémica, distinta a la «cortesanía cubana», su presencia marcó claramente una política americanista, que en buena medida redefinió su ya clásica lectura antinómica de la tensión civilización-barbarie en la cultura argentina.

En la revista argentina[16] se delineó –en cuanto política oficial– el movimiento de carácter centrífugo, expansivo desde lo propio a lo otro, un tipo de apropiación que no tendía a profundizar –a ir hacia el secreto–, en el sentido de la «Argentina invisible» de Mallea, sino a expandirse y así suturar las fallas

---

[14] El texto más clásico en este sentido es el artículo que Sarlo escribe para el «Dossier Sur» de *Punto de Vista*, «La perspectiva americana en los primeros años de Sur» (1983). Véase también Calomarde 2004: 281-293.

[15] Es importante el número 46 de la revista, de 1938, donde se había explicitado claramente la posición «oficial», además de numerosos artículos dedicados a Sarmiento, entre los que cabe destacar «La acción de Sarmiento y la razón de Alberdi» (Sebreli 1954: 230: 74-78); «Defensa de la inteligencia: con Sarmiento» (Ocampo 1938: 46: 7-9); «Sarmiento» (Ocampo 1938: 47: 7-25) y «Aseveración sobre Sarmiento» (Mallea 1938: 48: 30-36).

[16] Los tópicos del «cosmopolitismo», «universalismo», o «europeísmo» en *Sur* ya han sido muy estudiados. En este capítulo me permito problematizar algunas de esas cuestiones, aunque sin pretensión de agotar una larga polémica. Por esa razón, he optado por enmarcarla en las cuestiones a mi juicio centrales del debate para luego focalizarme en los diálogos entre los textos. Para mayor detalle, véanse los trabajos de King, Panesi y Sarlo, y el excelente libro de Wilson sobre la traducción, *La constelación del sur* (Wilson 2004).

(Murena-Mallea), para hacerse en las arenas del diálogo. Victoria concebía –invirtiendo el sentido de la cultura de partida– la necesidad de abrirse al flujo cultural de Occidente como una vía regia para potenciar lo mejor de lo argentino y lo americano. En ambos casos, la cultura local aparece como incompleta o falsificada, un diagnóstico americano muy difundido que podría ser restaurado por las escrituras devenidas de complejos culturales en estado de «plenitud».

Si para Murena la única manera de romper con la posición cultural periférica de América consistiría en un proceso de ahondamiento en el conocimiento de lo propio, aun entonces faltaría un arraigo anterior:

> sospecho que los americanos no estamos ahora capacitados para entender profundamente a esas personalidades y los problemas que suscitan [...] que tenemos ciertos problemas anteriores que nos vedan, en cierta manera el acceso a los otros y que, por consecuencia, deben ser resueltas anteriormente. (Murena 1948: 164-165: 89)

En la clara huella orteguiana, Murena había afirmado que la situación tan nueva y oscura de los pueblos americanos hace imperativo señalar que «[...] la investigación de aquélla [la circunstancia americana] es una de las tareas que con más urgencia se debe encarar». Murena utiliza en ese ensayo el archiconocido ícono del avestruz para presentar la falsa dicotomía de nacionalismo y europeísmo. Siguiendo a Martínez Estrada, había afirmado que «de nada nos sirven el sí conclusivo del nacionalismo y el no terminante con que responde el internacionalismo». Afirma la necesaria contradicción como la actitud cultural que pueda fecundar otra cultura: «Necesitamos un sí-no, una aceptación básica guiada por una mirada vigorosa», afirma el niño terrible de *Sur* en su artículo «Condenación de una poesía» (Murena 1948: 164-165: 90).

En la polémica con Murena respecto de la publicación de un texto sobre Lawrence propuesto por Ocampo (en el número 175 de la revista) y la impugnación de Murena –que consideraba en su lugar la necesidad de incluir uno de Sarmiento–, Ocampo afirma:

> El autor de *Facundo* hubiera aprobado creo, mi proyectado libro. Sabía perfectamente que puede un argentino llegar a conocerse mejor (con esa clase de conocimiento íntimo que es el único importante) frecuentando a un inglés o a un hindú (me refiero a las relaciones de alma a alma) que frecuentando a un compatriota. (Ocampo, 176: 99)

El «litoral escriturario» de *Sur* permitía la contrariedad, la permanente tensión, el movimiento. Entiendo «litoralidad» en el sentido de flujo/fluencia, del ir hacia la corriente de lo alterno en la configuración de lo propio, una ruta que elude la definición en tanto estar, permanecer en un estado, y se suscribe al hacerse del acto de escribir. Las múltiples maneras de construir una política americanista estuvieron menos en las efectivas elecciones de colaboradores americanos, algo erráticas en la primera década pero mucho más nítidas a partir de inicios de los cincuenta, que en las formulaciones explícitas aunque desordenadas de algunos de sus miembros principalísimos. El presupuesto de Ocampo de que el americanismo auténtico no precisaba de gestos alambicados[17] diluyó sólo en parte una discursividad específica sobre el problema. Contradiciendo muchas lecturas adversas, es preciso reevaluar ese americanismo en la estela de los autores que permanentemente lo referían: Anderson Imbert, Henríquez Ureña y Rodríguez Monegal, pero también Sábato, Murena y Jitrik.

La América del Norte ¿un capítulo aparte?

Cuando se aborda la cuestión americana es preciso tocar, al menos tangencialmente, el espacio de la literatura de Estados Unidos[18], por el carácter visible en ambos proyectos de la doble preocupación por el estilo de vida cultural americano y el divorcio con «su mejor» literatura. Además, su pertinencia proviene del lugar en que se ubica este constructo, en tanto interviene en la definición del mapa, tanto de América como de Europa. Es posible afirmar que, en los cuarenta, la inscripción de Estados Unidos marca el debate americano acerca del occidentalismo y también del americanismo.

Sin embargo, estas configuraciones fueron también muy diferentes en ambas revistas. A pesar del énfasis modernizador y de la importancia de la traducción[19]

---

[17] En una carta reproducida por Victoria años más tarde, Frank había hecho explícito ese paradigma: «Nuestro americanismo nada tiene que ver con las generaciones […] es una cuestión de espíritu. Z no es menos americano por ser hijo de inmigrantes, así como usted no es menos americana por ser hija de conquistadores […] Son los hechos, no las palabras, no el gritar «América», los que demuestran la verdad de las cosas. Usted es americana *sans le savoir*» (Ocampo 1966: 303-304.305: 29).

[18] No es pertinente a la lógica de mi trabajo el desarrollo exhaustivo de este tópico. Sólo abordo lateralmente el problema con vistas a definir el tipo de «americanidad» que se está postulando. Para un trabajo exhaustivo véase Kanzepolski 2001 y Salgado 2001 y 2004.

[19] Véase Wilson 2004 y el capítulo sobre las teorizaciones acerca de la traducción en Calomarde 2004.

en ambas publicaciones –dentro de las cuales la literatura del norte ocupaba un espacio significativo–, el modo de concebir esa operación y de pensar la relación entre las literaturas era diferente. Las condiciones históricas de ese diálogo hacían posible que la preocupación de *Sur* por acercarse a un universo cultural geográficamente lejano no se asemejara a la dramática e irrecusable proximidad que adquiría para un cubano la poderosa cultura del norte. *Sur* podía incluir como un verdadero gesto modernizador la difusión de estos autores desconocidos en la literatura argentina. Piglia (2000: 13) ha señalado cómo *Sur* difundió una zona «menor «de la literatura norteamericana, y es bueno recordar también que las elecciones de Victoria no coincidieron con las de Borges[20]. Si se atienden las importantes traducciones realizadas por Borges, resulta curioso observar de qué manera éstas pueden operar en una cultura menos en un sentido etnocéntrico que en el de una fuerza de «descubrimiento», que tiende a potenciar una zona de la literatura nacional. El caso de Borges traduciendo al estadounidense negro Langston Hughes[21] en los treinta, por ejemplo, le «sirve» al escritor argentino para «re-crear» su literatura reciente, preocupada aún por una zona de los arrabales y malevos que poco más tarde abandonaría.

La lectura oficial de la revista, como indica King, postulaba que «Defender a los Estados Unidos era defender el progreso» (King 1989: 124). La ecuación buscaba activar en el imaginario letrado la antigua composición decimonónica, poniendo en el país del norte el valor del futuro. Dentro de ese constructo la visión de Victoria, marcada por una fuerte impronta política, se deja leer en un movimiento que parte de la literatura: «Que Winston Churchil sepa que hay aquí un grupo de argentinos fervientes de las cosas del espíritu sin las cuales todo es ceniza y fango» (Ocampo, 87: 68)[22]. El apoyo a los aliados que sostiene la directora se funda en la capacidad de comprensión del líder político de quien era su héroe en las letras, T. E. Lawrence.

Para la revista cubana esto no solamente no era posible, sino que resultaba impropio: Estados Unidos constituía el universo bifronte de una amenazante proximidad. En términos políticos y culturales, implicaba el riesgo de colonizar

---

[20] King (1989) ha señalado que Borges promovió una noción de cultura diferente de la que imaginaba Ocampo.

[21] Me refiero a los «Tres poemas» de Hughes traducidos para el segundo número de la revista (Hughes 1931: 2: 164).

[22] El texto publicado en *Sur* se titula «Homenaje a Winston Churchill».

la identidad de la isla[23], pero en tanto recorte poético querían profundizar desde lo nacional cubano. Esta tensión paradojal pone en escena dos aspectos básicos en la inclusión de la zona anglófona dentro del programa occidentalizador del origenismo. Estados Unidos no integra la «americanidad» de cuño martiano que fecunda en sus páginas: «nuestra América» se recorta claramente en la herencia hispanófila del 27, y esto hace que Juan Ramón no adquiera la fuerza de un sujeto histórico, el poeta Jiménez, sino la de la encarnación de la poesía española en Cuba. De modo que la América origenista que Lezama epitomiza en la imagen del almirante que ve caer las estelas de fuego en el mar pone el foco en el carácter colonial de esa especificidad, la mirada distintiva del sujeto europeo que se encuentra con un mundo inenarrado: el otro que fecunda una visión original a través del verbo poético. Y esa mirada funda un lugar de enunciación particular, americano:

> En medio de la mar Océana, Cristóbal Colón añora los ruiseñores. Una inmensa nostalgia se extiende por la virginidad del espacio marino. El tiempo parece angustiosamente inmóvil; los barcos no avanzan. En las noches hay signos indescifrables: vieron caer del cielo un maravilloso ramo de fuego al mar, lejos de ellos cuatro o cinco leguas. (Vitier 1970: 20)

Es la fuerza de la Imago origenista la que le permite abolir la conflictividad de la relación colonial entre metrópoli y periferia, y reinventar una comunidad imaginaria sin conflicto.

Sur había sido inspirada por la visión panamericanista de Frank[24], que finalmente se derrumbó promediando los cuarenta —sofocada por la emergencia teórica de sectores que colocaron la posibilidad del diálogo dentro de otra lógica, como el caso de las teorías de Murena y Martínez Estrada, pero también porque la visión de Borges-Bioy se alejaba de esas configuraciones—, mientras que *Orígenes* en cambio se aproximó a dos universos claramente distintivos de la cultura norteamericana: la poética de Wallace Stevens, Stephen Spender, William Carlos Williams y el sistema poético-político de George Santayana y Ralph W. Emerson, que resumían el liberalismo antiimperialista explicitado por Rodríguez Feo, en clave rodoniana, en su artículo del primer número de la

---

[23] El artículo de Rodríguez Feo se titula «George Santayana: crítico de una cultura» (Rodríguez Feo 1944: 1: 41-44).

[24] Los primeros números de la revista argentina dan cuenta de ese diálogo fundador, especialmente en las cartas cruzadas entre Victoria y Frank y en los editoriales de la directora. Véase Sarlo 1983.

revista (Rodríguez Feo 1944: 1: 35-38)[25]. Es decir, abrevó en la literatura afín, como un impulso que le permitía potenciar las mejores iniciativas poéticas[26] de la isla y en un ala del pensamiento cultural que le era funcional a su visión continental, y que también le posibilitaba releer la política local[27].

Cuando Lezama, a propósito de la publicación de la antología preparada por Vitier[28], afirma el espíritu creador del origenismo, vinculándolo a las colaboraciones de poetas norteamericanos –en particular a la autorización por parte de Santayana de sus memorias–, dice: «por primera vez entre nosotros lo contemporáneo no era una nostalgia provinciana, deseado entre todos los deslumbramientos y habitual servidumbre, sino un acercamiento cercano al diálogo y de comunidad creadora» (Lezama 1952: 31: 66).

De modo categórico, se esboza esa idea de «lo nuevo» en términos de la creación que buscan iluminar; «lo nuevo entre nosotros», es decir T. S. Eliot, Saint John Perse y Stephen Spender. Un tipo de novedad que suponía, además, romper con la idea de asimetría y coloniaje configurada a través de las actitudes deslumbradas y serviles de los poetas, y el diseño de un verdadero diálogo de pares.

Ahora bien, de manera necesaria, ese recorte de «lo otro» para las dos publicaciones se imprime a partir de una representación del propio contexto y del lugar de enunciación cultural, lo que configura la dimensión «política» de ese impulso. Se abren así tres posibilidades que desarrollarán según cada caso, en términos de una *relación compensatoria*: una carencia, un desvío, un fracaso. Esto trae aparejado una representación de asimetría entre una y otra cultura –una plenitud frente a una incompletud–, o una *relación equitativa*, que produce

---

[25] Me refiero a su nota, ya citada, donde señala «El problema de absorber las ideas y creencias europeas ha sido tan incierto e inquietante como el de asimilar las masas de inmigrantes en una composición étnicamente uniforme» (Rodríguez Feo 1944: 1: 35).

[26] Kanzepolski señala acertadamente «...hablamos de una cercanía que si, en términos políticos, era perjudicial, en términos literarios le quitó a la literatura norteamericana el aura de extrañeza y lo llevó a traducir no un abanico representativo, aunque también hubo un muestrario, sino a aquellos autores por los que sentían verdadera afición» (2001: 397).

[27] Recordemos que ese «país frustrado en lo esencial político» que elaboró el origenismo era no sólo tributario de la corruptela e ineptitud de la clase política cubana, sino que también poseía un sólido condimento de reclamo a las política intervencionistas del norte. Un claro ejemplo de ello es la actitud que asume el origenismo –desde los años cuarenta– frente al fracaso de la reforma constitucional y su mirada respecto de la Enmienda Platt.

[28] El texto de Lezama, una de sus *Señales*, se titula «Alrededores de una Antología», y apareció a propósito de los *Cincuenta años de poesía cubana* de Vitier, en el momento de máxima visibilidad de la revista.

la borradura de la asimetría, traducida en ausencia del «modelo», y resitúa la ruta de la circulación cultural centrando en su propia especificidad plena, la riqueza y el potencial del diálogo (retroalimentaciones múltiples, traspasos, préstamos); o bien la tercera vía que consiste en definir lo que ambas culturas producen como aportes «originales»-a veces matizados de cierto «adanismo» y telurismo– al universo de llegada, a través de una *relación asimétrica invertida*, es decir, *«reversiva» de la desigualdad*, que supone que la periferia –como cultura menos desarrollada y por tanto menos legitimada– produce un aporte de originalidad fecundante en la cultura central, invierte la minusvalía y la traduce en potencialidad.

Las trampas de la Modernidad

Respecto de la manera de comprender la dimensión «universalizadora» de ambas revistas, dimensión a la que se las ha vinculado de modo un tanto ligero[29], sería necesario relativizarla a la luz de algunas intervenciones concretas. Ese universo, ostensiblemente aludido y forjado a través de los textos programáticos, emerge además en una serie de operaciones básicas de ambas revistas: los recortes de autores y textos extranjeros a publicar, a traducir, a difundir o a comentar, e inclusive el de hacerlos integrar el «banquete principal[30]». El gesto de apertura en el modo de concebir el rol de una revista cultural en el corpus de una nación, adquiere diferentes actitudes retóricas e ideológicas, al modo de un *habitus* específico, en tanto sistema de disposiciones a través del cual consagran el rol del intelectual.

El primer supuesto sobre el que nos coloca este gesto dialógico es el problema de las consecuencias de las «modernizaciones» en América Latina –culturales, tecnológicas, burocráticas– (Rama 1984), particularmente esa zona de los

---

[29] Me refiero al modo a veces desproblematizador con que la crítica concibió ese horizonte en cada uno de los programas. Aunque Occidente haya sido un señuelo que guió sus políticas editoriales, de ninguna manera constituyó un mapa homogéneo.

[30] En el caso de *Sur*, son muy conocidas las actitudes personales de los colaboradores y principalmente de su directora, Victoria Ocampo, respecto de los visitantes ilustres, a quienes recibían en sus casas y con quienes organizaban larguísimas y celebérrimas veladas culturales. En el caso de los origenistas, la actitud con los extranjeros fue un tanto más recatada, pero la admiración explícita, el banquete, la reunión de amigos fue también un rasgo de su política extranjera. En ambos casos, la correspondencia constituyó un capítulo importantísimo en la construcción de esas redes que fusionaron lo público y lo privado en el «ceremonial» como estrategia cultural.

desencuentros (Ramos 1989), los quiebres entre historicidades, geoculturas y subjetividades diversas, lo que Sarlo llama una «modernización sin modernidad» o una modernidad periférica. Las revistas actualizan una estrategia típica de las élites letradas latinoamericanas, pero esa representación de la función que el otro hegemónico puede cumplir en las literaturas y culturas locales descubre las dimensiones del poder y la desigualdad en la constitución de ambas culturas. Es decir, «modernizar» el canon nacional implica también el espacio de la tensión con esa heterogeneidad constitutiva de las literaturas locales, y en esa tensión está supuesta la colonialidad en cuanto homogeneización, en la medida en que la modernidad puede ser comprendida como un gesto que ha tendido a centralizar la cultura bajo el modelo europeo, homologándola a la noción de Occidente y universalidad. Tal como ha señalado Dussel: «El "eurocentrismo" de la Modernidad es exactamente el haber confundido la universalidad abstracta con la mundialidad concreta hegemonizada por Europa como centro» (Dussel 2000: 48)

De modo que, pensar esa «modernización» tal como las élites letradas concibieron el diálogo con la cultura europea, o su variante norteamericana, implica desenmascarar el carácter político y homogeneizador de las categorías que modelizan el diálogo, pero también las posturas adversas coexistentes.

Sin duda, en la frontera de la mitad del siglo xx los proyectos culturales latinoamericanos se replantean intensamente qué hacer con esa tradición «totalizadora» de lo universal en contacto con el diálogo local. Es una apuesta y una preocupación que recorre diferentes programas, pero que se hace más evidente en revistas como las estudiadas en este libro, donde la publicación de extranjeros, su traducción, al volcarse en la cultura propia y producirse la reapropiación crítica como aspectos medulares de la política editorial, constituyen gestos que tienden a definirlas en el marco de un diagnóstico de su propia cultura. Este gesto modernizador, a su vez, se retroalimenta de una determinada visión de la cultura local frente a la cual ellos suponen una función que vendría a desempeñar ese flujo con lo alterno –europeo o universal, además de central y hegemónico–. De manera que estas dimensiones conducen a las esferas del saber y del poder para las «culturas periféricas», ese sustrato que subyace en la impronta modernizadora, como bien ha señalado Palermo: «Se trata de hacer visible las relaciones actuales entre el poder político y los saberes especializados que, en forma consciente o no, reproducen –con las estructuras de conocimiento que ejecutan y transfieren– el ya inveterado sistema de sujeciones» (Palermo 2005: 35).

En otro términos, allí circulan las diferentes lógicas de una *epistemología cultural americana* a través de las representaciones de Próspero y Calibán, el modelo del «escritor en la orillas» (Sarlo 1995a) de «El escritor argentino y la tradición» (Borges 1955), el modelo restaurador, el de la subsidiaridad, el poético.

Aunque ambas revistas partieron de una noción de la cultura local imbricada en los términos de «la ciudad letrada» (Rama 1984) en cuanto modulación eurocéntrica de la literatura definida, en parte, por el modelo de la ruta de los grecolatinos a la modernidad europea, con un fuerte anclaje en la concepción de lo literario como lo escrito y a partir de valores «clásicos» (de la verdad, lo bello y lo bueno), y de una sólida concepción de un sujeto autor fuerte y un objeto (textual), estos constructos han tendido a fijar cierta noción de la subjetividad entendida como autoridad autoral. El sujeto que pervive como *a priori* del texto es un sujeto centrado y poderoso, capaz de crear, de asociar, de trasladar y de transformar su cultura. A partir de esta idea general, las diferentes intervenciones irán problematizando al sujeto fuerte y la noción de texto-objeto.

Algunas de las modulaciones de este canon se observan en la idea de arte, en términos de «lo culto», que abona una teoría y práctica de la interdisciplinariedad. En *Sur* esa búsqueda se opera en el interés por establecer puentes entre la literatura y otros géneros como el cine y el teatro; en *Orígenes*, en cambio, la pintura y la escultura fueron entendidas como una matriz poética, y de allí que las imágenes de pintores y artistas hayan tenido una nítida presencia a lo largo de la historia de la revista.

Ambos programas coinciden en dedicar un espacio importante a las reseñas y los comentarios sobre eventos musicales, mostrando así que este carácter abierto estaba fundado en una noción de *transdisciplinariedad* propia de del arte moderno, donde la literatura ocupa un lugar clave. En otros términos, ese concepto se basó en la búsqueda de diferentes estatutos estéticos, que pudieran conciliarse en una visión de base común. En este sentido, es posible considerar que los proyectos fueron concebidos desde el más duro concepto de «modernidad» en la medida en que trazaron férreos límites en la separación entre lo culto y lo popular. En el caso de la publicación argentina, con la sola excepción del cine, no registró la emergencia de otros géneros vinculados a manifestaciones culturales que socavaran el concepto clásico de «cultura». Asimismo, en *Orígenes*, se aprecia una operatoria similar. Aunque se concibió como revista de arte y literatura, lo que le habilitaba un espacio de interdisciplinariedad, el diálogo con las producciones que efectivamente registró se vincula con un concepto canónico de cultura: pintura, teatro, música culta, escultura. Es cierto, además, que esa sección estuvo ubicada –en los dos casos– como segmento final de la revista, casi marginal respecto del cuerpo principal integrado por ensayos y «textos literarios», y que compartía el espacio con reseñas de textos «fuertes», lo que tendía a reforzar esa subsidiaridad.

Pese a esas observaciones, es verdad que *Orígenes* abrió una senda diferente a la de su par austral, en tanto ese diálogo con las artes implicó la sistemática inclusión de dibujos, pinturas y fotografías, ya sea en la portada como en las páginas interiores de la revista –un impulso que existió en los primeros años de la revista argentina–, instaurando así un tipo de diálogo objetivado en textualidades que consolidaban el aura del creador. Es decir, esta operatoria permitía definir un concepto de la obra (literaria) como unicidad, originalidad e individualidad.

Si las revistas literarias y culturales –en general– pueden ser consideradas de «modernización» o de «vanguardia» según combinen más fuertemente el gesto de ruptura o el de renovación, en *Sur* y *Orígenes* el gesto de «modernizar» su propia cultura parecería el más relevante. Sin embargo, *Orígenes* hizo funcionar tensamente el carácter modernizador con una zona de antimodernidad o pre-modernidad cuestionadora de sus estatutos (Chiampi 2006). En ese sentido fue moderna y antimoderna porque articuló la noción de *tempo* poemático (literario) y se afincó en una noción religiosa de la literatura –no exactamente coincidente con la particular religiosidad estética de la modernidad– en tanto creadora de una lógica alterna y de una «encarnación» de sentidos a través del Verbo.

Además, se apropió de los *habitus* de la modernidad: traducción, difusión de autores y obras en otras lenguas, culto del sujeto artista o escritor, pero haciendo atravesar esas operaciones con el cuestionamiento de las lógicas principales de la modernidad: causalismo, dualismo, progresismo. Lo que difícilmente podría transpolarse a *Sur*, claramente asentada en la modernidad del siglo XX, fuertemente vinculada con intelectuales y artistas de las culturas centrales y con los eventos de esa compleja modernidad de los que se sintió parte indivisible, un obvio patrimonio común. El argumento de Borges del 55 resume ese ideal: «los argentinos más que ningún otro habitante de este planeta tenemos derecho al patrimonio común». Si se examinan las posiciones de la revista[31] frente a la Guerra del 39, la guerra civil española, el asesinato o suicidio de los intelectuales (resulta paradigmático en el caso de Drieu La Rochelle, a quien la revista en conjunto le dedica un nítido homenaje en el numero 126 de 1945[32]), las claras

---

[31] Para su profundización, véanse los números dedicados a eventos «occidentales» del momento: la liberación de París, o el número dedicado a la paz (números 120, octubre de1944 y 125, julio de 1945).

[32] Victoria Ocampo hace un culto de esa amistad en la revista. Su visión sobre el «problema La Rochelle» se expone principalmente en «Pierre Drieu Las Rochelle: enero de 1893-marzo de

referencias al fascismo y al nazismo –como actualizaciones de la «barbarie»–, forjó una idea de una temporalidad sin fisuras, donde –desde Buenos Aires– se podía simultáneamente participar, discutir, integrar.

Los viajes permanentes de Ocampo fueron una de las variantes de esa manera de comprender el diálogo, acercamiento que ya se había producido en la escritura (editorial o epistolar). Esto no obstaculiza que en su interior se generaran fuertes miradas críticas sobre las consecuencias de esa modernización (Mallea, Martínez Estrada, Murena). Ahora bien, esta fluidez no siempre implica asumir a Occidente como la ruta –el puente– necesario hacia América[33] (King 1989: 62), en el sentido de reinscripción del gesto discipular y mimético típico de las élites letradas latinoamericanas. De modo que, tanto en la definición de los géneros de la cultura como en las operaciones específicas con las cuales se pensaba cierto tipo de apertura, las políticas oficiales de ambas revistas registran la marca indeleble de la modernidad.

A partir de los años cincuenta, sin embargo, comienza a cobrar relevancia el cuestionamiento de un sector intelectual más interesado en «lo latinoamericano» –Martínez Estrada y Murena, y también una zona del pensamiento de Mallea–, que ausculta el efecto dramático de la condición de culturas periféricas a través de diferentes diagnósticos sobre la tradición local: la falsificación, la desherencia –en términos de la doble expulsión (del Paraíso y de Europa) y la incompletud.

En el marco de estas polémicas, desde las páginas de *Orígenes* Fernández Retamar –en su artículo «América, Murena, Borges»– profundizará el cuestionamiento a estas concepciones como hijas de las tesis europeas que atraviesan el americanismo. Dirá entonces, aludiendo a los argentinos: «La tesis del parricidio, reeditada ahora, presupone pues una de las claves más europeas para interpretar a América» (Retamar 1955: VII: 38: 54).

Ahora bien, esa noción del «modelo» prácticamente no existió en la cubana. Lezama le critica esto a Victoria en su número dedicado a Inglaterra[34], cuando

---

1945» (Ocampo 1945: 126: 38-41) y en «El caso Drieu La Rochelle» (Ocampo 1949: 180: 7-27).

[33] Este es el criterio que sostiene King cuando afirma que «serviría para todo el que sintiera interés por la América, y serviría como puente entre América y Europa» (King 1989: 43).

[34] En carta a Rodríguez Feo señala, respecto del número dedicado a las Letras inglesas: «En realidad esa literatura inglesa de hoy representa un sentido crítico que los lleva a alejarse de muchas cosas, pero sin ver todavía la tierra prometida o el graznido del alción. Pasa en Inglaterra lo que también nos confirmó el número dedicado a Francia, que los valores de hace veinte años se presentan como una seducción de que carecen los adolescentes cuya edad parece que se ha vuelto ingrata» (Rodríguez Feo 1991: 101).

señala que esa literatura «los lleva a alejarse de muchas cosas, pero sin ver todavía la tierra prometida o el graznido del alción» (Rodríguez Feo 1991: 101). Es lo mismo que lee Piñera en toda la literatura argentina a través de sus «panfletos» de 1947 –*Victrola* y la versión gombrowicziana, *Aurora*– cuyas principales hipótesis serían heredadas de la lógica europea –y explicitada por el cubano a través de la obra de Mallea, Macedonio, Borges y Murena (Piñera 1947: 13: 44-53)–. Sin embargo, la concepción de Rodríguez Feo es un tanto diferente, en algún sentido más modernizadora, pero también se ve atravesada por una lectura sobre la politicidad de esas lecturas que le impiden sujeción al modelo reproductor de las élites[35].

La «cultura de puerto» con la que se ha homogeneizado la lectura de *Sur* tiene como base la idea de una continentalidad abierta, cuyo sujeto se construye en el tránsito, en la reinvención y reescritura del sí mismo, sin una esencialidad establecida *a priori*, sino como puro flujo y fluidez. Por su parte, la cultura insular de los origenistas reifica una noción puramente poética en un movimiento centrípeto hacia la profundidad de una sensibilidad que solamente se revela en la fuerza de la imago –ahistórica y no causalística–, de raigambre mítica.

Si se aceptara la metáfora, se podría pensar en dos imágenes que recogen esos movimientos en cada una de las revistas. Por un lado, la construcción ideológico-literaria de *Sur* en su relación geocultural podría ser vinculada a la *metáfora fluvial*, en la medida en que se define en el fluir hacia lo otro, en el puro movimiento, en el ímpetu de pensar la cultura en el diálogo. Y *Orígenes*-Lezama en la *metáfora marítima* que invita a ir hacia el fondo, hacia los orígenes, y que se funde con la otra idea origenista de la resaca, como el aporte de la territorialidad a la esencia marina. El movimiento oceánico pareciera, como el origenismo, conducir siempre hacia lo profundo, en un viaje que integra lo diverso solamente para resignificarlo en la busca del mito de la insularidad.

Se podría afirmar que en ambos universos existió una zona no negociable de la lectura, la de la libertad, que los condujo a anteponerla como valor a muchas de las efectivas diferencias estéticas e ideológicas. Ese valor tuvo diversas modulaciones y germinó en el ensanchado fondo común de un humanismo presente, pero profusamente redefinido, principalmente en dos figuras centrales de cada uno de los proyectos: Lezama y Bianco.

---

[35] En su nota sobre *Papeles de Recienvenido*, señala: «Descubro que no se ha gastado el humorismo del americano, más bien surgen posibilidades de hacernos sonreír de situaciones insospechadas. Las tentativas de Recienvenido nos complacen ya que confirma la sospecha de que ahora los chismes más legítimos nos pertenecen» (Rodríguez Feo 1944: 4: 43).

Es también preciso señalar que, en esta epistemología, los conceptos de *memoria* que una y otra publicación acuñaron como estrategia fundamental para inscribir su lugar en una tradición han sido diversos y han abierto, a partir de esa distinción, un recorte del «otro». Mientras los origenistas recostaron su relación con el pasado y las tradiciones (occidental, oriental, americana) a través de la activación del concepto poético de «reminiscencia» –concebida como memoria selectiva y encarnación de sentidos múltiples a través de una imagen–, *Sur* aspiró a convertirse en una «maquinaria traductora» –una memoria que habla– de los «valores» literarios del presente y del pasado, un concepto bastante poco preciso –aunque montado en una férrea y ambigua intersección de estética y ética– al que su directora no cesó de apelar en cada uno de sus editoriales[36]. Por su parte, el concepto origenista de reminiscencia[37] implica un tipo de viaje al pasado liberado de las constricciones de la cronología, principalmente del vector lineal de la historia, y supone una presencia de esa «otra» temporalidad de carácter concéntrico que va densificando sentidos culturales y simbólicos. Este concepto les permitió instaurar un culto al pasado hecho de ritual, de ceremonial, en la medida en que dichos procedimientos actualizaban metafóricamente la presencia de múltiples pasados para dar densidad al movimiento más caro al origenismo: «la flecha de su propia estela». Es este concepto de memoria el que funda una tradición heterodoxa (clasicismo, catolicidad, orfismo, americanismo, orientalismo) en el recorte de las tradiciones que la revista –a través principalmente de Lezama– buscaba «encarnar» en la isla.

---

[36] Señala Ocampo en el editorial del Índice publicado para celebrar los 35 años de la revista: «Nuestra revista y nuestra editorial han hecho conocer gran cantidad de escritores de todos los países en una época en que no era tan corriente hacerlo como ahora. A veces se ha adelantado *Sur* a publicar europeos antes de que llegaran a la gran fama que luego alcanzaron en su propia patria. Tales fueron los casos de Callois, Camus, Michaux, Malraux. En los dos primeros tercios (1931-1957) de la vida de *Sur*, han aparecido en sus páginas los nombres de los ensayistas, novelistas y poetas de mayor fama mundial. Mi entusiasmo ha sido siempre tan vivo que he traducido yo misma a Camus, a T. E. Lawrence, a John Osborne, a Dylan Thomas, a Lanza del Vasto y todo el teatro de Graham Green. [...] Por otra, *Sur* ha tratado no sólo de introducir en América del Sur, durante 36 años, lo mejor de las letras mundiales» (Ocampo 1966: 303-304-305: 19).

[37] Una larga bibliografía crítica ha reelaborado esta noción, que recupero aquí como estrategia de construcción de identidades culturales. Bejel la explicita de la siguiente manera: «Al ser humano le queda la posibilidad de recordar la sombra de la imagen de la luz de una memoria perdida, y esta es la condición necesaria de la reminiscencia que se manifiesta en la imagen poética» (Bejel 1994: 71). Véase también Santí 1975: 535.

En el caso de la revista argentina, el trabajo con el pasado no tuvo el carácter de *tempo* poemático, sino que fue definido centralmente desde el ensayo. El espíritu celebratorio de los escritores de *Sur* –su énfasis en banquetes, desagravios, homenajes, aniversarios– no tuvo, sin embargo, el mismo sustrato que el ceremonial origenista. Pese a la aparente ritualidad, su marcación respondía a otra lógica, menos mítica que la cubana y también más prospectiva, que tendía a recrear o restaurar una tradición fallida o ausente para de este modo «crear la élite futura» (Ocampo 1951: 5). *Sur* cultivó con esmero la idea de que los intelectuales tenían la ardua misión de construir la historia y corregir sus desvíos. Conceptos tales como responsabilidad, deber, misión, elevados intereses, ética, moralidad superior, bien común y honestidad eran constantemente enunciados y apuntaban a reforzar esa noción fuerte, moderna y letrada del carácter artificioso, discursivo de la historia, donde los escritores tenían mucha tela para cortar y donde, por sobre todas las cosas, estaban impelidos por su pertenencia a una determinada comunidad que contribuía a ese «orden» supranacional. Hubo, no obstante, en sus políticas sobre la memoria algo de «excéntrico» y «disfuncional» –me refiero a la metáfora de «Funes, el memorioso»–, de excesivo y desordenado registro que, al privilegiar la suma –de autores y obras «valiosas»–, devino en un tipo de «bovarismo» que ha sido especialmente señalado por sus detractores. A pesar de estas observaciones generales –que pretenden no reducir su radical heterogeneidad–, la revista estuvo marcada por una política activa sobre la memoria, lo que le permitió frecuentar diversas tradiciones, aunque casi siempre hubiera primado el concepto más clásico de culturas jerárquicas y el gesto de las culturas «menores» que «tienen tanto que aprender» (Ocampo 1951) .

Si se analizan actitudes concretas ante los «eventos mundiales», cuyo epicentro está claramente localizado pero además transformado en insumo «universal», pueden advertirse los desplazamientos en una y otra. La primera diferencia que resulta pertinente señalar es la de la omisión que hace la revista cubana sobre la guerra que está concluyendo. A pesar de haber iniciado su periplo precisamente un año antes del fin de la contienda mundial, no aparece en el registro de sus textos una mención explícita a la cuestión, actitud ostensiblemente opuesta a la de *Sur*, que dedicaría gran cantidad de artículos a la temática y en particular un número completo dedicado a «La declaración de los derechos universales del hombre» (Calomarde 2004). Como ha estudiado King, las declaraciones de *Sur* durante la guerra coincidieron en buena medida con las manifestaciones oficiales de la política estadounidense, lo cual permite observar de qué modo a mediados de los cuarenta el epicentro político del modelo cultural para *Sur* se había desplazado de Europa hacia el norte[38], precisamente indicando la cartografía que Lezama había sentenciado en el *Coloquio con Juan Ramón Jiménez* siete años antes, señalando que los escritores del sur leen ese movimiento de Norte a Sur.

En este contrapunto se pueden comprender los diversos diálogos que abordaré. Implica no una ruta, sino la reescritura de la historia colonial continental y el lugar de la especificidad regional dentro de la corriente. Cambiar el vector de la colonialidad supone pensar de otro modo en los sujetos culturales de la dinámica colonizador-colonizado. La ruta no sugiere solamente el punto de vista de la enunciación (aunque la suponga), implica fundamentalmente cambiar el eje semántico del la colonialidad y por ello percibir de manera dislocada el gesto de la descolonización.

El origenismo concibió el diálogo a partir de la idea de resaca: «la resaca no es otra cosa que el aporte que las islas pueden dar a las corrientes marinas, mientras que los trabajos de incorporación se lastran en un bizantinismo cuyo límite está en producir en el litoral un falso espejismo de escamas podridas, en crucigramas viciosos» (Lezama 1977: 50). La especificidad de lo cubano en la corriente implica una asunción de ese carácter insular como constitutivo de una totalidad, de cierto orden que solamente se reinventa en la aportación de lo propio a lo diverso. Aquello en lo cual Lezama había insistido desde sus editoriales de *Espuela de Plata*: «La isla distinta en el cosmos o lo que es lo mismo, la isla indistinta en el cosmos» (Lezama Lima 1939).

Es preciso considerar, entonces, que para *Orígenes* Occidente no constituyó ningún espacio de conflictividad –aunque sí de tensión y heterogeneidad–, como sí ocurrió en el caso argentino. La revista cubana partió de un supuesto de «superabundancia cultural», de plenitud que le permitía pensar el diálogo con las metrópolis de un modo simétrico. Por esa razón no existió en *Orígenes* el problema de los «modelos», de la actitud discipular o reproductora de las literaturas periféricas en contacto con las hegemónicas. La revista cubana se representó este diálogo como una relación de pares a quienes se podía citar, transpolar, referir sin que de ello deviniera un carácter de «cita de autoridad». Ahora bien, además de esta representación imaginaria respecto de la relación entre centros y periferias que subyace al diálogo cultural, las categorías de «occidentalismo», universalismo o cosmopolitismo no resultan apropiadas para comprender el modo en que ellos conciben esa ruta. Algunas de las razones

---

[38] Véase el relato de Callum MacDonald y el Despacho del *British Foreign Office* que recoge King en su estudio sobre la revista *Sur* (King 1989: 122).

centrales están constituidas por el hecho de que si entendemos por Occidente el producto de una tradición específica que se consolida en la Modernidad a través de la instauración del sujeto cartesiano único, la razón como principio epistemológico central y la temporalidad entendida desde la lógica del progreso (Hegel), este conjunto da por resultado una configuración geopolítica cuyo centro (homogeneizador) se ubica en Europa Occidental y sus periferias en diferentes espacialidades construidas como versiones astilladas del avance de esa corriente –la promesa de América como nueva aurora para la civilización decadente de la posguerra. Como puede inferirse, entonces, la visión de Lezama se opone en casi todos sus atributos a este diseño.

Existe en *Orígenes* una visión de ese territorio al que se pensaban ligados en una ruta de sentido: «lo atlántico», tal como lo define Pérez Cisneros. En un texto sobre la pintura de Portocarrero[39] publicado en el primer número de la revista –el número más claramente programático– afirma:

> Sólo con lo atlántico abarcamos a la vez la línea nórdica, lo monstruoso romántico, lo barroco español, el hieratismo indo-mexicano, el romanticismo emotivo criollo, la rigidez bizantina, lo depurado gótico, la asepsia novocentista, todos presentes y vivos en esta obra. Sólo con lo atlántico podemos definir el espíritu de este pintor que nos presenta obra de tan orgánico cuerpo: en el que no hay bruma, confeti, vermina, podredumbre, descuartización, sino antes al contrario acordes, religiones, sumas y simultaneidad. (Pérez Cisneros 1944: 1: 40)

En ese artículo el autor expresa claramente una visión que le permite ubicar a La Habana como capital de ese «territorio» cuyo carácter básico está definido por lo oceánico, no por lo terrestre, en un movimiento que no es el de la verticalidad instalada por el movimiento modernizador, el apetito del modelo que podría restaurar, develar, iluminar o corregir una tradición local inexistente o fallida. El universo atlántico es concebido como un espacio diferente, pero no opuesto al concepto de «interioridad» –es decir, provinciano o mediterráneo: «Pues la sangre y la vida del río van a contrapelo, a contracorriente, del mar a la fuente» (Pérez Cisneros 1944: 1: 39). El mar significa una corriente cultural que va del origen hacia la corriente, el agua es perfecto drenaje y emulsión, flujo y resaca, que arranca y mezcla. En este sentido constituye la metáfora de lo cultural y su relación entre lo propio y lo ajeno, a contrapelo de las lógicas imitativas o de la angustia de las influen-

---

[39] El artículo se publica en la sección «Notas», uno de cuyos segmentos está dedicado a exposiciones, bajo el título «Lo atlántico en Portocarrero».

cias; la cultura es el movimiento que desde su propio lugar de enunciación se dirige a procesar en su corriente los aportes, los tonos y modulaciones de lo que trae el flujo. La cultura se sintetiza, se epitomiza en la resaca: lo que las costas aportan –su humus, su color y su olor– a la diferencia, al flujo de lo diverso. Postulan el movimiento inverso: no del centro a la periferia, sino desde la especificidad geocultural de los sujetos situados en su propia circunstancia hacia el encuentro en lo divergente.

Movimiento cultural sin mestizaje, no hay idea de raza, sino una noción cultural que reúne al sujeto con su espacialidad a través de las producciones: «Atlántico que lo destiñe todo» –es decir, le inyecta nuevos tonos: barroco español, lo romántico–, y este tono a su vez es sometido a otra operación, la de la luz del «puro esplendor del Malecón en Mediodía» (Pérez Cisneros 1944: 1: 40).

Esta concepción es la que le permite a Lezama incluir lo católico con la tradición órfica y con Oriente, que convive de manera tensa con el espíritu expansivo de la «catolicidad», tal como lo definió Fina García Marruz.

Como dice Ladra en su nota sobre *Viaje a la semilla* de Carpentier, «el universo le entraba por todos los poros, para hundirse definitivamente en sus raíces» (Ladra 1944: 3: 46). El movimiento entonces está puesto en el hundimiento, en la profundización, en ir hacia lo secreto –la Cuba Secreta de Zambrano– como fuerza centrípeta, apropiación y reapropiación de sí mismo leído en el contacto con lo otro. En la misma nota, señala Ladra que «Carpentier no se sustrae a la ganancia y la acaricia con el peso opulento del ser bien instalado, del que lleva en el hueco de su mano la esfera que habita» (Ladra 1944: 3: 45).

La nota de los editores en el primer número ya lo señalaba, invirtiendo el vector colonial, en la medida en que es el lugar de enunciación el creador de la cultura, y haciendo hincapié en el concepto de libertad del sujeto cultural americano:

> Sabemos ya hoy que las esenciales cosas que nos mueven parten del hombre, surgen de él y después de trazar sus inquietante aventuras, pueden regresar, tornándolo altivo o humillado, pero dejando su conciencia, sus incorporaciones y las diversas formas de su nutrición, mereciendo un respeto en directa relación con una libertad que estamos dispuestos a defender y a justificar la salud de sus frutos. (Los editores 1944: 1: 7)

La ruta *Orígenes-Sur*

Dentro de estas construcciones generales, me propongo estudiar la relación específica que existió entre los dos programas culturales, lo que denomino aquí la ruta *Orígenes-Sur*.

La primera pregunta que se presenta es la de cómo fue la recepción de una y otra revista en el campo de llegada: cómo circuló, con qué recursos y frecuencias, y qué marcas textuales permiten seguir ese recorrido. En esta lógica, es necesario considerar el *carácter desigual* de ese impacto, a partir de las condiciones objetivas de uno y otro espacio. Buenos Aires en los años cuarenta experimenta una expansión recortada en la creación de editoriales, revistas y diarios, en el aumento del público lector y, por lo tanto, la diversificación del campo cultural y su relativa consolidación (Calomarde 2004). Este crecimiento se vio favorecido por las consecuencias de la guerra, que habían generado la relocalización en Buenos Aires de varias editoriales[40], particularmente españolas, que vieron en la ciudad rioplatense un escenario apto para desarrollar su actividad.

A pesar de que después del 45 los textos acusan una crisis editorial, promovida por el impulso de retornar a sus países después del conflicto, las condiciones de un mercado específico y de un público lector ya estaban relativamente consolidadas en el sur, e insisto en lo de «relativo», considerando que –a pesar de esta expansión– la revista de Ocampo también necesitó del mecenazgo de su directora para poder sobrevivir. De modo tal, no es difícil comprender que al existir una vía comercial y cultural, la circulación[41] de la revista argentina, que contaba a su vez para ese entonces con una editorial propia, era algo posible.

---

[40] Una de las editoriales españolas relocalizadas en Buenos Aires durante los años de la guerra fue Espasa Calpe, que inauguró en Buenos Aires su *Colección Austral*.

[41] *Sur* publicó 367 números –de manera regular entre 1931 y 1970, pero continuó haciéndolo hasta 1991–; sus tiradas principales fueron de cuatro mil ejemplares (según lo indica el primer número de 1931), aunque la omisión más tarde de datos precisos sobre la tirada muestra la dificultad que sucesivamente fue atravesando a la revista para mantener esas cantidades (y probablemente su disminución). En varios números especiales se señala la tirada de cien números confeccionados en papel especial para «los amigos de *Sur*», un lujo que no quería dejar de tributarse pese a su atribulado capital financiero. Durante el primer año de vida, la regularidad de la publicación tuvo un criterio estacional, que entre los años 32 y 35 se distendió. A partir de ese año y hasta fines de 1953 se publicó regularmente mes a mes, y desde entonces hasta 1970, de manera bimestral. Desde esa fecha y hasta el 91 aparecen números homenajes. Después de la muerte de su directora un comité de colaboración, integrado por Mildred Adams, Bioy Casares, Alberto Bixio, Borges, de Obieta, Girri, Silvina Ocampo, Soledad Ortega, Enrique Pezzoni y Ernesto Sábato, siguió dirigiendo la revista.

Dicha posibilidad parecía potenciar un espacio del deseo de corregir ciertos desvíos anteriores, como una espacie de «volver los ojos a América». La propia Victoria había señalado sin cesar la necesidad, especialmente en el período de la posguerra, de reiniciar un diálogo con los escritores continentales. De manera tal que *Sur* circuló abundantemente en los países de llegada, por lo que la marca de este impacto lo advertimos tanto en las notas y comentarios de *Orígenes* sobre la revista argentina como en las cartas cruzadas entre sus miembros que dan fe de la lectura atenta de lo que sucedía en el sur. Y además, en la inmediatez de ese registro.

Le dice Lezama en una carta a Rodríguez Feo fechada en julio de 1947:

> En el número 151 de *Sur* pasan cosas de feliz recordación. Por una parte, en «Calendario», aluden a tu ensayo sobre Novás Calvo. Pero por la otra, más fundamental, y lo que ha de motivar una de tus felinas cartas, el anuncio no aparece. Si le escribes, creo que Bianco goza de becas en Europa, y es Sábato el que ahora tiene el batutín. En el mismo número Dña Victoria que ahora ya no dejará tranquilos a los cameramen, se muestra con una caliente simpatía por Laurence Olivier, como antes por Lawrence de Arabia. (Rodríguez Feo 1991: 81)

La minuciosas referencias, plagadas de comentarios literarios, pero también de «chismes» que excedían la publicación, muestra a las claras un interés que, más allá de las reiteradas críticas e ironías, permiten comprender una doble preocupación: por lo que se escribe y publica en *Sur* –y todo el universo mítico que la constituye como en una novelita rosa– y la obsesión porque el aviso de su revista no dejara de aparecer.

En cambio, los escritores argentinos estaban mucho menos al tanto de lo que sucedía en la isla. Es cierto que Cuba no contaba con los recursos materiales ni tecnológicos de la Buenos Aires de los cuarenta; es cierto también que a pesar de lo proclamado, hasta los inicios de los cincuenta, donde he advertido un leve desplazamiento (Calomarde: 2004), los de *Sur* no estaban demasiado interesados en el diálogo local[42]. Quizá porque dos acontecimientos europeos marcaron a fuego su intervención: primero la guerra civil española, luego la Segunda Guerra Mundial. En ambos casos, Buenos Aires y *Sur* en particular fueron un escenario de recepción y de acogida para los exiliados, y de ahí que las páginas de la revista constituyan una crónica argentina de la «Decadencia de

---

[42] Este efecto estará potenciado por la consolidación del grupo de jóvenes escritores que se preocupan más por el diálogo cercano que por el horizonte abarcador de Ocampo, y que poco tiempo más tarde se desplazarán hacia *Contorno*.

Occidente». Lo cierto es que *Sur* no registra, en la década que estudio, artículos críticos vinculados a Cuba, ni textos originales de autores cubanos –con la sola excepción de Emilio Ballagas, de quien había publicado su poema «Elegía» (Ballagas 1940: 65: 75-76)–; en cambio sí lo hará a partir del 55[43], con los cuentos de Piñera, Rodríguez Tomeu y Rodríguez Feo.

Al mismo tiempo, es necesario considerar que a partir de los años 1951-1952 se produce un espacio de recambio generacional, dado a través del grupo de escritores más tarde denominado «los parricidas» –fundamentalmente por la lectura que realizan de Martínez Estrada, Arlt y Borges[44]– y que, unidos al sector de los críticos académicos (Calomarde 2004), potencian un «espacio nuevo» en la revista, configurado en la pulsión por la autonomía de los campos y la especialización del saber, lo que trae profundas consecuencias para la reconfiguración del «ensayismo clásico de *Sur*» y para la redefinición de las fronteras de lo literario. Este movimiento se verá reforzado por intelectuales y escritores preocupados por desarrollar una política cultural continental: Murena, Anderson Imbert, Henríquez Ureña, Martínez Estrada, y también por los ensayistas de *Realidad* –con Francisco Romero como su exponente principal, y que publicó en *Orígenes*–. Es importante señalar que todos ellos no sólo desarrollan un espacio de preocupaciones «americanas», sino que generan también una estrategia de circulación continental diseñada a través de revistas y publicaciones periódicas, que responden a un ímpetu religador. Me refiero a un espectro muy variado de intelectuales ubicados en generaciones, campos específicos (la Sociología, la Filosofía, la Crítica literaria) y espacios ideológicos diferentes, pero que, sin embargo, se aproximan en ese amplio territorio de la preocupación latinoamericana.

---

[43] A pesar de este descuido, los acontecimientos cubanos del 59 impactaron centralmente en la reconfiguración ideológica de *Sur* a partir de la década siguiente –particularmente del número 293 de marzo-abril de 1965–, frente a la Alianza para el progreso estadounidense donde aparece una selección de ensayos sobre la realidad latinoamericana. Allí Humberto Piñera expresará su visión opositora al castrismo.

[44] Esa «visión parricida» es sintetizada años más tarde por Ismael Viñas: «[...] una revista cuya preocupación única era centrarse en la cultura argentina, y en una visión crítica pues advertíamos sobre todo la falta de verdad que había en ella: en novela, había llegado al extremo de que Eduardo Mallea escribiera una obra íntegra sin un solo diálogo, aparentemente para eludir el voseo, pues advirtió sin dudas lo ridículo que hubiera resultado si sus personajes hablaran de tú: en política, había llevado al fraude sistemático desde la victoria de Urquiza y de la república inaugurada por Mitre, a la contradicción de que el primer gobierno electo libremente, el de Irigoyen (sic) (cien años después de declarada la independencia!) fuera a la vez el responsable de las represiones más sangrientas... (Viñas 2007: VI).

Entretanto, la situación en La Habana era bien diferente, y el registro de ese hiato se encuentra en los testimonios de Piñera cuando llega a Buenos Aires y advierte que

> [...] en Buenos Aires, al contrario de La Habana, hay una vida intelectual organizada, con política, editoriales, etcétera. Yo no digo que hayan descubierto potosíes de cultura superiores a los nuestros ni que sean más geniales. No, nada de eso. Pero existe aquí la profesión de escritor que tienen editoriales, revistas, periódicos y demás que le solicitan y pagan sus colaboraciones. (Lezama Lima 1993 : 282)

La Habana de los cuarenta no contaba con editoriales independientes ni con revistas culturales dedicadas en especial a la literatura y al arte, como intentó Lezama que fuera la «marca en el orillo» de la suya. Eliseo Diego lo precisa del siguiente modo «No existían entonces en Cuba editoriales. Escritor que deseaba publicar un libro, escritor que tenía que pagárselo» (Espinosa 1986: 87-88). Al margen de que algunos escritores como Fernando Ortiz y Mañach –vinculados a lo que se consideraba el canon cubano de esos años– pudieran vender muchos textos, la revista de Lezama nunca superó los doscientos cincuenta o trescientos ejemplares, en clara oposición a la revista argentina que alcanzó tiradas de cuatro mil volúmenes. Esta última también estaba dirigida a un público selecto y sobre todo dueño de una enciclopedia que lo diferenciaba del lector medio de *La Nación*. La permanencia y tirada diferentes muestran el grado de desarrollo de uno y otro campo y las posibilidades efectivas de recepción. Señala Uribe:

> En 1944, publicar en La Habana una revista como *Orígenes* era algo que en verdad rayaba con lo descabellado («te advierto que tus pesos van a caer en un barril sin fondo» dijo Lezama a Rodríguez Feo) y que no se explicaba en los términos de la vida cubana ni del desarrollo cultural –para no hablar de lo político– de la isla. Y tan no había público para ella que, de no ser por el mecenazgo de Rodríguez Feo, jamás se hubiera publicado ya que Lezama siempre vivió transitando difícilmente por los bordes de la penuria económica. (Uribe 1989: lvii)

Estos aspectos financieros y la capacidad desigual de ambos campos para sostener publicaciones independientes permiten explicar cuatro dimensiones fundamentales para la consideración del sistema de contactos: 1) la presencia del director-mecenas en ambas (Victoria Ocampo y Rodríguez Feo), ya que si bien en Cuba era la única posibilidad de supervivencia para una revista de esta naturaleza, en Argentina, que ya contaba con circuitos editoriales y una dinámica vida cultural que facilitaba el sistema de colaboraciones, la dificultad está dada en la escasa presencia de un público lector culto, que se interesara en la novedades y el horizonte que representaba la revista; 2) La política económica respecto de las colaboraciones, un aspecto pocas veces abordado y que los editores preservaron con recelo, no sólo pone en escena el aspecto simbólico de qué se paga y a quiénes, sino una verdadera política de autor[45] que tiene su correlato en la configuración literaria de la revista; 3) La política de avisos comerciales en una y otra pone de manifiesto dos actitudes diferentes respecto de las estrategias de construcción de un público lector. Mientras *Sur* utiliza todos los recursos disponibles incorporando publicidad de las más diversas áreas de la vida cotidiana de una sociedad, en la cubana esa dimensión está ausente y la sección de avisos comerciales solamente incorpora a editoriales o revistas afines, lo que pone en escena una conciencia diferente respecto del lugar del intelectual escritor y de una empresa poético-literaria como la origenista. La obsesión de Ocampo por conquistar un público lector no tiene su correlato en las preocupaciones de Lezama, en la medida en que la revista modeliza un tipo de lector ideal mucho más restrictivo y afín; y 4) La capacidad editorial y la efectiva circulación de una y otra en el campo de llegada.

Si bien ambas configuran un espacio independiente, en tanto no vinculado a instituciones –académicas, políticas o sociales–, ambas construyen un circuito endógeno que les permitía retroalimentarse, a través de reuniones, banquetes, homenajes y recepciones a extranjeros, pero especialmente articulado desde una editorial propia –*Orígenes* y *Sur*, respectivamente– que tuvo el rol de constituirse en una propuesta editorial paralela y subsidiaria de la revista pero con un programa propio de divulgación de obras y autores. Es cierto, también, que *Sur* puso en marcha una especie de circuito parainstitucional que reproducía las prácticas del sistema formal a través de Conferencias y Ciclos literarios, como una tribuna que posibilitaba la legitimación de una agenda de poéticas y de nombres propios.

Barquet señala en su estudio sobre *Orígenes* dos aspectos que sirven para ilustrar esa situación en el caso cubano: 1) La actitud anti-institucional de *Orígenes*, vinculada a la aspiración no de pertenecer al circuito oficial, sino de generar un espacio nuevo en la cultura cubana, no vinculado a ninguna otra

---

[45] Las permanentes referencias que Lezama y Rodríguez Feo realizan en su correspondencia a estos aspectos constituyen un insumo de capital importancia. Allí se mencionan los costos concretos de cada edición de la revista, las formas de pago, la necesidad de realizar un pago a ciertos escritores y las constantes dificultades financieras (véase Rodríguez Feo 1991).

esfera que no fuera la estrictamente «cultural» –entendiendo lo cultural en el sentido más clásico del término, como esfera de altos ideales–. Como producto de la polarización de tendencias estético-políticas, los originistas procuraron «más que intentar desplazar a los intelectuales anteriores en lo físico reclamando un espacio en los canales ya establecidos [...] crearse su propio espacio a través de revistas y libros que publicaron con sus escasos recursos» (Barquet 1991: 41). 2) La dificultad de obtener recursos económicos para financiarla se ve agudizada por su carácter irruptor, ya que si bien se puede observar la existencia de un pequeño espacio de revistas culturales y literarias en Cuba, *Orígenes* venía a irrumpir como «lo nuevo», que si bien abrevaría en las experiencias anteriores de Lezama –fundamentalmente respecto de la visión de la poesía–, lo hará desplazando el tono y reforzando la apuesta integradora.

También es importante señalar, a nivel de efecto discursivo, la experiencia del mediador Piñera, atravesada por la mentira y la frustración. Resulta curioso, al leer las cartas, la enorme cantidad de datos erróneos; no puedo precisar si por la incapacidad del cubano de alcanzar su meta, por la resistencia del otro o por su propia potencia inventiva y necesidad de dilatar la promesa hasta que pudiera encontrar algún canal que le permitiera acercarse a *Sur* (o por una confluencia de todas esas razones). Lo cierto es que Piñera construye para Lezama un relato ficticio en términos de resultados, en base a la gran cantidad de anuncios que le hace en los largos años de corresponsal originista y que no se ajustan a la verdad histórica. Le dice que Sábato le ha prometido una colaboración que nunca llega, que *Sur* publicará un texto suyo que nunca aparecerá. Y la noticia más curiosa de todas, que está trabajando (junto a Sábato) en una nueva *Sur*, que se propone corregir los desvíos de la primera revista. En la nueva *Sur*[46] el autor de los *Cuentos fríos* ya tendría su puesto asegurado en el comité de redacción: «Sábato será el director y ya ha presentado a Victoria el plan completo» (Lezama Lima 1993: 283).

¿Piñera inventó esta novela? No hay registro de que se hubiera preparado efectivamente otra *Sur*. En verdad, dentro de la revista existieron varios microuniversos que compusieron una especie de alteridad dentro de la heterogeneidad que la definió. Sábato nunca fue el director de la revista –aunque integró el Comité principal y reemplazó, circunstancialmente, al secretario de redacción– de la que, por otra parte, se alejó definitivamente después de la

---

[46] «El numero 147 acaba se salir dedicado a Francia, y el número148 dedicado a Inglaterra, 149 y 50 material diverso y recuerdo a *Sur*. Se conservará el nombre», le dice a Lezama en una de sus cartas, fechada el 11 de noviembre de 1953 (Lezama Lima 1993: 282).

Revolución cubana, debido al verdadero parteaguas que ella configuró en la *intelligentsia* argentina. De modo que, como producto de estas condiciones, la presencia de la revista argentina en la isla era posible gracias al impulso de la industria de la cultura de partida. Las editoriales Sur y Losada, principalmente, generaron un espacio de circulación continental, hasta entonces desconocido. Los efectos del contacto casi cotidiano sobre lo que se escribe, se publica, se traduce en *Sur* aparece registrado de manera informal en la correspondencia cruzadas entre Lezama Lima y Rodríguez Feo (Rodríguez Feo 1991) y de modo formal en la agenda de autores y obras vinculados a lo más canónico de *Sur* que la revista acusó.

El hecho de que el horizonte del deseo argentino estuviera casi exclusivamente recortado en el espacio de ese canon es una muestra de la capacidad editorial, y no estrictamente de las afinidades. Es decir, lo que llegaba a la isla era ese espacio que contaba con el impulso editorial y el prestigio de gran revista, ya consolidado en los cuarenta. Toda la otra literatura que efectivamente existía en Argentina no ingresa a *Orígenes*, no ingresa al mercado cubano, no ingresa –por ahora– al diálogo continental[47]. De allí que sea imprescindible repensar ese desajuste, entre el deseo y lo posible de la escena de lectura.

Paralelamente, la errática presencia de la revista cubana en la Argentina, estuvo también fundada en esas condiciones. Si bien *Sur* anunció a *Orígenes* –y viceversa– en el espacio publicitario que siempre mantuvo en las primeras páginas, las cartas de Virgilio Piñera[48] a Lezama muestran el carácter azaroso de esa presencia, porque era eliminada o reincluida sin mayores explicaciones. Además de este reclamo acerca del «descuido de *Sur*», lo que señala con insistencia es que en Buenos Aires no existía ningún canal comercial o institucional que permitiera la circulación de la revista origenista, en clara oposición al vigor intelectual de la vida porteña y de la presencia tangible de la «gran literatura» del momento. En una carta sin fechar –que el editor conjetura de 1947– Piñera afirma: «[...] acá no nos ha venido a visitar ningún número nuevo de *Orígenes*. Ni el de invierno ni el de primavera» (Lezama Lima 1993: 182). Casi idénticas afirmaciones se leen en una de las cartas de Lezama dirigida a Rodríguez Feo: «He comenzado a leer el número de *Sur* dedicado a Inglaterra. Vi en dicho

---

[47] Como se verá, los escritores que efectivamente integran la revista cubana son escritores pertenecientes al círculo *Sur*, aunque periféricos. El caso de Gombrowicz se explica, en cambio, a través de la directa participación y «militancia» piñerianas.

[48] Algunas de estas cartas se publican en *Fascinación de la memoria*, textos inéditos de y sobre Lezama Lima (1993). Otras fueron publicadas en el número 51 de *Poesía Buenos Aires* de 1999, extraídas del archivo personal de Piñera que se encuentra en la Universidad de Princeton.

número el anuncio de *Orígenes*, que flota, aparece; desaparece como una boya campana» (Rodríguez Feo 1991: 101).

Como contraparte, la publicidad sobre *Sur* en *Orígenes* apareció sistemáticamente, hasta el momento de la ruptura con Rodríguez Feo, en 1953. En el último número editado por ambos (el 34) continúa apareciendo dicho anuncio, en el marco de las páginas que generan la célebre disputa[49] a partir de la respuesta de Juan Ramón –*Crítica paralela*– a un agravio literario de Aleixandre. En el número 35 Lezama comunica a sus lectores la renuncia «irrevocable» de Rodríguez Feo, con una breve y categórica justificación de los hechos: es el momento en que la revista –que aparece bajo la única dirección de Lezama –se edita en números paralelos (los números 35 y 36): la *Orígenes* de Lezama –que continúa subtitulándose como la oficial– y la *Orígenes* de Rodríguez Feo –reducida al subtítulo «Revista de Literatura»–.

Ahora bien, es cierto que desde entonces y hasta el número 37, el aviso de *Sur* apareció vinculado al texto editado bajo la dirección de Lezama, aunque ello deba ser leído en la estela de la lejanía de los vínculos y de lo poco al tanto que estaban los argentinos de las reyertas cubanas. Uno de los episodios que permiten justificar estos argumentos es precisamente la carta escrita por Sábato a Lezama, tiempo después y luego de la aparición de su artículo en la revista *Ciclón*, aduciendo su desconocimiento absoluto de la escisión personal y pública de los directores (González Cruz 1995: 38). Según Sábato, lo envió pensando en que su aporte iría a la *Orígenes* de ambos. Sin embargo, y relativizando la afirmación del autor de *El Túnel*, las efectivas publicaciones argentinas deseadas –no solamente de Sábato, también de Borges y de Victoria Ocampo– se llevan a cabo en *Ciclón*, lo que está indicando precisamente la dirección de la ruta y el vigor de la figura de Rodríguez Feo. De modo que el análisis de estos datos permite fijar «esa» ruta de la literatura argentina en *Orígenes*, no solamente el carácter subsidiario de la literatura cubana respecto de los debates de la española –la disputa entre el recambio generacional del 27 y el nexo que implicaba Jiménez en la isla[50]– sino principalmente la gestión de Rodríguez Feo, el ubicuo espacio de mediador entre las dos literaturas latinoamericanas que le correspondió por derecho.

Piñera, a través de su correspondencia, pone en escena un rasgo fundamental en relación a las políticas de publicación en una y otra revista. El tema del pago de las colaboraciones no resulta un dato de poca importancia, ya que

---

[49] Véase Uribe 1989, Retamar 1994 y Barquet 1992.
[50] Este aspecto ha sido señalado por Kanzepolski en su estudio de 2004.

no sólo hace ostensible el grado de desarrollo de cada uno de los campos y el consiguiente nivel de profesionalización de la carrera de escritor, sino además una política de autor con consecuencias en el plano pragmático de la retribución económica y lo que ello implica para la simbolización de ese rol:

> Aquí todos están acostumbrados a que se les pague: yo puedo obtener con los muy íntimos que lo hagan gratuitamente (Obieta, Peyrou, Sábato, Gombrowicz, etcétera) pero hay otra gente que podría solicitarle algo y no me atrevo porque no sé si ustedes están en condiciones de pagar una pequeña cantidad. Aquí generalmente se cobra 10 a 15 dólares por artículo; con excepción de *La Nación* que paga 80. Pero *Sur* paga 60 y *Anales* me pagó 40. Tú dirás. (Lezama Lima 1993: 279)

Su intervención apunta a indicar, como también lo hace en sus memorias, la oposición entre el campo cultural cubano y el argentino. El primero no poseía editoriales ni diversidad de vida cultural, mientras que ve en el argentino un espacio donde era posible la carrera del escritor.

Los origenistas habían planeado un número dedicado a Argentina como el número 13, de 1947, Homenaje a México; sin embargo, no sólo ese número no se logra jamás –acaso porque no alcanzaron las colaboraciones de los nombres que deseaban–, sino que en ese número (el 13) aparecen dos notas del cuerpo principal vinculadas a la literatura argentina, un texto de Adolfo de Obieta, «Un país de Kafka en América», y la nota de Piñera sobre literatura argentina, casi como un epítome del carácter sesgado y azaroso –aunque obcecadamente visible– que adquirió la literatura del sur en el contexto origenista.

En simultáneo, es posible observar el caso de los dos autores que aparecen doblemente publicados en la revista cubana, es decir, un texto original y una nota o reseña[51]: dos escritores paradojalmente «descentrados». Uno de los autores, vinculado a la literatura argentina –aunque polaco– pero desplazado de los intereses de *Sur*, fue Gombrowicz[52], de quien se publicaron texto y ensayo crítico, sin duda producto de la gestión personal de Piñera y de su propia lectura caprichosa de la literatura argentina. El otro autor fue Macedonio, cuyos

---

[51] Establezco esa diferenciación arbitraria entre «texto original» y nota o reseña para aludir a dos tipos de colaboraciones que, por el espacio que ocupan y la funcionalidad y el efecto en términos de lectura que producen, pueden inscribirse en constelaciones textuales con rasgos propios: la primera referida a un producto considerado como creación literaria, en cualquiera de sus géneros tradicionales; y el otro tipo de colaboración propia de una revista literaria y cultural, concebida como comentario, análisis o texto de opinión «sobre» una obra determinada.

[52] Siguiendo a Kanzepolski en su criterio de pensarlo como escritor vinculado para los origenistas al universo argentino, y también a Piglia al considerar a *Ferdydurke* una novela argentina.

textos fueron publicados en el número 19, de 1948[53], y a quien el codirector había dedicado una extensa y lúcida nota acerca de *Papeles de Recienvenido*, en el número 4 del primer año de vida de la revista. Por ahora –más adelante profundizaré esta lectura– me interesa observar el efecto de ambos operativos referidos a la mayor visibilidad de la literatura argentina en la revista: descentrado del centro de la consagración *Sur*, y del sistema de la literatura nacional.

Acaso porque la tirada de la revista cubana siempre fue limitada, la lectura de la revista en Argentina solo era posible mediante el envío personal de un amigo o de las relaciones laborales que sostenía Piñera con la embajada cubana, y aun así era difícil obtenerla. El hecho de que el propio «corresponsal» de *Orígenes* en la capital porteña tuviera dificultades para obtener un ejemplar es prueba suficiente de esa casi imposible lectura cubana para un argentino de la época.

Más allá de la cuestión del mayor o menor desarrollo de un campo cultural, que por supuesto interviene, como se ha visto, en la creación de las posibilidades del diálogo, el primer aspecto muestra que para un lector cubano interesado era posible llegar a *Sur*, algo que no podría afirmarse en el caso inverso. Sin duda, el carácter no institucional de la revista cubana también aportó sus dificultades. Como ya he comentado, estuvo totalmente financiada –un aspecto que Lezama se encargó de preservar con esmero– con los recursos del codirector, es decir, siempre mantuvo cierto carácter artesanal y doméstico, en contraste con las publicaciones de otros escritores cubanos que sí se vincularon a la incipiente industria editorial dentro y fuera de Cuba y tuvieron tiradas de sus obras francamente sorprendentes. Tal es el caso de Fernando Ortiz[54].

A pesar de estas adversidades, existió una hipotética escena de lectura argentina que se llevó a cabo con todos sus atributos de fechas, nombres, notas en los márgenes, citas y polémicas, en *Orígenes*. Al mismo tiempo, se frustraba cotidianamente la escena cubana en *Sur*. Como un efecto diferido de su propia cultura, los origenistas, que nunca publicaron en *Sur*, recién lo

---

[53] Publica tres textos en prosa: «Psicología del caballo de estatua ecuestre», «Una novela para nervios sólidos» y «Símbolos» (Fernández 1948: 19: 11-13).

[54] Frente al caso de Ortiz que vendía miles de ejemplares en la isla, *Orígenes* se gestaba dolorosa y minuciosamente entre los deseos de los editores, los «pequeños lujos» y las posibilidades económicas que eran casi íntegramente afrontadas por el «scholar de Harvard». En una de las cartas de Lezama se pueden leer esas tensiones derivadas de la situación económica: «de la cantidad enviada quedaban sin pagar $20 por los grabados de Osborne. Por grabados e impresión la Ucrasia cobró poco. Separé los $20 para el número anterior, y el resto lo deposité para este, que está por salir. Yo no puedo pagar esa cantidad para grabados y me parecía un gesto inelegante tuyo que en ese sentido me exigieras ese capricho perla» (Rodríguez Feo 1991: 136).

harán en el ciclo pos-origenista[55] a través de Piñera y Rodríguez Feo, lo que equivale a afirmar que lo no alcanzado por la revista de Lezama, y quizá como un producto póstumo de su propia política de «las flechas de su propia estela», lo recogió su «heredero».

Es posible señalar al menos cuatro grandes zonas que acusan esa marca en *Orígenes* (que leo como diferentes modulaciones de la escena): 1) el espacio de las colaboraciones argentinas, algo cercano a la prefiguración de una literatura de primera mano que pondría en acto la «voluntad literaria» de figurar en la publicación cubana. Allí se advierte la zona de los escritores que publican «textos originales» de carácter literario, y otra zona más ensanchada de la discursividad ensayística afín a *Sur*; 2) el espacio de las reseñas sobre literatura argentina donde un miembro del núcleo principal del origenismo comenta la lectura de un texto en particular; 3) el espacio propio de la crítica ensayística que habitualmente y con sus rasgos particulares practicó la cubana; 4) además de estos tres espacios textuales, podría señalar un cuarto segmento, menos visible, pero no por ello menos significativo: el de la alusión a un repertorio de lecturas argentinas –de autores de esa nacionalidad, pero también de no argentinos que habían sido poderosamente difundidos por la publicación y cuya obra llegaba a *Orígenes* mediado por la publicación del sur[56]–, concibiéndolo como una especie de «sobreentendido» en que se hacía referencia a lecturas consideradas comunes, normalizadas por el uso y sobre las cuales no había necesidad de puntualizar. Mallea es el caso paradigmático de este segmento. Ahora bien, dentro de esta serie, el repertorio común halla su complemento a «lo argentino» con uno contiguo, probablemente surgido de la lectura atenta que hicieron los origenistas de la revista de Ocampo y que apuntó a ahondar un espacio de lecturas comunes, supranacionales pero resignificadas en el diálogo propio. Allí integran la biblioteca común autores como Ortega, Caillois, Zambrano o Kafka.

Es posible pensar, entonces, en el «peso específico» de cada uno de los cuatro segmentos señalados en el cuerpo general de la revista cubana y también en términos de lo que recorta en el otro programa. Kanzepolski ha planteado la tesis de que en la lectura argentina que realiza *Orígenes* se advierte la huella

---

[55] Estoy considerando el hecho de que esa publicación se realiza luego de la pelea entre Rodríguez Feo y Lezama, en 1953, aunque el segundo haya continuado con la empresa por unos meses más.

[56] Si bien ya he explicado cómo ambas compartieron la lectura de *Revista de Occidente*, las referencias de cartas y comentarios vertidos en público y privado permite afirmar que en buena medida *Sur* reafirmaba la pertinencia de esas lecturas en el contexto latinoamericano.

de dos maneras de pensar lo literario, dos circuitos recortados y también en tensión –la *Orígenes* de Piñera y la de Lezama– que finalmente fecundaría, la primera, en la revista del 55. Señala entonces:

> [...] en ese hiato que se abre entre la literatura argentina publicada por *Orígenes* y la literatura argentina leída por los origenistas podemos ver no solamente las aventuras de una revista caribeña en su relación un poco problemática con los escritores de un país del sur del continente, sino que esa brecha permite atisbar dos proyectos de revistas diferentes que conviven tensamente. (Kanzepolski 2004: 107)

Efectivamente, y como he venido sosteniendo a la luz de mis lecturas, *Orígenes* no fue de ningún modo una revista monolítica: existieron al menos dos miradas fundamentales que articularon de manera tensa los universos de la disputa. Ahora bien, el punto de mi disidencia con esta lectura radica no en advertir el juego especular y contradictorio que ofrece la poética y la crítica piñeriana, sino en revisar la «ruta argentina» de las colaboraciones y las reseñas, para entender lo que a mi juicio –y tal como acabo de señalar– constituye una pieza clave de este contacto: la mirada y el rol del otro director, Rodríguez Feo. Creo poder afirmar con certeza que ambos recortes estarán atravesados por dos variables centrales: una, el recorte imaginario de la *Orígenes* de Lezama sobre literatura argentina, que coincide en buen grado con el imaginario desplegado por Vitier y Marruz. La otra, la *Orígenes* de Rodríguez Feo, recortada en su propia concepción de lo literario y en las lecturas que había realizado en su experiencia académica norteamericana, ese «americanismo» construido como una conquista personal y prolija, aprendiendo español, corrigiéndose, a la manera de un «escolar sencillo[57]».

Si bien la poética piñeriana ofrece una visión alterna a la visión del «origenismo clásico», el recorte de «la literatura argentina» que se promueve en la revista cubana estará principalmente sesgado por la lectura del codirector, a través no sólo de su conocimiento –mediado por la intervención del «maestro hispanoamericano» en la academia del norte–, sino fundamentalmente a través de las relaciones personales que construyó bajo la tutela del dominicano. Esta afirmación del rol capital que le cupo a Rodríguez Feo en la configuración de lo literario-argentino para el origenismo no invalida la gestión de una zona de esa literatura forjada por el conocimiento erudito de Lezama, ni tampoco suspende el recorte ligeramente desplazado que produjo el contacto directo

---

[57] Así lo designa Lezama en su correspondencia (Rodríguez Feo 1994).

de Piñera en su periplo porteño, aunque en cierta manera los subordina al primero. En otros términos, en la medida en que el efecto global producido por el recorte origenista de lo argentino se explica menos por el rol de Lezama –más preocupado en promover a los jóvenes cubanos que a los escritores del extremo continental– que por la agudeza crítica de Rodríguez Feo quien leyó, divulgó y mantuvo un fluido contacto epistolar con varios miembros de la *intelligensia* argentina, los matices de ese *constructo* aparecen regidos por una representación bastante orgánica de la literatura del sur, que forja el cubano desde la academia norteamericana bajo la relación discipular que mantuvo con Henríquez Ureña, a su vez activo colaborador de la revista de Ocampo. Esta ruta descentrada y paradojal produce un efecto de cierta manera ambiguo en el recorte que actualiza *Orígenes*, haciendo que se haga visible la sensibilidad insular por sobre los supuestos modelos y preeminencias rioplatenses.

En cuanto a las relaciones personales que ambos directores podían ostentar y por lo tanto, transformar en colaboraciones literarias, las cartas de ambos prueban esos vínculos, mucho más fluidos y dinámicos en el caso de Rodríguez Feo. Si Lezama recibe alguna carta de Sábato –paradójicamente disculpándose del «error» de desconocer la disputa con el otro director que provocaría que su única colaboración cubana apareciera en *Ciclón*–, Feo escribe y comenta en cartas a Piñera (Pérez León 1995: 163-182) su relación con la mayor parte de los escritores que ocupaban el centro de *Sur*: Borges, Macedonio, Bianco, Sábato, y también una zona de ensayistas y académicos que publicaban en la revista, además de en *Realidad* o en *Anales de Buenos Aires*[58] –como Romero, Anderson Imbert, María Rosa Lida–, y que sin lugar a duda formaba parte de su «capital cultural», acumulado durante su experiencia académica volcada ahora en un texto para su revista. Si, siguiendo a King, consideramos ambas publicaciones, *Realidad* y *Anales de Buenos Aires*, como lo más representativo de *Sur*, ese sistema ofrece el recorte de una zona de la revista –la de la literatura y la del ensayismo– con la que dialoga *Orígenes*.

Por otra parte, la innegable presencia discordante de la mirada piñeriana no habilita su traducción a una poética de las literaturas continentales, por el relativo peso específico de sus elecciones, que de ningún modo relativizan el aporte de su poética a lo que denomino la «heterogeneidad de tradición poética origenista», en sentido amplio. En cambio, su posición en el campo de las elecciones efectivas fue bastante menos evidente. Piñera mantuvo una tensa

---

[58] *Realidad* (1947-1949), dirigida por Francisco Romero, y *Anales de Buenos Aires* (1946-1948), dirigida por Borges.

relación con Lezama, que no excluía la «cortesía» y la admiración mutua, pero que lo obligaba a constantes repliegues; uno de ellos –el más significativo para *Orígenes*– fue sin duda su experiencia argentina, una especie de «deliberado apartamiento» que sin embargo –como un efecto adverso– potenció una zona del diálogo continental y un desplazamiento de su propia poética a la luz de «las lecturas argentinas».

De modo que difícilmente los intereses reales de Piñera se hayan traducido en una verdadera política de la publicación. Recordemos, a propósito, el caso de la nota que agrega a la colaboración de Gombrowicz «Filimor forrado de niño», y que fue excluida en la publicación, Piñera le reclama al maestro, amargamente, sugiriendo la «delicada» manera utilizada por la revista para borrar su nombre de modo deliberado. Dice Piñera que «con haber borrado mi nombre era suficiente» (González Cruz 1993) –y no toda su lectura sobre el texto del polaco–. Además en otra de las misivas –y en el mismo tono quejoso– señala: «Me dicen que La Habana quedó exorcizada con mi partida» (González Cruz 1993), observación que apunta, sin duda, a poner en escena la conciencia del propio poeta respecto del rol de «aguafiestas» que le cupo dentro del origenismo y dentro del debate cubano de la época. Este breve episodio muestra el lugar del poeta de *Las furias* en la cartografía origenista de las políticas editoriales, sin que este dato, insisto, debilite un ápice su real espacio de disidencia poética que integrará «la heterogeneidad origenista» ya mencionada.

Entonces, por una parte, podemos advertir en estos cuatro espacios que abren el diálogo argentino dos universos: la *Orígenes* de Lezama y la de Rodríguez Feo, que en alguna medida se articulaba a la de Piñera, a pesar de que a la fecha no poseían casi ninguna relación de amistad o cercanía[59]. Si por una parte Lezama se mostraba interesado en los escritores que integraban el centro de *Sur*, publicación que conocía muy bien y seguía con prolijidad, su mapa ideal se había dibujado ya en el coloquio del 38, a través del eje Cuba-Argentina-México que la revista intentará profundizar; esa admiración estaba corroída por la constante perspectiva crítica, que lo alejaba de cualquier gesto discipular. Lezama ve en Argentina un campo múltiple y diverso, pero las escrituras, sin embargo, parecen alejarlo de ese deseo. No termina de ubicar a

---

[59] La primera carta que se conoce entre Piñera y Rodríguez Feo está fechada el 6 de febrero de 1955, y probablemente por el carácter «migrante» de Rodríguez Feo y la compleja relación que mantuvo Piñera con el origenismo clásico, habrían tenido pocas ocasiones de cruzarse en La Habana. Los documentos que he consultado muestran que después de la ruptura entre Lezama y Rodríguez Feo, el segundo lo invita a participar con carácter activo en *Ciclón* (Pérez León 1995: 162).

Borges −aunque lo admire−, su poética le parece «aburrida» y repetida, como la de Bioy. Tampoco el modelo general que implicaba *Sur* estaba exento de duras críticas, básicamente por la posición admirativa y poco selectiva de la publicación argentina ante la hegemonía occidental, que −en la lectura del poeta− desnudaba su carácter periférico, y al que *Orígenes* no quería adscribirse[60]. El periplo piñeriano en busca de colaboraciones es la parábola del deseo del maestro, fracturado por su poética y propias afinidades.

Rodríguez Feo, por su parte, atesoraba un contacto cercano y epistolar con buena parte de esos intelectuales. Sin duda por intermedio de Henríquez Ureña, construyó una amistad con Bianco y Macedonio pero también, de manera menos cercana pero muy considerada, con escritores como Borges o Romero. Esta «carta de presentación» −la creciente cercanía a Rodríguez Feo− le abrió a Piñera la ruta argentina. Sin embargo, el fruto de ese recorrido constituye otro recorte, que no es exactamente coincidente ni con el de Rodríguez Feo ni con el de Lezama: se trata de la «otra literatura argentina» que encuentra en el Rex, la de Obieta y la de Gombrowicz. Es decir, la de un recorte alternativo, que discutía no solamente la variable del canon consagrado en los cuarenta, sino también el carácter de «lo argentino» en la lectura de un escritor antillano. Vale decir, entonces, que Piñera abre otra zona de la literatura argentina y la abre para *Orígenes*, sin que ese espacio pueda subsumirse en ninguno de los anteriores. Creo, además, que los dos segmentos más visibles de la literatura argentina −reseñas y colaboraciones− están diseñados en esa triple vía: el deseo de Lezama, los intereses y amistades de Rodríguez Feo, y el hallazgo y aventura argentinos de Piñera.

El primer espacio, el de los escritores que publicaban sus textos como «originales» en *Orígenes* −ese espacio que prohijó con empeño, respecto de la novedad concebida como encarnación del verbo y repristinación de sentidos− estuvo marcado por su carácter tangencial respecto de un doble centro: el centro de la consagración argentina y el centro de los intereses de sus directores. Entre la doble y dispar lectura que hicieran Lezama y Rodríguez Feo sobre la literaturidad argentina y sus «objetos de deseo» medió la de Piñera y sus posibilidades reales de conseguir colaboraciones. Si Lezama estaba interesado en las «estrellas» de *Sur*, a quienes leía con preocupación y prolijidad y comentaba en las cartas a Feo (1991), aunque nunca lo hiciera en las páginas de la revista, también se

---

[60] Recordemos la concepción de diálogo de pares y de superabundancia cultural como una verdadera estrategia sostenida coherentemente por *Orígenes* en los sistemas de contactos y préstamos con las literaturas centrales.

preguntaba por el espacio de los jóvenes escritores aún desconocidos. Exceptuando el caso de Macedonio, que era para *Sur*, y en especial para Borges, una especie de «figura tutelar», el grueso de los escritores que efectivamente publicó en su revista estuvo conformado por quienes tenían una relación de amistad con Piñera: Obieta, Peyrou, Coldaroli y el curioso caso de Gombrowicz considerado como «escritor argentino».

Un poco diferente es el caso de algunos «escritores académicos» (protagonistas del espacio del ensayo especializado en la revista argentina) que aparecen en *Orígenes* delineados en el segmento de la escritura literaria, como Fryda Shultz de Mantovani (cuya inclusión resulta problemática porque publica un poema y un cuento). Pero, tal como he mencionado, el ensayismo de los cuarenta y cincuenta de *Sur* está representado por dos escritores, Anderson Imbert y Francisco Romero, y reforzado por María Rosa Lida, cuyo contacto claramente procedía de la experiencia institucional (y norteamericana) del co-director. También es diferente la situación de Wilcock, ya que no estuvo unido a Piñera, y es probable que su colaboración se debiera directamente a la relación con Rodríguez Feo. Es cierto que el escritor argentino-italiano perteneció a lo que he denominado constelación Borges y operó en el marco de *Sur* alineado a la consagración del modelo del fantástico propiciado por su núcleo principal. El catalizador de este proceso es, sin duda, la obtención del primer premio en el concurso de cuento organizado por la revista en el año 1948[61].

El caso de Romero es particularmente significativo para ese recorte de lo argentino que realiza *Orígenes*. Si como King ha señalado (1989: 45), *Realidad* configura lo mejor del ensayismo de *Sur*, su redefinición del género opera fuertemente tanto en los escritores de la revista como en buena parte del conjunto de la intelectualidad argentina. Por otro lado, la cercanía con Romero había sido producto directo de la amistad con el codirector, tal como lo manifiesta la correspondencia entre Lezama y Feo. Si para *Orígenes* todo el ensayismo argentino encuentra su emergente en la escritura de Romero, ese recorrido permite unir las tradiciones americanas, consagrar la visión de Feo acerca del mapa intelectual del continente y delinear una estética para el género.

En todo caso, la mediación de Rodríguez Feo, inclusive el efecto de su visita a Buenos Aires, será doblemente importante para Piñera: conoce a Bianco, llave para el mercado editorial argentino, quien prologa luego *El que vino a salvarme*, ese año aparece además la primera edición argentina de *Cuentos fríos*, y como efecto sucesivo, publica textos de ambos en *Sur*. La labor de Bianco había sido

---

[61] Los cuentos premiados fueron publicados en el número 164-165, de junio-julio de 1948.

decisiva: es sabido que el autor de *Las ratas* tenía la absoluta responsabilidad respecto del valor de los materiales que se publicaban en la revista de Ocampo, y que ella nunca realizó una atenta lectura de su propia revista –sobre ese efecto de «lectura miope», véase Calomarde 2004: 84–. La inclusión, tardía, de Piñera en *Sur* se debió a la lectura e interés del secretario de redacción, quien a su vez mantenía una fluida amistad epistolar con el autor de *Notas críticas*. Estos datos permiten dilucidar la ruta argentina de *Orígenes*, claramente diseñada a través de los contactos e intereses del mismo Rodríguez Feo.

Se ha dicho que casi todos los escritores, excepto Gombrowicz, estaban vinculados a la periferia de *Sur*; publicaban sus textos en la revista, pero de manera bastante marginal. Aun cuando no integraban el espacio de la constelación Borges –y como ya he señalado en otro trabajo (Calomarde 2004), la consagración de *Sur* estuvo atada a la carrera pública de Borges–, el efecto origenista recoloca estas escrituras en la estela de su escritor faro, como un producto de la legitimación nacional de ambos –escritor y revista– ya que, en rigor, la divulgación continental del autor de *Fervor de Buenos Aires* recién se produciría en la década siguiente.

El segundo segmento, el de las «Notas», que se configuró como un espacio donde los origenistas reseñaban textos considerados relevantes para la lectura cubana, y en especial para la lectura cubana origenista, y que estuvo destinado a crear las condiciones de recepción del propio proyecto, sí dio testimonio de ese escurridizo centro. Si observamos los autores y textos a los que estas *Notas* aluden podemos advertir que en ellas funciona un repertorio de autores que la revista, como programa, estaba interesada en promover: la ficción de Bianco, la novela-ensayo de Mallea y la poesía de Borges y de Silvina Ocampo. De manera llamativa, no aparece ninguna mención a los textos que integraron el verdadero canon de la literatura argentina desde mediados de los cuarenta: me refiero a la ficción borgeana y a su epifenómeno, el modelo de literatura nacional que ella promovía, basada en el estatuto autónomo del universo ficcional y de un riguroso trabajo sobre los procedimientos.

De este modo, la literatura argentina estuvo a cargo de escritores centrales del origenismo, pero que no reseñan sino textos de cierta forma descentrados o anacrónicos. ¿Qué significa, entonces, que una revista efectivamente preocupada por difundir entre sus lectores el proyecto de *Sur*, no haya dado cuenta de su producto más acabado? Creo que en primer lugar está señalando el carácter «interesado» de la lectura origenista, es decir, su carácter oblicuo, lectura que selecciona las obras y los segmentos que resultaban pertinentes para preparar la recepción de *Orígenes* –su legitimación nacional y latinoamericana–, y que, además, dentro de esa matriz, hiciera posible el diálogo continental. Este atributo también se vincula a las condiciones del diálogo –la posibilidad de reescritura del «lector» cubano en ese corpus y las asimetrías en los modos de circulación de los productos–, que produce un efecto de lectura sesgada de lo que en realidad conforma el cuerpo de la otra literatura.

Así, *Orígenes* publica reseñas sobre literatura argentina desde su espacio canónico pero apropiándose caprichosamente del otro centro. Veamos algunos casos. Vitier escribe en el tercer número de la revista sobre *Las ratas* (1943), la novela de Bianco recientemente publicada por la editorial Sur. También escribe otra reseña, que es más un ensayo, sobre la poesía de Borges, aprovechando la publicación por Losada del volumen *Poemas* (1922-1943). Por su parte, Fina García Marruz publica, en el numero 11 de 1946, una nota sobre la poesía de Silvina Ocampo a propósito de *Espacios métricos*. A partir de estas operaciones lectoras, me pregunto ¿qué leen? ¿cómo circula lo argentino leído a través de *Sur* en el cuerpo origenista? ¿qué efectos literarios produce el diálogo?

Como una tercera «escena de lectura», encontramos lo que podría denominarse más ajustadamente el espacio del ensayismo crítico origenista, donde aparecen solamente dos textos que procuran un abordaje más teórico y analítico sobre la literatura argentina, poniendo en relación textos y autores dentro de un sistema que perciben como una especie de provisoria totalidad. Se trata de los textos de Piñera de 1947, «Notas sobre literatura argentina de hoy» y del texto de Roberto Fernández Retamar, «América, Murena y Borges», aparecido en la *Orígenes* de 1955.

Estos tres espacios están complementados por una zona un tanto más difusa, pero no por ello menos presente, el de las lecturas comunes. Una de las presencias destacables de este segmento es la de Mallea, quien a pesar de no haber merecido un estudio en particular constituye una constante referencia dentro de la revista y en el espacio de lo que denomino «circuito origenista», como por ejemplo en la antología de Vitier y en diversos ensayos de Lezama. Más sorprendente aún es el caso de la reapropiación de Mallea que hace García Vega en su emblemático texto «Rostro del reverso», en el año de su consagración y en el punto álgido de la fractura origenista[62]. También, compartieron ese espacio de encuentro intelectuales que llegaban mediados por la lectura de *Revista de Occidente* (el caso más emblemático es el de Ortega y Gasset) y un conjunto de autores que configuraba en los años cuarenta y cincuenta un espacio teórico y cultural «occidentalizador»: Caillois, Camus, Brenda y Kafka, entre otros.

---

[62] Al respecto, véase Salgado 2006.

El meandro de Rodríguez Feo: Henríquez Ureña

He venido señalando de qué manera se va conformando el mapa de la literatura argentina en *Orígenes*, mientras simultáneamente se frustra el espacio de lo cubano en *Sur*. También he observado el lugar clave que ocupó Rodríguez Feo como mediador en el diálogo cubano-argentino construido en los pliegues de las revistas. La razón por la cual ese lugar ha sido obliterado por los estudios sobre el tema se vincula no sólo a la escasa atención –exceptuando los trabajos que ya mencioné– que se le ha prestado a ese contacto, sino también a una doble operación reiterada dentro de la crítica cubana: por un lado, la adscripción de Rodríguez Feo al rol de financista ha desdibujado su importantísimo lugar no sólo de crítico y traductor erudito y sagaz, sino también el espacio cultural que abre su mediación entre la cultura cubana y otra literaturas de la región –como el caso argentino–; por otro, y desde una perspectiva no exenta de severas críticas, el espacio del diálogo entre la literatura latinoamericana y la literatura norteamericana, desplazándose siempre de la cornisa panamericanista en que han solido reincidir ese tipo de lecturas.

Si Rodríguez Feo convenció a Lezama de que debían publicar una revista, lo mismo había hecho antes con él el maestro Henríquez Ureña. Y ese claro y distinto mandato implicaba la necesidad de pensar en una «revista americana». Acaso aquella *Consagración en La Habana* poseía las claves de ese otro texto que no se publicó. Sin embargo, sería injusto considerar que el programa de Rodríguez Feo no tuvo un espacio dentro de *Orígenes*, ya que efectivamente su repertorio de autores, saberes y principios convivió de manera tensa con el de Lezama. En este caso me interesa estudiar la «literatura argentina de Rodríguez Feo», considerándolo como el principal agente-ideólogo de lo que efectivamente incluyó la revista cubana.

En realidad, el verdadero nexo con la literatura argentina fue el de Rodríguez Feo-Henríquez Ureña a través de su indirecto circuito en la academia norteamericana –Harvard y Cambridge–, donde coincidirían en dos años claves –1940 y 1941–, porque en esas charlas se gesta la idea de hacer una revista cubana de circulación continental que luego pondría en común con Lezama. La idea entonces estaba madurando. Habría que señalar al menos otros dos hechos que muestran esa ruta. El dominicano será el principal promotor del joven intelectual. En una carta dirigida a Alfonso Reyes, a bordo del «Santa Elena», le cuenta de su intenso trabajo en Cambridge, de la vida social de la academia y sobre todo le presenta a una joven promesa cubana: José Rodríguez Feo. Allí señala: «He encontrado mucha gente interesante, tanto entre la de la

Universidad –profesores y muchos estudiantes– como fuera de la Universidad».
Rápidamente pasa a anunciarle que había entregado «misivas» de presentación
para «dos estudiantes muy inteligentes, uno se llama Boice Richardson [...] el
otro se llama José Rodríguez Feo, y es de Cuba» (Henríquez Ureña 1983: 476).

De manera paradigmática, el dominicano se convierte en una verdadera
cifra de la labor posterior del cubano, le abre las puertas al mundo intelectual
cubano y latinoamericano y siembra en él la idea de convertirse en editor.

Años más tarde, «Pepe» comenta en el prólogo a la edición cubana de los
ensayos del maestro: «Tan pronto supo que estaba en Cuba, me recomendó que
conociera personalmente a José Antonio Portuondo, Angel Augier, Cintio Vitier
y Nicolás Guillén: "a quien admiro pero no conozco"» (Henríquez Ureña 1965:
XIII). El maestro sigue modelando la carrera de su discípulo, mostrándole una
zona de la cultura cubana vinculada a la literatura. Lo extraño es que de ese
repertorio solamente coincidirían en *Orígenes* Rodríguez Feo y Vitier, en un
vínculo con el poeta de *Extrañeza de estar* que no se cancelaría ni aun después
de los fuertes duelos con Lezama.

Luego señala la ruta origenista: «Fue su hermana Camila quien me relacionó con muchos escritores cubanos. En 1943 conocí en el estudio del pintor
Mariano, en la calle Empedrado, a José Lezama Lima, Guy Pérez Cisneros y
otros. Indirectamente Pedro tuvo un poco que ver con la aparición de *Orígenes*»
(Henríquez Ureña: 1965: XIV).

Casi a la manera en que Waldo Frank y Ortega lo fueron para Victoria y
la fundación de *Sur*, el intelectual dominicano que también integraría hasta
su muerte el Comité de Colaboración de la argentina, prefigura un mandato
cultural y un recorte que efectivamente existió dentro de *Orígenes*.

Lo que quiero enfatizar es la importancia de Rodríguez Feo y, a través de
él, de las ideas de su maestro en la constitución de la revista. Paralelamente,
los dos universos culturales a los que el dominicano estaba vinculado, México
y Argentina, son los que aparecerán más fuertemente modelizados en la textualidad cubana. Si Cuba era la segunda patria para el profesor de Harvard,
Argentina y México serían la tercera y cuarta. La carrera académica y la mayor
parte de su vida las llevaría a cabo en el exilio y en estas dos patrias, donde
recogió amistades intelectuales que tendrían enorme relevancia en el ámbito
continental: Reyes y Borges principalmente, aunque también Mallea.

Las consideraciones que Rodríguez Feo vuelca en ese prólogo alumbran
una zona del diálogo entre las dos revistas, porque las opiniones de Ureña, sin
duda compartidas en buena medida por el cubano, fecundarían una verdadera
política editorial, particularmente a través de sus visiones sobre Macedonio,

Borges y Mallea, tres escritores de fuerte y problemática presencia en *Orígenes*. Este segmento de la revista fue potenciado por el codirector, quien operó una zona de la cultura continental (su aporte sobre las culturas anglófonas y su rol de traductor) que, aun cuando no la compartía en su totalidad con el poeta de *Pensamientos en La Habana*, sería negociada y matizada en las páginas de la revista. En buena medida, los primeros números muestran con nitidez esa «hibridez». Si se leen las pocas colaboraciones obtenidas —en diálogo con el recorrido de las reseñas y las notas de Fernández Retamar y Piñera sobre literatura argentina— es posible trazar un mapa de esa presencia claramente dibujada en los intereses de Rodríguez Feo. Al trasluz de la nota a la edición cubana de aquél texto se pueden leer sus opiniones como editor, su política literaria como director de la revista, y los desplazamientos respecto de la idea de Lezama, que había sido abundantemente discursivizada.

Si Lezama estaba preocupado por una zona de la literatura española y francesa, pero fundamentalmente por la difusión de los *Diez poetas*, es decir, por profundizar la experiencia de la joven generación de la isla, Rodríguez Feo cultivará no solamente su diálogo con las literaturas anglófonas —sin excluir lo francés—, sino una praxis decisiva dentro de lo que su maestro consideraba Hispanoamérica, esa patria de fuerte impronta lingüística y cultural, cuyos actores principales serían Argentina y México, junto a Cuba. A la manera de una feliz, aunque también reductiva, coincidencia, este diagnóstico cuaja con exactitud con el gran paratexto origenista: el Coloquio del 38, donde Lezama, en diálogo con el español, había vaticinado esa ruta, además de la capitanía insular.

Queda por explicar, además, qué segmento de la estética de Ureña germina finalmente en el origenismo por mediación de Rodríguez Feo, y en particular en el recorte que hace de «lo latinoamericano» o «hispanoamericano». Para Rodríguez Feo la relación entre literatura y vida es una dimensión constitutiva del género que proviene del repertorio humanista que compartía con el dominicano. Si se niega a adscribirse a definiciones deterministas o puramente experimentales es porque parte de una noción del hecho literario que excede el universo de la búsqueda formal. Cuando afirma de la obra de Piñera que «Este tipo de literatura tiene una función de catarsis y sería, al fin y al cabo, como toda literatura cáustica la obra de un moralista» (Rodríguez Feo 1962: 47), lo que el crítico lee es un trabajo sobre la textualidad imbricado en la trayectoria individual de un sujeto y en el marco de las condiciones históricas de la isla, tan demencial como absurda (Rodríguez Feo 1962: 49). Ese fondo humano que pervive a través del tejido escritural es el que le permite recuperar, en las ideas de Borges, al «maestro Ureña», y en esa operación, a ambos como parte central de la literatura del continente. Dice, hablando del maestro dominicano:

> Para los que le conocieron, su conducta y dedicación a la enseñanza fue el ejemplo más puro de la sabiduría y virtud. Borges ha definido así su influencia en discípulos y amigos: «Ideas que están muertas en el papel fueron estimulantes y vívidas para quienes las escucharon y conservaron, porque detrás de ellas y en torno a ellas, había un hombre» (Rodríguez Feo 1965: IX).

En ese sentido, la moral literaria del cubano le permite entender el fondo humano e histórico por debajo de la aparente «irrealidad» de la obra, del absurdo y del humor.

Sobre la política de la memoria, otro tópico del origenismo clásico, Rodríguez Feo ofrecerá sus discrepancias. Para Lezama y su grupo –como sintetiza Vitier en su paradigmático *Lo cubano en la poesía*– los usos poéticos de la memoria implican el trabajo sobre una subjetividad que se recrea a través de emociones sensoriales en la recuperación de un pasado hecho de ficción y de imágenes: «La memoria incluye: infancia o naturaleza como paraíso perdido, añoranza del ayer familiar o heroico, misterio de las sensaciones en el recuerdo, fábula, reminiscencia; y también la música, tonadas guajiras, bajo rítmico del son» (Vitier 1970 : 574). Ese atributo de libertad sensitiva que los origenistas profundizan en las novelas –*De peña pobre*, de Vitier; *Espirales del cuje*, pero también y con carácter inverso, *Los años de Orígenes*, las dos últimas del premiado y «traidor», García Vega[63]– no resultará afín a la formulación de Rodríguez Feo, quien sostiene una política del pasado concebido como legado imprescindible pero móvil. No se trata, entonces, de una encarnación de la «imagología lezamiana» (y en este sentido, inescrutable), sino de una matriz pedagógica: el pasado contiene una enseñanza político-cultural que los sujetos deben «recrear», no a través del puro artificio literario, sino a través del juicio ético del pasado. Pero esa recreación se modela a partir de la construcción de nuevos valores, donde las metáforas podrían adquirir sentido social. Por esa razón, retoma el legado de Henríquez Ureña respecto de que «cada generación debe construir su tabla de valores para enjuiciar la literatura del pasado» (Rodríguez Feo 1965: XIV).

A partir de estas nociones, el cubano reinventa, en la matriz del maestro, una noción de «realismo» en las diferentes acepciones de «letravisión» o

---

[63] Sobre las dos novelas de Orígenes, véase Salgado 2002.

«humorística» –como lee respectivamente en Piñera y Macedonio–, a manera de un concepto que le permite trascender los dualismos de pura ficción o realismo, tal como se constituye en una de las polémicas centrales de la época. El «académico de Harvard» advierte, en esos juegos, la labor de una subjetividad que se reinventa en estrecho diálogo con el pasado y la materia social que lo informa. Sobre las ideas literarias del maestro afirma: «Indudablemente Pedro prefería el realismo sano de Tolstoi al análisis de la psicología morbosa de los personajes proustianos o al intelectualismo frío y las creaciones impersonales de Huxley» (Henríquez Ureña 1965: XIX).

En efecto, el crítico está oponiendo su modelo de narrativa al de Lezama, que sí había propuesto el modelo de la morosidad temporal de Proust. Ahora bien, Henríquez Ureña –coincidiendo en parte con la lectura de Borges– suscribe con reservas a dos de las figuras paradigmáticas de ambas revistas: Juan Ramón y Ortega. Para *Orígenes*, ambas fueron figuras tutelares; la revista argentina, en cambio, las recibió de manera heterodoxa –como se verá en las páginas siguientes–. El foco de la disidencia estará puesto en la doble dimensión de las ideas estéticas que estos sujetos representan y también en el tipo de intelectual que están intentando construir en la esfera de lo americano. Al respecto, Carilla afirma, comentando el epistolario del autor de *Las corrientes literarias de la América hispánica*:

> Así los dos [se refiere a Henríquez Ureña y a Alfonso Reyes] coinciden en el rechazo a Rafael Altamira y a Ortega y Gasset (no le perdonan –dicen– su petulancia), y en la aceptación con reparos de Juan Ramón Jiménez y de Federico de Onís. En fin, para hacer más completo este mapa diré que, en relación a la literatura argentina coinciden igualmente en el rechazo de autores como Ricardo Rojas, Manuel Gálvez o Hugo Wast. (Carilla 1988: 128)

Más adelante, intenta también definir ese «americanismo» –hecho de equilibrio, mesura clásica y abolición de estrechez «nacionalista»– que vinculó la presencia de Ureña en los dos proyectos acá estudiados: «Si Pedro Henríquez Ureña alentó desde sus primeros estudios la idea de no exagerar los valores americanos, también alentó el deseo de mostrar al mundo los rasgos positivos del continente» (Carilla 1989: 98).

Es indudable que el magisterio del dominicano funcionó subterráneamente en ambas revistas, marcando un tono y configurándose en una brújula que las condujo a ciertas elecciones estético-ideológicas, pero fundamentalmente de un tono específico para referir la tensión entre la modernización literaria y la búsqueda de una voz americana. En tal sentido, señala Rodríguez Feo en su «Prólogo» a la edición cubana de *Ensayos*: «[...] indirectamente Pedro tuvo poco que ver con la aparición de *Orígenes*, que en 1944 fundamos Lezama y yo. Desde Buenos Aires, Pedro me envió las colaboraciones de los mejores escritores argentinos y sus consejos guiaron los primeros intentos por hacer de *Orígenes* una revista de verdadera calidad» (Henríquez Ureña 1965).

La carta, entonces, pone en escena el rol capital del responsable de los textos originales de argentinos que efectivamente se publicaron en la revista cubana. El juicio del cubano respecto de «los mejores» resulta de una perfecta conjunción con los criterios de su maestro. Observemos entonces qué encierran esas elecciones. Si Rodríguez Feo (y Henríquez Ureña) está considerando como lo más valioso a Macedonio, Romero, Anderson Imbert o María Rosa Lida, lo que se expone son dos zonas de *Sur*, relevantes, aunque no las más consagradas: la escritura crítico-académica de *Sur*, pero también el registro de la poética inclasificable de Macedonio, cercano a Borges, pero excediendo la retórica del autor de *Fervor de Buenos Aires*.

Veamos algunas consideraciones generales acerca del rol de Henríquez Ureña en las páginas de *Sur*. Si Rodríguez Feo había señalado en Santayana la experiencia del choque cultural como promotora de una activa búsqueda intelectual, es ese mismo efecto el que registra la obra crítica del cubano y las políticas académicas del dominicano. Esa «zona» tan activa y religadora de la experiencia intelectual americana es la que alimenta, a través de la configuración del lugar del intelectual moderno y liberal, capaz de conciliar las diferentes y móviles identidades del latinoamericano: lo hispánico, lo latino, lo nacional, lo europeo, lo americano. La experiencias del exilio coadyuvaron a una visión de lo hispanoamericano que en el caso de Ureña desplazó lo afrocaribeño –la experiencia de la antillanidad– como buena parte del origenismo, buscando suturar las distancias, sin agudizar las diferencias.

En este sentido, la herencia de Rodó, a través de su idea de América que señalo en el ensayo sobre Santayana de Rodríguez Feo, activa una agenda de preocupaciones cifradas en una actitud política y cultural antiimperialista y la adscripción a un liberalismo de corte clásico, a través del cual se opuso al estilo de vida americano en tanto materialismo y utilitarismo. En estos términos, viene a configurar el ideal del intelectual moderno y a la vez clásico en la factura epistemológica de una identidad intelectual distintivamente central.

Henríquez Ureña, como Rodríguez Feo –quienes se habían conocido mientras el primero impartía sus conferencias en Charles Eliot Norton–, parte de una noción moderna del sujeto y de la cultura, en el sentido de entidades sólidas que definen centralmente la experiencia histórica. El sujeto centrado del utopismo decimonónico letrado es quien habilita la misión histórica de crear una cultura, que se constituya el «hogar» y reaseguro de los valores de la occidentalidad, la institucionalidad y la visión historicista del progreso humano. A partir, entonces, de este constructo, la «americanidad» de fuerte tono hispánico y humanista, ético y utópico, el editor origenista forja una comunidad imaginaria de relaciones que concilia y sutura las distancias nacionales.

Al respecto, Díaz Quiñones afirma sobre el otro dominicano:

> En su teoría y en su práctica, la cultura hispanoamericana abarcaba la historia literaria y las instituciones. Pero incluía también la historia de las ideas, la historia social, la pintura, la música y los textos escritos en el marco nacional. Esta concepción «fuerte» de la cultura como sujeto de la historia y como objeto de estudio, le permitió construir uno de los «grandes relatos» que hacen posible una identidad integradora. (Díaz Quiñones 2006: 172)

Ahora bien, es esa misma noción centrada de la cultura la que permite redefinir, dentro del discurso académico, un diálogo que excedía la red de escrituras y textualidades canónicas y se articulaba con otros discursos, conformando así un metarrelato, es decir un ojo que mientras rearticula la red discursiva de su tiempo, consagra un punto de vista como reflexión sobre esas mismas prácticas. Efectivamente, Sarlo define la posición crítica del maestro en términos de excedencia, en tanto discurso cuestionador de los límites disciplinares y discursivos, cuando señala: «Vinculado a los grandes problemas americanos, colocó a la práctica crítica e histórica en relación con las otras series sociales, en una situación donde la crítica desbordaba, por su problemática, el espacio de la academia» (Sarlo 1985: 14).

El espejo: Henríquez Ureña en *Sur*

Ahora bien, el dominicano –que nunca publicó en *Orígenes*, aunque sus lecciones alimentaran una zona fundamental de la heterogeneidad de la revista– tuvo una indudable visibilidad en *Sur*. No solamente integró el Comité de colaboradores de manera permanente hasta su muerte, en 1946, sino que también publicó artículos con relativa asiduidad[64]. El magisterio y la impronta

---

[64] Henríquez Ureña publica en *Sur* «Dos valores hispanoamericanos» (1936: 23: 135-136), «Genaro Estrada» (1937: 37: 85-86), «Centenarios» (1939: 59: 52-54), «Palabras pronunciadas

de Ureña en ese espacio son francamente ostensibles, donde la amistad con Borges y Reyes sin duda fue el mejor camino para su posicionamiento.

Borges, citado por Rodríguez Feo, señala a la hora de su muerte el rol de maestro y el claro recorte humanista de la posición de Henríquez Ureña: «Ideas que están muertas en el papel fueron estimulantes y vívidas para quienes las escucharon y conservaron, porque detrás de ellas y en torno a ellas, había un hombre. Una entonación, un gesto, una cara, le daban la virtud que hoy hemos perdido» (Henríquez Ureña 1976: IX).

En el editorial que escribe Ocampo para la publicación del Índice de 1966, en ocasión de los 35 años de la revista, afirma:

> El consejo Extranjero de *Sur* estaba compuesto por el dominicano Henríquez Ureña, el mexicano Alfonso Reyes, el italiano Leo Ferrero, el francés Drieu La Rochelle, el español Ortega y Gasset, el uruguayo francés Jules Supervielle, el norteamericano Waldo Frank, el suizo Ernest Ansermet. Todos amigos personales míos. (*Sur* 1966: 303-304-305: 9)

El criterio de selección que indudablemente establece Ocampo pone el centro en su subjetividad como eje de la constelación. No señala otro criterio más que el personal de la amistad, que no implicaba exactamente el mismo sistema que la «cortesanía» origenista. Si para el origenismo la amistad implicaba un acto colectivo, fecundado en la temporalidad mítica de la ceremonia y refundador de un nuevo *tempo*, para los escritores de la revista argentina el

---

en el homenaje que le tributó *Sur* a su viaje a Estados Unidos» (1940: 72: 86-88), «Influencia del descubrimiento en la literatura» (1942: 98: 11-15) y «El arcipreste de Hita» (1943: 39: 52-54). También, reseñas y textos ocasionales a propósito de homenajes o debates: «Wellington, Dorohy Violet Welesley, duchess of, edit *The english poetsin pictures*» (1944: 122: 59-60); colaboración en el debate «¿Tienen las Américas algo en común?» (1941: 86: 85); colaboración en «Desagravio a Borges» (1942: 94: 7-34); participación en otra «polémica», a raíz de «Contestaciones a una carta de Osorio de Almeida» (HU; 1939: 61: 115-121); «Palabras pronunciadas en el acto inaugural del Primer Congreso Gremial de Escritores» (1936: 26: 140-141). Su participación en los debates, sobre todo, fue frecuente: «En torno a la defensa de la república» (1940: 71: 86-104), «Comentario a los irresponsables de Archimbald Mac Leish» (1941: 83: 99-126), «El problema Gandhi» (1942: 98: 81-97), «Moral y Literatura» (1945: 126: 62-84), «Literatura gratuita y literatura comprometida» (1946: 138: 15-121). A su vez, textos suyos fueron reseñados en *Sur*: Gregorio Weimberg reseñó *Historia de la cultura en la América Hispana* (Weimberg 1948: 159: 97-102) y Donald D. Walsh *Literary Currents in Hispanic America* (Walsh 1946: 137-11-112); sumado a otros comentarios críticos sobre la obra que aparecen en el mismo número, Andersdon Imbert reseña *La literatura y las letras coloniales en Santo Domingo* (Anderson Imbert 1957: 113-116) y Roberto Di Pascuale, *Las corrientes literarias en la América Hispana* (Di Pascuale 1950: 188: 78-80)..

matiz estaría dado en la impronta individualizadora, y casi íntima, de cada contacto. Ocampo señala, en la cita anterior, precisamente su vinculación personal con cada uno de ellos.

El tipo de presencia que Henríquez Ureña configuró en el universo *Sur* puede sopesarse considerando la densidad y la extensión de esa zona textual que, con nombre propio, prohijó el dominicano. No solamente perteneció al selecto grupo de escritores cuya nítida participación en todos los debates organizados por la revista muestra su carácter de figura tutelar (en tanto imagen metonímica de la *intelligensia*), sino que su presencia en dichas polémicas pone de relieve una zona del pensamiento americanista que habitó la publicación, de cuño humanista, occidentalizador e integrador. Es decir, se configuró en términos de un constructo relativamente coherente dentro de la heterogeneidad cultural y las condiciones históricas de la poscolonialidad latinoamericana. De manera que la firma del intelectual «migrante» en espacios que poseían el rasgo de articular las problemáticas culturales consideradas centrales por razones éticas, políticas o estéticas, muestra un tipo de «intelectual omnívoro», que comporta tanto una forma como una sustancia: es el tipo de intelectual-escritor, cuyo compromiso ético con el presente se dejaba leer por los intersticios de una vasta enciclopedia, seleccionada de manera férrea con los instrumentos de la eticidad americana –una selección que Victoria Ocampo no se sentía en condiciones de realizar y por ello demandaba esa especie de «paternidad» ético ideológica entre tres o cuatro nombres propios: Mallea, Ortega, Frank y Henríquez Ureña–.

Henríquez Ureña participó con discursos propios en los «ceremoniales de *Sur*»: premios, homenajes y desagravios, es decir en aquellas instancias que sirvieron para instaurar un momento, fijar una efeméride, hacer público un acto –siempre individual– leído en clave de construcción del colectivo. Además, recibió un banquete en su honor antes del viaje –iniciático– a Estados Unidos, donde conocería a Rodríguez Feo. En esa ocasión, el autor de *Corrientes Literarias* pronunció un discurso de agradecimiento que aparecería publicado en la revista junto al de otras figuras ilustres que respectivamente hicieron suyo ese gesto, como Borges y Ocampo. Entre los textos que escribió especialmente para la revista figuran comentarios críticos y textos panorámicos que fueron publicados en el cuerpo principal de la revista, donde solamente se hacía con ciertas figuras consideradas centrales. Además de esa hipervisibilidad, sus textos fueron objeto de reseñas en tres oportunidades. Esta densidad textual permite inferir su rasgo de escritor modélico, que si lo proyectamos a las afirmaciones de Ocampo permitiría relevar el tipo de vigencia que paulatinamente fue componiendo.

En el número homenaje, que se publica en ocasión de su fallecimiento en 1946, los escritores que «colaboran» especialmente en ese gesto son nombres que no solamente señalan una zona central de la revista argentina, sino que además remiten ideológicamente a su par cubana. Observemos: Martínez Estrada, Juan Ramón Jiménez, Francisco Romero, Amado Alonso y Anderson Imbert. Todos ellos tuvieron alguna clase de presencia en el origenismo, como he venido señalando.

A pesar de que los textos aportan dimensiones variadas de su obra, poseen un denominador común que se articula en torno a los dos valores que la revista buscó conciliar sin eliminar su tensión: el individualismo del sujeto creador y la totalidad cultural que de maneras diversas representó como cierta zona de Occidente donde el americanismo podría fermentar, sin la eliminación de su propia especificidad.

En esa ocasión, Martínez Estrada señala la capacidad de unificar lo diverso del conocimiento del escritor –al que califica de «saber numeroso y preciso», de «saber bien»–, cuya dimensión epistemológica se subsume bajo otro tipo de verdad que proviene de la esfera moral. La sencillez, la exactitud y el orden como atributos fundamentales de su praxis constituyen, para el autor de *La cabeza de Goliat*, el pasaporte hacia la configuración del tipo de intelectual «estrella» de la revista: ensayista, historiador, filólogo y crítico cuya matriz técnica se alimenta de una originalidad de pensamiento y de vigor ético.

No obstante, será Francisco Romero quien aporte con mayor precisión esa perspectiva. Basándose en una visión historicista, propugna otro momento del humanismo, cuya particularidad consistió en una «asimilación de la cultura, en su incorporación al espíritu en términos de una profundización y potenciación de lo humano» (Romero 1946: 141: 18), en oposición a la etapa creadora del modernismo, a la cual caracteriza como imposibilidad de asimilar el orden y creación de otra barbarie: la del «especialismo». De este modo propone otro tipo de relación entre cultura y creación a través del humanismo de «nuestro tiempo», que discursiviza como articulador de lo individual y la totalidad a través de la creación y la especialización, es decir la vocación más lo ético, que hace de Henríquez Ureña un «humanista a la moderna» (1946: 22). Este procedimiento le permite inferir que «el humanismo, en suma, consiste en convertir en cultura personal lo más disperso de la excelsa cultura objetiva» (1946: 20). De este modo, transforma el concepto de enciclopedismo en asimilación personal, es decir, en creación del propio sujeto.

A lo largo de estas disquisiciones, el dominicano se trasformará en el «Hombre de tantos y tan peregrinos saberes, de tan afinada sensibilidad para las artes, de tan estricto ejercicio y noción del deber» (Romero 1946: 141: 22), lo que le permite proponer una noción de cultura definida como el trato del sujeto con la cultura objetiva, en una dialéctica que se resuelve como una ganancia para el americanismo. El «buen americano» se configura así como la expresión personal y viva, y una conciencia de la «unidad profunda y esencial del continente».

Amado Alonso, a su vez, integra a Henríquez Ureña dentro de la tradición de los grandes investigadores de América –junto a Bello y Cuervo– a través de un destino común, el exilio, y de una historia, la de la patria que se constituye a través del idioma común. El fondo unificador del hispanismo no se consagra como algún tipo de homogeneidad, sino como un territorio que hace posible superar las fragmentaciones de la vida moderna y alimentar una visión crítica que incluye el goce como experiencia individualísima del sujeto lector. De modo que para el latinoamericano es ése el camino hacia una identidad crítica: «El deleite estético no era completo en él sin la intelección crítica de la estructura de la obra, que reclamaba a su vez la inserción en la historia de la cultura» (Amado Alonso 1946: 141: 29).

Por su parte, Anderson Imbert focaliza en la dimensión pedagógica del crítico de América, en tanto «educador de pueblos», y esa configuración del educador se define en una perfecta alianza entre estética y ética: «El ideal de justicia está antes que el ideal de cultura: es superior el hombre apasionado de justicia al que sólo aspira a su propia perfección» (Anderson Imbert 1946: 141: 35). Propone un camino diferente a través del abandono de las categorías convencionales, que son suplantadas por la experiencia del sujeto, lo que hace de él, según Anderson Imbert, un humanista, «no un mero crítico literario»; la literatura en primer plano, pero no separada de las demás manifestaciones de la vida americana.

Las perspectivas de quienes realizan el homenaje permite inferir las diferentes modalidades que definen a Henríquez Ureña como el intelectual de *Sur*: su humanismo moderno en términos de un vasto conocimiento no mimético, sino creador sobre la cultura de su tiempo, su rigor técnico, y su cualidad de pedagogo. La cultura crítica y pedagógica, que comenzaba a desplazar en la Argentina de los años cuarenta al ensayismo extenso por un estatuto más preciso, se expone de manera fragmentaria –porque convive con la tradición del ensayismo de la década anterior– en los textos de la revista.

Sin embargo, la marca específicamente *Sur* en la cultura argentina se define a través de un determinado concepto de cultura entendida en términos de totalidad; no uniforme, sino sesgada en la proyección de un americanismo que abreva en las teorías de la subjetividad y que colocan al escritor como el centro inveterado de su universo. Es ese eje moderno de la política de la individualidad una de las matrices fundamentales que permiten no sólo definir la identidad del intelectual moderno sino también revisar las poéticas del americanismo. Básicamente, es esa matriz la que impide, en las políticas de *Sur*, que las constelaciones estelares de su tiempo– la extrema especialización disciplinar y genérica y la senda del rigor narrativo– sean instauradas como únicas formas de la modernidad literaria.

El resumen de algunos elementos que habilitan a pensar en un tipo de diálogo particular entre las dos revistas puede ser útil. He partido de la configuración de los grandes universos ideológicos donde se inscriben las propuestas editoriales: americanismo y occidentalismo, sin intentar abolir la radical heterogeneidad que supone la empresa común y las especificidades de sus poéticas, pero sí procurando señalar marcas visibles y efectos generales de dichas construcciones en las elecciones y políticas que cada una de ellas lleva a cabo.

El recorrido realizado por las condiciones objetivas de circulación, producción y recepción en el contexto continental permite pensar la materialidad del diálogo literario. La recepción desigual –que muestra la efectiva presencia de la literatura argentina en la cubana y lo borroso y tardío del efecto cubano en su par del sur– se funda en dos razones básicas: la primera, de carácter objetivo, muestra que para un cubano era posible llegar a *Sur*, lo que no se correspondía con la realidad editorial de la isla. La segunda, de carácter político-cultural: *Sur* podía alimentar en *Orígenes* la visión de un prestigio continental con el que la revista argentina contaba al promediar los cuarenta, mientras que *Orígenes* era, para *Sur*, una literatura, si no «menor», sí poco conocida para los argentinos, cuyo contacto estaba casi exclusivamente dibujado en la dimensión interpersonal y epistolar.

En tercer lugar, he adelantado de manera general las cuatro grandes escenas de «lectura argentina» –las Notas, las reseñas, los repertorios comunes y las «colaboraciones originales»–, donde comenzaré a repensar los diálogos posibles, más allá de las configuraciones globales que alimentan la riqueza de los proyectos culturales.

Por último, me he centrado en lo que llamo «la ruta *Sur*», es decir, el verdadero vínculo que Rodríguez Feo, guiado por Henríquez Ureña, «traduce» para *Orígenes*. Y esa operación implica una lectura que atraviesa los grandes constructos epistemológicos señalados por el dominicano para Latinoamérica y que han funcionado tanto en la isla como en el sur del continente.

II.

Escenas de lectura argentina en *Orígenes*

> Le voy a escribir a Sábato. Pero en uno de los últimos de Sur que vi aquí, aparece aún el anuncio de Orígenes. ¿Has visto la magnífica revista de Romero, Realidad?
>
> Rodríguez Feo, carta a Lezama, del 3 de agosto de 1947 (Rodríguez Feo 1991: 83)

> No viajo, querido, por completo, dices. Sorprendo ahí tu ironía poniendo la mesa. Vas a los castillos de Maximiliano, te cubres de nieves y castaños, renuevas la sangre con gente de hermosura, y entonces te vuelves hacia los demás y exclamas: «Ud no viaja por temor a morir en tierra extranjera». Consígueme un curso sobre «Numismática etrusca», «Grandeza sin servidumbre de Nabucodonosor, «Paul Valery y Victoria Ocampo» (Tres lecciones). Se harían mis maletas y frente a la gran pirámide, te escribiría recomendándote que continúes arengando a las multitudes dominicales en el Paseo del Prado.
>
> Carta de Lezama a Rodríguez Feo, del 25 de julio de 1947 (Rodríguez Feo 1991: 75).

La primera pregunta que se impone frente al diálogo entre *Orígenes* y *Sur* remite a una zona de impertinencias e intencionalidades, de contactos y desvíos, de acercamientos y distancias, a ese espacio del puro juego hiper-literario donde las escrituras cobran vida propia; en todo caso, las «huellas argentinas» de esa lectura se liberan de las mallas de la interpretación «local» o particular que impone un sistema letrado y se vuelven un territorio expansivo para la reflexión en torno a las posibilidades de un coloquio americano. Lejos de cualquier constricción «escolar», la intemperie a la que en ocasiones parece haber sido arrojado el diálogo cultural latinoamericano por las condiciones económicas y políticas, en la primera mitad del siglo XX, ganan en cambio cierto horizonte de «libertad», potenciado, sin duda, por el ímpetu casi connatural a la lectura propia de un texto prestigioso, el del encuentro con un mejor decir sobre un horizonte ideológico relativamente compartido. Y sobre todo el carácter dislocado con que suelen funcionar algunas de esas escrituras desplazadas de su contexto de producción, particularmente cuando la amputación va acompañada de un operativo complementario, el de la reimplantación en otro cuerpo, el de otra literatura. En este juego poderosamente intertextual es desde donde dialogan los textos y es posible, por un artificio de la crítica, hacer dialogar también a sus autores.

Los textos abren así una «zona» literaria desde el corpus de dos revistas latinoamericanas emblemáticas. Al recortar y reinscribir algunos fragmentos de esas escenas de lectura y al preguntarme por el tipo de desajuste que ellas promueven estoy suponiendo que las estrategias empleadas en el diálogo hacen visible el valor y el interés del «otro» americano hacia un escritor ubicado en las periferias (heterogéneas) del sistema literario, y que al «traducirlo» al contexto de las lecturas nacionales (cubano-argentinas) hacen operar —más que lo específicamente alterno de una escritura ajena— su propio repertorio de imágenes, conceptos y metáforas a los que —inversamente— afilia aquellas poéticas.

Las diferentes marcas que registra *Orígenes* —en cartas, reseñas, notas y colaboraciones— respecto de la lectura atenta y también sesgada que hicieron los cubanos sobre la literatura argentina no tiene su equivalente en la producción de *Sur*, que sólo de modo muy indirecto refiere a un ámbito de preocupaciones compartidas. De todos modos, también la diferencia abre la pregunta acerca del tipo de diálogo que era posible imaginar entre dos literaturas tan distantes, y desde proyectos editoriales —las revistas— que en sus diferencias[1] recortaban una zona del repertorio continental bastante afín y cierto «occidentalismo»

---

[1] En el caso de la revista cubana, los editoriales de Lezama recurren con insistencia a un tópico ya trazado en el *Coloquio con Juan Ramón Jiménez*, de 1937, donde había insistido en «el aporte cubano a Occidente» como resistencia al modelo colonial. En el caso de *Sur*, difícilmente sea posible una generalización, ya que si bien estaba vigente el modelo Borges de reinterpretación de lo otro universal como un «derecho» del escritor argentino, en los cuarenta también se discutió fuertemente el modelo de la falsificación propiciado por Murena, en la huella de Martínez Estrada y también de Mallea.

que, aun releído en un movimiento inverso, exponía la voluntad de apertura y modernización que la «traducciones» de obras y autores pertenecientes a literaturas prestigiosas venía a activar.

La escena de las reseñas

Borges y Vitier: encuentro con Las ratas

Frente al texto de una reseña se impone preguntarse cómo se configura esa escena. Si todo texto objeto de reseña supone una operación de selección, y toda reseña constituye un tipo de reescritura que dota al texto de una visibilidad particular, ¿qué se elige, cómo se opera sobre esos cuerpos literarios, y quiénes ejercitan el derecho?

La primera aparición en la revista *Orígenes* de escritores vinculados a la literatura argentina, y más específicamente a *Sur*, se produce a través de un texto que escribe Vitier en 1944, reseñando la novela de Bianco *Las ratas* (1943), pocos meses después de haber sido publicada por la editorial Sur. De modo sintomático en términos de diálogos cruzados, ese mismo año Borges escribe otra sobre el mismo texto para la revista argentina.

Si la marca de todo escritor vuelto crítico es la de hacer legible su propio proyecto escritural, la de «leerse» en los otros, Vitier y Borges, dos escritores paradigmáticos de una de las zonas de sus propias revistas y no por casualidad,la más canónica, instauran una «escena de lectura» (Molloy 199: 29) desde donde se leen en el revés de la escritura del otro.

Cuando Borges escribe su reseña para *Sur* (Borges 1944: XIV: 111) hace ostensible la típica actitud militante que desde fines de los años treinta venía librando en el espacio cultural argentino para imponer su propia literatura. Esta intervención forma parte del proselitismo literario del cual no se desplazó, a pesar de que para esa fecha, ya se había producido su canonización nacional como escritor de ficción.

En su texto, afirma que Bianco modeliza a través de su ficción el paradigma de los recursos técnicos y estilísticos del género policial y reafirma una figura que había sido ignorada o bastardeada en la literatura argentina: la figura del lector. Abre la exposición reorientando una «aparente» dispersión: la de que el texto excedería los límites del género policial. Borges, corrector, insiste en la necesidad de olvidar lo circunstancial del tema y las motivaciones psicológicas de los personajes para centrarse en una maquinaria ficcional, cuyo principal aspecto residiría en la construcción de una lógica rigurosa, es decir, en el desenlace y el razonamiento del personaje. Lo que el autor-faro de *Sur* llama «el crimen» y «el carácter de Heredia» no son otra cosa que los procedimientos medulares del género, desplazando toda aspiración de verdad universalizadora, toda anécdota, y toda proyección autobiográfica del narrador. El «estilo Bianco» es definido, así, como «engañosamente tranquilo, y hábilmente simple», además de señalar que en él «rige la ironía que puede confundirse con inocencia», y que «elude los epítetos estimativos y las alarmadas interjecciones». Pero sobre todo, puntualiza el autor de *Ficciones*: «No usurpa la función del lector, deja a su cargo el eventual horror y escándalo».

La maquinaria de Bianco entonces, para el otro argentino, se construye sobre una sólida arquitectura de procedimiento, que elude la retórica modernista y alambicada; es decir, se sostiene en un lenguaje aséptico y desnudo, pero profusamente ambiguo. Un despojo que facilitaría su reinvención.

A pesar de que el texto convocante es la novela, hace oportuno el momento para señalar cierta afectación de esa ambigüedad que encuentra en la literatura de sus contemporáneos, o mejor, de «sus amigos» de *Sur*: en la novela psicológica (donde sin decirlo ubica a Mallea) y en la novela de Güiraldes[2], sobre la que sí señala «la negligencia [...] es el defecto inexplicablemente grave de nuestro *Segundo Sombra*» (Borges 1944: 111: 271). Entonces, corrige la idea de ambigüedad en sus dos dimensiones: la adecuación de la historia al carácter del personaje, y la dependencia de lo formal a ese *a priori*. En oposición, la vincula a una estrategia de omisión deliberada de la escritura que posibilitaría una mayor libertad al lector, o en todo caso, la recuperación de su carácter creador. De este modo, el múltiple argumento que postula *Las ratas* está dirigido, según Borges, al lector que es «un silencioso hombre cuya atención conviene retener, cuyas previsiones hay que frustrar, cuyas reacciones hay que gobernar y presentir y cuya amistad es necesaria, cuya complicidad es preciosa» (Borges 1944: 111: 273). La «rica y voluntaria» ambigüedad de la novela no debe confundirse con la «mera vaguedad de los simbolistas», cuyas imprecisiones a fuerza de eludir sentidos «pueden significar cualquier cosa».

Este cambio implica para el lector Borges otro más sustantivo que él advierte –y propicia desde su obra–: el reemplazo del paradigma de la novela francesa

---

[2] No creo que haga falta recordar que ambos escritores estuvieron estrechamente vinculados al proyecto *Sur* y fueron amigos personales de Victoria Ocampo. Inclusive Victoria ha relatado el origen de su revista de las largas conversaciones que antes de los treinta mantuvo con Waldo Frank y Mallea. Por su parte Güiraldes tendrá una presencia sustantiva en los primeros números.

por el de la inglesa, que él define como de «un rigor más severo en la construcción de la prosa, una prosa menos decorativa pero más pudorosa y límpida» (Borges 1944, 111: 275). Como ya había señalado en el prólogo a *La invención de Morel* (1940), es en este texto donde encuentra finalmente la síntesis de un programa que venía desarrollando desde las reseñas que publicaba en *El Hogar*, entre 1936 y 1939, y más tarde, en la Antología de 1942 junto a Bioy. El modelo que sintetizó como «Frente a la literatura caótica, la novela policial me atraía porque era un modo de defender el orden, de buscar formas clásicas, de valorizar la forma»[3] (Rivera y Laforgue 1977: 59).

Evidentemente Borges, que hizo a Bianco partícipe principal de su programa modernizador de la ficción, se olvida aquí de la concepción humanista del arte que el secretario de *Sur* sostuvo a lo largo de su carrera de crítico y novelista. Es evidente que se olvida, también, de la categoría que postuló respecto del realismo trascendente como una manera de compromiso con la verdad, que si bien no desconocía el riguroso artefacto literario, su autonomía partía de un a priori del novelista crítico que a Borges le conviene desconocer. Resulta curioso el hecho de que esa lectura de la obra de Bianco es la que primó en la crítica argentina; lectura, una vez más, borgeana. Pese a ello, la radical posición del escritor-faro de la revista respecto de cualquier pretensión de verdad extraliteraria no había sido suscrita por el brillante traductor.

Habla del amigo como si estuviera construyendo su legitimidad literaria, a pesar de que ambos ya habían alcanzado la consagración: Bianco no solamente era un escritor reconocido, también era el secretario de redacción de *Sur* desde el año 1938, lugar en el que se mantendría hasta que una nueva disputa cubana causara su renuncia. El Premio *Casa de las Américas* de 1961, para el que había sido invitado a participar como jurado, generó la oposición de Ocampo y la exigencia de una aclaración pública, que al no realizarse dio lugar al texto firmado por Victoria y a la posterior renuncia del escritor[4].

Volviendo a la nota de Borges, «Georgie» también se olvida de señalar que la narrativa a la cual alude coincide, en algún punto, en zanjar las diferencias entre cosmopolitas y nacionalistas que había recorrido el debate de la década anterior, pero que aún no había sido clausurado. En verdad, Bianco había operado una fractura sintomática para los debates de *Sur*. Alejado del «realismo ingenuo» de Mallea, que convierte a la escritura literaria en un producto derivado de la

---

[3] Borges señala estos aspectos en la respuesta a una encuesta recogida en el volumen *Asesinos de papel*.

[4] Para mayor detalle al respecto, véase Balderston 2006: 45.

ideología de autor, como así también de la otra forma del realismo moderno sostenido por Ortega, postula una noción de trascendencia al considerar que la vida ingresa a la escritura sólo para ser traspuesta, para que se vuelvan legibles los elementos que la componen y se vislumbre el espacio de la verdad más oscura (Prieto Taboada 2006: 36).

Tampoco a Borges le interesa rescatar la superación de la dicotomía vida-literatura que buscó reinventar esta narrativa, apartándose de los estigmas del realismo o el trascendentalismo a través de otra fórmula: la de la creación de la vida en la literatura. Vale la pena recordar, entonces, que Bianco escribió expresamente *Sombras suele vestir* (1941) para la *Antología de la literatura fantástica* y que incorporó, con una vuelta de tuerca, las convenciones del relato policial en *Las ratas* (1943), cuya publicación coincide con la de *Los mejores cuentos policiales*. Y que ya en sus notas de *Nosotros* había fustigado el realismo de Gálvez y el juego artificioso de González Lanuza, quien, como Borges, «no teme alejarse de lo real» pero lo hace con falta de criterio que se trasunta en «forma excesiva», en el amontonamiento de imágenes.

Esa distancia que ya anticipa Bianco en los veinte la profundiza Borges en los años cuarenta. Ahora bien, el primero no legitima la disciplina literaria en términos de especialización técnica, como hiciera Borges, sino que recurre a una legitimación de tipo humanística. Este contrapunto entre revelación y ocultamiento devela las contradicciones propias del proyecto de autonomía. Le permite sortear el peligro de llegar a un extremo tal que sólo resulte legible para especialistas pero cae en otro, el de colocar a la literatura dentro de las disciplinas del saber, y borrar así su especificidad. Ése es precisamente el tono del debate argentino. Y lo que induce a pensar que, en la lectura de Borges, la moral literaria de Bianco había quedado incompleta.

Sin embargo, la zona clausurada en el espacio argentino es la que se dirige a descubrir Vitier. Cuando aparece la reseña del cubano –el primer registro argentino en *Orígenes* (Vitier 1944: 3: 40-43), apenas unos meses después de la fundación de la revista–, la perspectiva no puede ser más dispar. Si Borges había insistido, en su literatura y ahora en la reseña de Bianco, respecto de la libertad del espacio lector, Vitier parece hacer mérito excesivo a esa plasticidad para sí mismo, oscilando entre un horizonte ensanchado para su interpretación y un disciplinamiento del lector origenista respecto de qué deben leer. Si, como he venido considerando, los origenistas realizaban un seguimiento cuidadoso de las novedades de *Sur*, Vitier no pudo haber desconocido la nota de Borges, a la que sin embargo jamás alude de manera explícita.

Lo que Borges oculta, Vitier destaca; lo que Borges clausura, Vitier reinventa. Y en esta tensión se instaura un espacio poético fracturado, entre cada uno de los proyectos colectivos pero también en la especificidad del proyecto creador de cada escritor. Si para Borges Bianco es paradigma de rigurosidad y construcción *perfecta* de lo policial, para Vitier, en cambio, su novela es «el signo de diamante de la literatura argentina». Es difícil y luminoso –se deja leer aquí Lezama y su «sólo lo difícil es estimulante»–, destaca el «mensaje», una dimensión inaceptable para la constelación de Borges, y no pone el foco en el edificio textual sino en su *a priori* –«el ojo del narrador es un espejo viviente y visionario, el espejo del alma», afirma Cintio. Lo que Vitier encuentra no es una «aislable geometría» sino el espacio de la obra como encarnación de la vida y del alma.

Si descubre una retórica exacta, es solamente para derivar de ella su carácter adversativo, «las profundas sorpresas» que quizá la habiten. Es por eso que señala centralmente el tema, su metaforización en el diamante, la mirada de poeta, atributos de la estética origenista y en particular de la propia poesía de Vitier. Se apresura a ponderar el material oscuro que palpita debajo de una «cruel estructura y una prosa exacta».

El hecho de que lea el texto en el repertorio Mallea, Borges, Bioy y Silvina Ocampo –lo que para él sería la verdadera literatura argentina– permite afirmar que el cubano no advierte que entre Mallea y los demás mediaba el debate estético de los cuarenta y, sobre todo, la obra de Borges. Mallea, que había sido uno de los mentores de la revista argentina junto a Waldo Frank, a principios de los treinta, solamente pervivía en el imaginario de esa zona de *Sur* –que encarnaba el ensayismo de interpretación nacional representado en la línea Martínez Estrada y Murena– como un escritor que sofrenó el nacionalismo y reinventó un universalismo al que *Sur* se adhería casi sin condiciones. Si esto se daba en un nivel ideológico y en el modelo ensayístico promovido por un sector de la revista, el modelo de la literatura que Mallea todavía representaba era la antítesis del paradigma de verdadera ficción nacional.

La lectura de Vitier, además, hace énfasis en otro tópico origenista, el espacio de la adolescencia[5] como metarrelato del género y de la cultura. De este modo, utilizando esa categoría propia como matriz de intelección de todo un género, insiste en la obra como testimonio de ese mito fundante. Y señala: «nosotros sentimos iluminarse la tesis propia de la adolescencia, su texto psicológico».

---

[5] Es posible rastrear esa matriz en las novelas *De peña pobre*, de Cintio Vitier, o en *Oppiano Licario*, de Lezama Lima (sin olvidar tampoco su rol en *Paradiso*).

Entonces, lo que el cubano plantea es que ese mito comporta una matriz de pensamiento, una forma de apropiación del mundo sobre la cual se funda la verdadera novela, es decir: la actitud de la primera ruptura del sujeto con el mundo, la fractura, la caída. En otros términos, el pecado que habilita el gesto de restaurar una realidad. Esta es la vía por la cual une a Bianco no sólo con el repertorio caprichoso de su lectura argentina sino también con Proust, para plantear otra cuestión clave en la novela de Bianco que Borges tampoco registra: el testimonio de una memoria.

De este modo, Bianco –en el trasluz de Proust– propondría una vía para el conocimiento poético, como «onírica danza por subterráneos de la especie, y la extrañeza lacerante del que ya está desprendiéndose de su placenta esencial, escritura agudísimamente particular, que alumbra la despedida irremediable de un saber rigurosamente poético», comenta el cubano (Vitier 1944: I: 3: 155).

El libro configura, entonces, un secreto basado en símbolos que comienzan a circular en una dimensión dialéctica. Señala que de ese modo el protagonista, Julio, alude al misterio del doble y que tanto Julio como Cecilia encarnan mitos (la individuación y el mal respectivamente). Para Vitier el libro de Bianco textualiza un instante mítico, como una «dulce tempestad».

Lo interesante es pensar cómo el delicado punto de encuentro de las dos estéticas se registra en el hiato que establece con las vanguardias anteriores, pero también con ciertas líneas del nacionalismo «de la sede»[6]. Lezama había venido insistiendo desde su primer editorial en que

> nos encontramos ante la dilatada vastedad de un mundo cuantitativo sucesivo, donde las revoluciones y los peces impresionistas, las glorificaciones y la lepra, las más herméticas formas de la clausura y las más dionisíacas descargas populares, ofrecen una violenta riqueza que es necesario reducir, en la dolorosa reducción del yo a la nada y de ésta a un nacimiento. (Lezama 1944: 1: 7)

Sin embargo, ¿podrían ser más escandalosamente dispares estas lecturas? ¿Habrán leído la misma novela?

---

[6] Recordemos la célebre polémica con Mañach donde Lezama vierte estos conceptos y fija su oposición a *Revista de avance*, que habría transformado su rebeldía –su fe– en acomodo. Entretanto, *Orígenes* –es decir, Lezama– señala en su primer editorial: «No le interesa a Orígenes formular un programa, sino ir lanzando las flechas de su propia estela. Como no cambiamos con las estaciones, no tenemos que justificar en extensos alegatos una piel de camaleón. No nos interesan superficiales mutaciones, sino ir subrayando la toma de posesión del ser» (Los editores 1944.1: 6).

Emparenta, entonces, esa angustiosa búsqueda de mundos imaginarios con una clave, la teoría de Ortega, que le sirve para afirmar que Bianco es «el timbre clarísimo de la intemperie humana». Nada de lo que Borges subraya Vitier anota, sino que, como su reverso polémico, afirma: «No se persigue lo laberíntico ni lo policial, pero se logra vivir la alucinación junto al peligro de los días, la irrealidad del tamaño y la omnipotente realidad del sueño» (Vitier 1944: I: 3: 155).

La narrativa, así, es el testimonio de un ámbito de la realidad: la de lo indivisible, lo que transforma «los fenómenos en su llama». El autor de *Lo cubano en la poesía* repone, exagerando y amplificando, todo lo que Borges había omitido. Es su reverso también autorreferencial, que despoja a Bianco de la genealogía en la cual lo había ubicado el otrora poeta de las esquinas rosadas. Reimprime algo que también estaba, pero cambiando el énfasis y dislocándolo en la lectura más ortodoxa del origenismo: la de la novela como punto de llegada de la poética, la de la superación de los dualismos y la de la poesía –como supratextualidad– que encarna la fecundación y la superabundancia del sentido. Es verdad que de este modo repone al Bianco humanista, pero se olvida de señalar que el texto narrativo consagra una forma del pensamiento cuya clave había usurpado el maestro de la constelación. Y olvida también la conquista «moderna» de la libertad del lector, en la que Borges venía insistiendo desde los años treinta y cuyo epítome se cifra en el paradigmático texto de 1955 «El escritor argentino y la tradición» (Borges 1955: 232: 35-58)[7]. Los anteriores son dos de los requisitos con que se inscribe la ficción en la narrativa argentina de la segunda mitad del siglo XX.

Como se ha visto, Vitier despliega el repertorio origenista más ortodoxo descubriendo en Bianco la imago, el mito cognoscente, la memoria y el secreto, y sustrayéndolo de la red lecturas a las que habían sido disciplinados sus textos en el universo argentino. Al reponer lo que no se hizo visible en el programa de la narrativa argentina, también Vitier hace a Bianco uno de los suyos, en una comunión metafórica en el horizonte humanista.

---

[7] Es interesante observar de qué manera la misma revista «desclasifica «los textos borgeanos, ubicándolos de manera caprichosa en ciertas taxonomías con las que difícilmente su autor coincidiera. Por ejemplo, en el *Índice* (1931-1966) publicado en 1966, la revista ubica este ensayo en el apartado «Literatura argentina» y no en el de ensayo, donde –por otra parte– aparecen relatos que el mismo Borges consideró como ficciones. No es una novedad el carácter «inclasificable» de su escritura, pero sí resulta un efecto particularmente curioso el hecho de que en el mismo espacio que jugó un rol capital en su canonización ya se inscriban estas inestabilidades.

En su respuesta a la encuesta «Moral y literatura» organizada por *Sur* en 1945, afirma Bianco:

> Las reglas de la moral y de la estética son las mismas. [...] Un libro es inmoral cuando su autor, que carece de talento o de una suficiente conciencia artística, no logra expresar adecuadamente una idea o prefiere su talento a esa idea y la subordina a sus medios de expresión. (Bianco 1945: 126: 66)

Dieciséis años más tarde, en un encuentro que organiza *Lunes*[8] con el jurado del Premio Casa de las Américas –en pleno divorcio con *Sur*– y que lleva como título *Lunes de América*, Bianco es interrogado sobre las tendencias literarias argentinas y en particular por «la actitud formal» que las habían caracterizado. Con un gesto distanciado, el autor de *Las ratas* responde que esas tendencias también son auténticas, y omite su propio rol en la oleada multiplicadora de la consagración provocada por el modelo que ahora relativiza. Como un bautismo revolucionario, Bianco intercepta dos gestos argentinos en la escena cubana –y ahora latinoamericana– de la Revolución. Por un lado, sentencia la «fama» argentina de Piñera, Lezama, Vitier, Romero y Guillén– que a juzgar por sus efectos era bastante relativa–, y con esto configura una comunión posible entre los dos sistemas. Por otro, publica en ese número paradigmático un extenso fragmento de *Las ratas*.

En la ocasión del Concurso, *Lunes*, que se instaura como «Lunes de América» –haciendo ostensible su estrecho vínculo con Casa de las Américas– publica una nota de Bianco donde se refiere a las razones del premio otorgado a Dora Alonso. El argentino comenta en el primer párrafo la instantánea revelación que compartió con Rodríguez Feo acerca de la excelencia del trabajo. La proximidad de ambos se plasma en cuatro criterios que articulan la herencia argentina y la nueva oleada literaria de la Revolución. Así, enuncia: un libro hecho no de libros sino de vida, lo que vendría a equivaler a un libro nacional –la patria cubana– como lo requería la hora; la autora no piensa por abstracciones o razonamientos, sino por imágenes; una biografía afín a la revolución: «Respira bonhomía, inteligencia, sanidad física y moral. Es hija de campesinos y adora a los campesinos» (Bianco 1961: 3).

Aquella tardía coincidencia venía construyéndose de manera prolija a lo largo de los años de *Orígenes* y *Sur* a través de una experiencia literaria que uniría a ambos escritores y que estuvo mediada por la figura tutelar de Henríquez

---

[8] Me refiero al número 98 de *Lunes de Revolución*, de marzo de 1961, págs. 12-13.

Ureña. No resulta fortuito, entonces, el encuentro. En cambio pone en escena la fractura, todavía invisible, que recorría la obra de los dos escritores argentinos.

Vitier, lector de Borges

En el número 6 de *Orígenes*, de 1945, Vitier publica una larguísima reseña sobre el poemario de Borges recientemente publicado, *Poemas (1922-1943)*. No resulta casual que la reseña verse sobre un libro de poesía, y tampoco que ese género no hubiera sido el que le permitiera al argentino su consagración. Es posible afirmar que a mediados de los cuarenta su poesía era casi marginal, a no ser por el nombre propio. Sin embargo *Orígenes*, que como ya señalé no reseña ninguno de los textos canónicos de la constelación, sí lo hace con un libro de poesía, que además es una compilación y que fue un efecto aleatorio del primer plano ocupado para esa fecha por su autor.

No resulta extraño tampoco que esta antología recoja gran parte de los textos que integraron la secuencia criollista de Borges, herencia que a la fecha ya le resultaba un poco incómoda al autor de *Ficciones*, y que sea precisamente en ese texto casi coyuntural y advenedizo en el cual Vitier fijara la mirada.

El origenista se explaya sobre diferentes aspectos de la poesía borgeana, sin dejar de señalar su punto de vista traducido a partir de una idea de belleza concebida como paradoja: el fruto de una carencia cultural e histórica y que, sin embargo, puede trastocarse en fecunda experiencia poética. Esta negociación que recorre su lectura construye en mi perspectiva el punto central desde donde relee a Borges en la estela de *Sur* y lo invita, así, a integrar el banquete origenista, como un «maestro». Señala Vitier que la «opulencia o exquisitez de un fruto es secundaria frente al acto de su desprendimiento» (Vitier 1945: 6: 320).

De modo que Borges, poeta de la renuncia en Vitier, proporciona una idea estética necesaria para el origenismo poético, y es cuando el vocero estrella de la revista, jugando el rol si no de maestro al menos de tutor que se había forjado al lado de Lezama, señala, ilumina, acota, orienta qué leer en el poeta de *Luna de enfrente*.

De este modo, realiza un minucioso abordaje de la poesía recorriendo una serie de puntos que a su juicio constituyen la espina dorsal del texto. Sin escatimar la «delectación morosa» de una larga estancia en los poemas, el poeta al leer traduce una de sus operaciones magisteriales: en un juego especular con las escrituras del otro, se reinventa a sí mismo, o mejor digamos, reinventa la poética de Vitier en *Orígenes*, operación afín a la ya señalada en su lectura de Bianco.

La retórica origenista se despliega haciendo ostensible lo sugerido por Borges y amplificando el espacio de lo apenas esbozado por territorios que le son afines al enunciador. Vitier, quien de manera tautológica lee desde su propia poética, define su posición de lectura como una «gozosa visitación y un cristal verificante» frente a una escritura que concibe como «lucidez y numen». En esta tensión de la visita, en la dialéctica entre la despojada actitud de un sujeto que se acerca a los textos como en un acto de amor y conocimiento, y este texto que le devuelve el secreto, el numen, y también la lucidez, que el origenismo definió como capacidad de penetración en el sustrato oscuro de lo real, se revelan los poemas. Dice Vitier: «Sus crónicas, sus variaciones sobre temas metafísicos, secretos y fabulosos, todo es fuego graneado y ya elude un estilo perfecto, marca sin embargo para nosotros, el sitio menos seguro, más plástico y anhelante de su persona en cuanto verbo posible» (Vitier 1945: 6: 311). Negocia, así, con Borges otorgándole virtudes y sutilmente disculpándole sus excesos o carencias. Para él, las audaces hipótesis borgeanas se adelgazan ante la verdadera revelación de su poética, «la gustosa gestación de un crepúsculo» (Vitier, 311). En otros términos, para poder apropiarse productivamente de lo que luego denomina «actitud poética», sustrae a Borges del lúdico y lúcido gesto intelectual al que sometió su escritura y lo recoloca en la estela del pensamiento seminal origenista; en la idea de que el verbo provee de una luz que permite el desentrañamiento de lo oculto –la noche, la oscuridad, lo subterráneo–, una epistemología poética cuya sinécdoque se encuentra en el amanecer, como el instante de la revelación.

La segunda operación de Vitier es la de la intelección de la atmósfera de estos poemas, cuyo centro está puesto en la definición de una mirada del yo construida en el idioma, y el sentimiento definido por el cubano como de «pura raigambre criolla». Ese punto de vista es lejanía entrañable, que Borges imagina dentro de su biblioteca[9], el carácter de artificio de ese criollismo cuyas principales virtudes le estaban vedadas, según el propio Borges, no aparece en el registro de Vitier. En cambio, focaliza con énfasis el tercer aspecto que descubre en la poesía, el efecto de «éxtasis poético». Según el «poeta-crítico», el poema nos ofrece una morada para poder llevar a cabo la doble operación

---

[9] Las operaciones de construcción de ese imaginario criollista a partir de una experiencia «literaturizada» han sido largamente estudiadas. Véase por ejemplo el ya clásico trabajo de Sarlo (1995).

de vivir e inteligir lo real. En esa línea puede colocar a Borges, en la estela de Martí, a través de una *episteme* poética no racional sino unitiva. Vivir y comprender, dirían Borges y Martí según Vitier, son los dos aspectos que une el acto poético del alumbramiento. Una comunidad en la cual Borges no se hubiera sentido incluido, después de considerarlo «esa superstición antillana», ni siquiera en el hermoso artilugio poético de Ponte que invierte la semántica borgeana y traduce esa superstición al equivalente del «dios Huracán hecho también de aire» (Ponte 2002: 56).

Ahora bien, el reseñista se enfrenta a un problema que es ineludible en el texto, el del replanteo de los tópicos del nacionalismo y el universalismo. Entonces logra entrever su efecto «impersonalizador a fuerza de persona y universalizador a fuerza de patria» (Vitier 1945: 6: 314). Como vemos, los supuestos centrales de su propia poética se ponen en juego al ligar el concepto de persona, de fuerte raigambre cristiana, con el efecto de fusión de lo que también llegó a ser el foco de su retórica: la relación patria– Poesía; y en segundo término la relación entre los conceptos de cubanía y occidentalismo. El lugar fronterizo de ese imaginario de «escritor en las orillas» (Sarlo 1995a) es sometido a otra restricción: una idea de Patria reinventada a través de la retórica cristiana que le permitiría articular lo particular a lo universal.

Para Vitier, Borges concilia la herencia cultural de Occidente «seminalmente asimilada» –nunca producto del juego deliberado y del azar borgeano– y la herencia carnal –la excedencia de los fundadores de la Patria a los que Borges alude en su poemario–. Sin embargo, a pesar de esa perfecta unidad que descubre, el cubano no deja de insistir en que «sin una poderosa aptitud poética no hay modo en que nos penetren realmente las formas de lo real» (Vitier 1945: 6: 313). De este modo descentra a Borges de su propio sistema, confiriéndoles a la categoría «sangre» y a la idea de Patria una entidad que no le pertenecía por derecho propio. En cambio, para el origenismo la sangre formaba parte del sentido estoico con el que configuraron su propio lugar como escritores en una Patria sin historia; era un flujo vital que los habilitaba para la tarea letrada de generar un sentido en el cuerpo vaciado de la República.

La retórica desplegada en esos textos, de cuyo tono se había distanciado y sobre los cuales en prólogo a la edición de 1969 señala, a modo de acto de contrición, «Olvidadizo de que ya lo era, quise también ser argentino», poseía, pese a que acusa cierto criollismo, una dimensión política de muy diverso carácter, porque la literatura no deja de ser el más serio de los juegos, pero es juego al fin. Las ideas de patria y de sangre carecen de la dimensión que le adjudica el cubano; su propósito no se acercaba al de articular una poética y una política del espíritu nacional, sino la expresión de una voz personal, provisoria en el revés de los textos que le fueron legados. Dice Borges en uno de los poemas de *Luna de enfrente* (1925), «Jactancia de quietud»: «Hablan de patria. Mi patria es un latido de guitarra, unos retratos y una vieja espada, la oración evidente del sauzal en los atardeceres» (Borges 1989: 62).

La poesía, en cambio, es para Vitier un sustituto del diálogo esencial de la persona con la patria. Lee ese criollismo borgeano y hace de él una epistemología trazada en un recorrido antojadizo que parte de la emoción para llegar a la reflexión. Reconociendo en el argentino un *a priori* de carácter extra-literario con el que Borges no hubiera negociado, Vitier homogeneiza la obra del argentino en un unívoca respiración poética, subalternizando su otra escritura a la poesía. Y afirmando así que «todas las otras especulaciones han sido devoradas por la poesía» (Vitier 1945: 6: 315).

Coda

Ya en los años veinte, Borges reconoce que, como el reverso de su evidente afán de innovación, su modelo se había convertido en otra fácil receta literaria: «he comprobado» –constata en un texto de González Lanuza– «que sin quererlo hemos incurrido en otra retórica, tan vinculadas como las antiguas al prestigio verbal» (Borges 1925: 4)[10]. Las antologías del cuento fantástico y policial marcan un cambio en el proyecto de autonomía. Y lo hacen justamente en base a la plena aceptación de la retórica, concebida ahora no como palabrería trillada sino como un sistema de convenciones y de técnicas intrínsecamente literarias (Prieto Taboada 2006: 29-42). Las consideraciones que venía realizando Borges a través de las protoficciones de *Historia universal de la infamia* definen una actitud teórica que trata de explicar acudiendo a la historia literaria y a las diferentes especificidades entre prosa y poesía. Al evocar el «destino ejemplar de Flaubert», Borges señala que fue el primero en dedicarse a la creación de una obra puramente en prosa, y en «las historias de la literatura la prosa es posterior al verso».

De este modo, el anacronismo de Vitier se deja leer en el contexto de lo que la literatura argentina discute en los años cuarenta, esto es, si la matriz del relato policial y fantástico constituiría una alternativa frente a los «deplorables» géneros. Además de incorporar la autorreferencialidad y la codificacion retórica,

---

[10] Esto es señalado en plena experiencia ultraísta, en el artículo sobre González Lanuza publicado en *Proa* en 1925 y luego recogido en *Inquisiciones*.

conjuran la erudición realista y el desorden que ella introduce. La dimensión fantástica establece ya que el texto literario no tiene porqué someterse a la representación de la realidad. Produce además un giro en el concepto de verosimilización, concibiéndola como un problema de escritura cuya resolución depende de un manejo riguroso de las técnicas literarias. De este modo, la constelación Borges había forjado una noción de Literatura entendida como disciplina, como trabajo razonado y como campo intelectual autónomo.

Una conversación entre mujeres (el diálogo entre Fina García Marruz y Silvina Ocampo)

La tercera referencia sobre literatura argentina en la que quiero detenerme es la de Fina García Marruz en su «Nota sobre *Espacios métricos*» de Silvina Ocampo, publicada en el número 11 de la revista, en el otoño de 1946. La compiladora de *La flor oculta de la poesía de Cuba* –antología que publicara junto a Cintio Vitier– abre el diálogo con la literatura argentina desde un lugar particular, el de la escritura femenina.

En su comentario, García Marruz define un espacio epistemológico para ese decir, muy a tono con las construcciones del origenismo clásico: la *escritura femenina*, como denomina Fina a esta poética, se constituye a través de una serie de metáforas que le sirven para ubicar el punto de vista de la poeta argentina, pero también el propio dentro del sistema origenista. A través de una serie de oposiciones que tensa dialécticamente, Fina construye un sistema poético y epistemológico cuya red metafórica no sólo reconduce a una determinada cosmovisión, sino que lleva implícita una teoría del sujeto cognoscente y sus posibilidades de aprehensión del objeto. Esta epistemología poética sitúa en las marcas del género uno de sus recortes fundamentales en términos de construcción de la subjetividad. Cuando la poeta origenista lee en la poeta argentina la materialidad de lo corpóreo por sobre las categorías universalizadoras de la modernidad occidental que habían atravesado la postulación poética, está formulando no solamente un sistema crítico alterno, sino una *cartografía epistemológica de la poesía*. De modo tal que la «mano» opuesta al «ojo», el «alma» opuesta al «espíritu», la «distancia» opuesta a la «penetración», remiten a un espacio más global para la consideración poética, cuya matriz fija la tensión entre el clasicismo y el romanticismo que habría instaurado dos posiciones diferentes en la manera de considerar la relación sujeto-objeto en el encuentro del hombre con el mundo. Si de manera muy general estas imágenes sostienen otra antítesis de base, la de intuición como contracara de la conceptualización, es posible reconocer que esta epistemología poética recupera el magisterio de Zambrano y resignifica algunos de los postulados centrales del Lezama poeta.

Marruz propone, entonces, una poética mientras de modo adyacente comenta la poesía de Ocampo. El texto convoca de modo vigoroso su propio lugar de enunciación, que al inicio sugiere «como de pasada» la perspectiva de la escritura femenina. Para la autora, la cultura de la mano supone una relación indivisible con lo real, hecha de manufactura, es decir, de pequeña escritura residual, en el sentido de manual –pero también de ausencia de aura–, como reverso de una intelectualización del universo que parece proponer la escritura del ojo, tal como define a la perspectiva masculina, es decir escritura del distanciamiento, cuya principal operación traduce al mundo en términos de separación de sujeto y objeto. La escritura femenina parecería, entonces, reponer –en la reseña de Marruz sobre la argentina– esa dimensión fracturada de la experiencia humana.

Realiza también otra distinción, aún más precisa y técnica, anticipando el concepto que más tarde formularía Zambrano en la misma revista. La escritura viril se define como un trabajo del espíritu, frente a la mujer que trabaja sobre la dimensión del «alma». Si bien no se detiene a explicitar esas categorías zambranianas –la especial precisión con la que trabaja la noción de «alma»–, sí sugiere: «La mano conoce con el alma, el ojo con el espíritu. La primera comparte, confunde, compadece. El segundo conoce, distingue, ama» (García Marruz 1946: 42: 260).

La anticipación de «La Cuba secreta», el paradigmático texto de Zambrano publicado en la revista en 1948, el año de su mayor visibilidad[11], es evidente, y no es casualidad que ese texto de la poeta española apareciera con motivo de la publicación de la antología de Vitier, *Diez poetas cubanos*. La idea de la filósofa de que el alma es el prerrequisito para la relación entre secreto y descubrimiento, que configura la reencarnación de los sentidos en la historia, está sugerida en esta nota. Zambrano dirá dos años más tarde: «Los secretos verdaderos no consisten en ser develados, lo que constituye su máxima generosidad, ya que al dejar de ser secretos dejarían vacío ese lugar que en nuestra alma le está destinado» (Zambrano: 1948: 3).

---

[11] En ese año se publica la clásica antología de Vitier, *Diez poetas cubanos*, donde se fija el canon origenista. Este ciclo se cierra después de 1952 cuando los premios otorgados a sus narradores (García Vega y Fernández Retamar) muestran la clara visibilidad de la poética de la revista en el contexto literario cubano.

Sin embargo, Zambrano, que al menos en este texto no configura su propio lugar de enunciación desde su condición de mujer, se opone a la operación de Fina en la medida en que la cubana no solamente fija la posición de su lectura en el interior de lo que denomina «cultura femenina», sino que, como una de las variantes de esa construcción, se permite «una digresión» para explicitar la condición histórica de su género que hace posible ese diálogo. La mujer, ya no su metáfora, tiene la misión épica de tornarse intermediaria entre la naturaleza y la historia, por su misma condición paradójica de ser sujeto «histórico/a-histórico», es decir, por haber sido borrada la huella de la escritura femenina en la cultura. Para ello apela a la consideración historicista de su amigo (y maestro de la española) Ortega: la relación indisolublemente dialéctica entre el hombre y su circunstancia histórica. Desde allí acusa a la cultura masculina de haberse limitado a la superficie histórica y descuidado la dimensión de la memoria profunda. Sin embargo, la aparentemente simple escritura de la cubana se desliza hacia la disolución de esas dicotomías al cuestionar la posibilidad de que el arte moderno, al perder contacto con el absoluto, se haya vuelto «paradójicamente femenino». En otras palabras, el haber perdido –como sujetos contemporáneos– «esa otra intuición», la que proviene de «ese encantador y espiritual conocimiento de las apariencias».

Lo que la reseña de la cubana postula, entonces, es una resignificación de los restos de la experiencia humana como signos portadores de sentidos místicos de la experiencia cultural. Sin dejar de señalar las limitaciones del racionalismo, apela a un conocimiento de sustancias a partir de la insignificante apariencia del mundo sensible. Los tópicos de la patria, la caída, el misterio, la fidelidad y finalmente el camino hacia el descubrimiento del ser que venía propiciando su fundador, y luego la española dentro del camino a *Orígenes*, se hacen explícitos en la lectura de la poeta argentina.

Nuevamente distingue una antinomia que la revista hará suya: la oposición entre poesía y crítica: «Poesía es siempre lo que se habla, lo que se ha podido decir de lo indecible. Pero la poesía pone ser, allí donde la crítica puede sólo señalar cualidades» (García Marruz 1946: 43).

Por último, advierto una visión de cierta imposible lectura, como si el efecto propio de lo poético se vinculara con una región opaca de la existencia humana que los textos ocultan aunque, en la tensión, lo inefable deje su marca metafórica. Al colocarse indirectamente en el terreno de la crítica, al momento de la producción de la reseña, disculpa la ausencia de los textos más significativos de Ocampo porque «podemos hablar de lo poético que es un libro, de la medida en que lo es, pero no sustituir su lectura hablando de la poesía misma» (García Marruz 1946: 46). Asume entonces, el lugar parcial de la mirada crítica, que solamente comenta cualidades, y suspende la que refiere a los textos capitales, porque ese es el territorio de la comunicación esencial del lector con el texto, el espacio de lo inefable, que subyace a lo que la poesía no puede decir. Dice la poeta, «poesía es siempre lo que se puede decir de lo indecible». La poesía es entonces lenguaje, expresión, posibilidad, «nupcias» diría Zambrano; no es escritura sino comunicación esencial, como para todo origenista que se precie.

Estas nociones le permiten introducir una categoría al análisis, la de «Poesía natural», en el sentido de opuesta a artificial y de camino desde la superficie a la recuperación de una sustantiva experiencia del mundo. En otros términos, al leer la poesía de Silvina Ocampo en el repertorio de una tradición de «lo intraducible», en tanto auscultamiento del yo poético desde la materialidad de lo vivido, lo primitivo y vital del mundo, la reinscribe en el circuito que los origenistas imaginaban trazar desde sus textos. Y en esta vertiente, Marruz redefine e integra la poesía argentina al conjunto más vasto de la poesía americana. Finalmente, elementos en apariencia dispares se integran en este tejido: la exactitud y la fantasía, la caída y el misterio. Marruz, entonces, construye un lugar de enunciación particular dentro del cuerpo origenista, negociando con las categorías centrales pero promoviendo también un énfasis en aquellos tonos que a su juicio aportan las poetas al conjunto.

En conclusión, a través de este recorte de las reseñas se definen algunas estrategias discursivas que recorren la configuración origenista del género. Este espacio de aparente apertura al otro, esta ventana modernizadora y actualizadora de la reseña o comentario de libros, en verdad aquí constituye un núcleo de irradiación, uno más de la poética del grupo. En segundo lugar, ratifica el criterio caprichoso e intencionado con el cual opera la selección argentina. No está comentando los textos clave que permiten tomar la temperatura del debate del sur, sino aquellas escrituras especulares que les devolvían la imagen de sí mismos.

En tercer lugar, no cualquier miembro de *Orígenes* lleva a cabo la empresa, sino los más vinculados a su centro de consagración, es decir a Lezama: que hayan sido Vitier, García Marruz y Rodríguez Feo los únicos comentadores de las novedades argentinas no puede resultar un asunto menor en el análisis. Ello pone en escena el peso específico de una literatura dentro de otra, y más aún de un grupo literario y de la publicación que los contiene dentro de otro. El juego de fuerzas estaba echando a andar.

Veamos ahora cómo lee *Sur* ese mismo texto. Es Martínez Estrada el encargado de realizar la reseña en el número 137 de la revista, donde señala algunos rasgos fundamentales que lee en la escritura de la hermana de Victoria. En primer lugar, apunta el abandono de toda retórica y la superabundancia y profusión de materiales. La poesía, según Martínez Estrada, no aparece como un gesto de su voluntad de sujeto creador, sino que la antecede y viene de otro vínculo del sujeto con el mundo, a la manera de una cotidianiedad a la que no se le adosan categorías previas ni clasificaciones. Este hecho produce consecuencias fundamentales para el acto poético: la restitución del gesto primigenio, no clasificatorio, al acto de nombrar por primera vez las cosas –casi a la manera de la creación, tal como la concibió el origenismo–; la del verbo que da vida. Señala Martínez Estrada: «Eso significa ante todo la renuncia al mundo de las cosas y los seres materiales, y hasta el hábito de usar nuestro lenguaje declamatorio para nombrar por primera vez objetos y sucesos simples y evidentes con ternura e ingenuidad primitivas» (Martínez Estrada 1946: 137: 83).

Opone el gesto deliberado de la retórica, en tanto una costumbre, a la gramática de la poesía. La dificultad, el desafío para el reseñista estriba en descubrir cómo la «emoción» –una especie de *a priori* poético– ha podido condensarse en la forma del poema. Se observa entonces la matriz de lectura para la poesía proveniente de la estilística, en tanto la idea del *a priori* de un poema como subjetividad fuerte que diseña un mapa expresivo y debajo del cual aún subyace otro territorio, el de la inefabilidad, de la emoción.

Luego de la rápida enunciación de algunos de sus mecanismos poéticos, el crítico se orienta a exponer temas o motivos que traviesan las composiciones. Allí señala la vigilia y el sueño, lo actual y lo pretérito, lo real y lo absurdo. Como se observa a través de los complejos dicotómicos trazados por el autor de *La cabeza de Goliat*, el mapa de la trama temática le permite focalizar el espacio imaginario que la poesía vendría a postular en los desdibujados límites entre lo racional y lo irracional, entendido acá como imposible.

Señala Martínez Estrada una idea de lo real no como presencia sino como ausencia, como aquello que nunca está sino a través de sus marcas, de sus huellas, de sus «calcos». Entonces, la poesía de Ocampo se dirige a esos huecos que ha dejado la presencia de lo real, y que el crítico enuncia como «recuerdo». Se dirige a abordar la zona que denomina «el espanto», que consiste en la presencia de seres que viven en la frontera de dos mundos, están hechos de materias de ambos y que son imposibles de reducir. Sostiene Martínez Estrada:

Nada conozco tan mansa, naturalmente inquietante desde Poe. Porque esta poesía sin complicaciones ni estrépitos, pensada sin subterfugios y casi muda, tranquila por lo tanto, coloreada apenas, sin absolutamente ninguno de los adornos ornamentales del drama, es esencialmente dramática, angustiada, desesperadamente triste. (Martínez Estrada 1946: 137: 85)

Su valor implícito reside en el uso de la palabra, de «su magia», de acuerdo a una gramática secreta. Cuando postula la categoría de «esencia de esos aconteceres» insiste en que la voz poética no requiere del uso de fórmulas gastadas (la pena, la pérdida irreversible) sino que, como en el caso de los grandes «maestros del horror», recurre a su esencia. En el caso de Poe, Baudelaire, Rilke o Kafka, igual que en Ocampo, es posible alcanzar el *pathos* a través de una sencilla economía formal. Lo demás, señala, «es aparato y escenografía», donde anticipa el epíteto borgeano trazado, siete años más tarde, para la definición de lo fantástico, al señalar que lo esencial estaba presente en las páginas seleccionadas: «lo demás es episodio ilustrativo, análisis psicológicos, feliz o inoportuno adorno verbal» (Borges & Bioy 1967: 2).

En la lectura propuesta, es el sujeto histórico –Silvina Ocampo– quien posee ese «Secreto», que en última instancia tampoco puede ser expresado en palabras. De modo que la crítica sobre poesía se convierte en un artificio metonímico, ya que, aun cuando en menor grado que la poesía misma, tampoco, como ella, puede alcanzar a expresarlo; solamente alcanza a señalar el espacio ambiguo donde se engendra la inefabilidad. En esta lógica, ese sustrato irracional emerge súbitamente, como un acto de inspiración, para desvanecerse y dejar quizá su «rastro», su hueco y «alguna noche de desvelo, en algún momento fugaz se coagula en el alma y allí queda como una gota de azabache» (Martínez Estrada 1946: 137: 86). La poesía –y la subjetividad– se metaforizan como formas de la experiencia dada por revelación y alumbramiento, integran lo humano inescrutable e instauran, al mismo tiempo, un tipo de permanencia de segundo grado, es decir, como un rastro o una estela que solamente dejan ver la huella de su plenipotencia.

Ahora bien, eso que queda como el residuo de un acto imposible –la traducción discursiva de la más profunda experiencia cultural de un sujeto– se constituye en un modo de la memoria que Martínez Estrada llama «reminiscencia» y que define en los términos de un modo de la presencia del pasado en el presente. Como en una feliz coincidencia, esta categoría, tan afín al originismo, atraviesa los principales textos lezamianos; de ella ya habían dado cuenta los principales gestores de la revista, no solamente en sus notas y ensayos sino, de manera programática, a través de sus relatos. La novela de Vitier, *De peña pobre*[12], puede ser leída como la elaboración narrativa de aquel núcleo de sentidos.

El crítico advierte una entidad que desborda el ejercicio autobiográfico en la escritura y que percibe como una especie de trascendencia dada en la forma y en el tema. Es decir, un mundo autónomo aunque vinculado al de la experiencia por la analogía, que –aunque anterior a todo modo de expresión– persiste como huella bajo la forma de la memoria. Señala, así, una actitud virginal frente a la poesía, tópico femenino por antonomasia[13], que la alejaría de las modas, es decir, de una actividad experimental con el lenguaje y la forma poética que, indirectamente, Martínez Estrada suprime, dejando emerger el fondo no leído por *Sur* en la poesía argentina de los cuarenta –principalmente configurado a través de la experiencia invencionista–. Y por último, sugiere el espacio de una poesía que viene a oponerse a la vejez del tiempo que acusa su impacto en la sensibilidad poética, y entonces el acto de la escritura se transforma en un espacio donde se construye cierta resistencia a la desintegración: «Un gran candor, casi virginal, sin recurrir a nada de cuanto se marchita o descompone. Con lo del alma ya hay bastante» (Martínez Estrada 1946: 137: 86).

Rodríguez Feo sobre Macedonio: una crítica sobre el humor

Rodríguez Feo escribe sobre *Papeles de Recienvenido*[14] en el cuarto número de la revista. La inteligente nota de Rodríguez Feo, que lleva por título «El pragmatismo del absurdo o la humorística de Macedonio Fernández», se orienta, más que al «comentario» de un texto posible, a reflexionar sobre la relación entre el absurdo y el humor «americanos», y acerca de una apretada teoría de la lectura. Como haciendo referencia a su propia biografía de «escolar» –anglicismo que funciona como parodia de la categoría de académico– y apropiándose del epíteto adjudicado por Lezama, comienza su exposición planteando la incapacidad discursiva de pensar un texto tan radical como el de Macedonio a

---

[12] Para más detalles, véase Salgado 2002: 2: 201-230.

[13] Me refiero a los tópicos de la pureza, la transparencia y la claridad, con los que la tradición neoclásica y romántica han configurado los atributos de una noción de lo femenino.

[14] González Lanuza publica una nota sobre *Papeles de Recienvenido* en *Sur*, en 1944. Ya había escrito otra sobre «Una novela que comienza» en 1941. Macedonio publicó un único relato en *Sur*, «Cirujía psíquica de extirpación» (Fernández 1941: 84:), y tres poemas: «Poema de poesía del pensar» (Fernández 1943: 108: 43: 51), «Elena Bella muerte» (1941: 76: 14-20) y «Layda» (1946: 143: 23-24).

partir de los instrumentos tradicionales de la crítica académica o periodística: la lectura biográfica, la caza de influencias: «La estrategia de desconocibilidad esgrimida para rellenar un vacío en la literatura actual y continuar la nada flaqueará en el momento preciso en que el autor meta la mano en la gaveta y extraiga cuidadosamente los papeles» (Rodríguez Feo 1944: 4: 209).

En efecto, el autor de la crítica parece apropiarse lúdicamente de las estrategias de su comentado para señalar las fisuras del territorio literario, particularmente en su propio terreno: la parodia, el humor y el discurso hilarante van contaminando la escritura de Rodríguez Feo, que lee a Macedonio y también su propia trayectoria académica: «La rebuscada caza de las influencias y de los precursores queda a cargo de los ociosos scholars de los departamentos de Literatura hispanoamericana, quienes de otra manera estarían injustificados en la ostentación de numerosos M.A., Ph, etc» (Rodríguez Feo 1944: 4: 209).

Con respecto al tipo de humorismo del argentino, señala el cubano su rasgo de *humorismo conceptual*, destinado a provocar al lector frente a los efectos de una realidad irracional, al mostrarle ese efecto dramático que él señalaba respecto también del absurdo y del humor piñeriano. La estrategia del texto consiste, entonces, en postular una lectura deconstructora que no provee de algún tipo de verdad, sino que se limita a señalar los efectos de lo real sobre la escritura. La lectura es un acto temporal que supone una instantaneidad lúcida, en cuanto se concibe como una especie de ingreso a la ilusión del texto que constituye un instante, un acto que inmediatamente se diluye porque «si el momento se prolongase, el bobo sería el lector» (Rodríguez Feo 1944: 4: 210).

Rodríguez Feo se encarga de desubicar a Macedonio de cualquier genealogía e instaurar su espacio de la novedad: «Para mitigar la perplejidad del lector aclararé que *Papeles* no cuenta con precedente alguno, por lo cual le será menester aprender a leer de nuevo» (Feo 1944: 4: 211).

El cubano reclama, entonces, un nuevo modo de leer cifrado en la lógica no del texto sino de los papeles, desordenados y caprichosos, que desarticula la lógica causal-racional de una lectura secuenciada. Defiende la actitud de leer y pensar lo que no se entiende y proponerle a esos papeles una ruta personal, a la manera del «lector macho» de *Rayuela* o *Paradiso*. La lectura mínima sin apetencias de ninguna ontología, un acto minúsculo destinado a librar al hombre de la cárcel del tiempo, los horarios y las largas lecturas pesadas de otros autores.

Postula la necesidad de olvidar los prólogos, las recetas, las biografías e instalar el espacio del humor como chiste, es decir, un discurso que se afinca en la cotidianeidad de la experiencia, para provocar la suspensión de las categorías y, fundamentalmente, de todo racionalismo. El absurdo, parece decirnos

Rodríguez Feo, no proviene del texto sino de la lectura de lo real, y la literatura de Macedonio se instala en ese instante intersticial donde el lector se sustrae a la magia de la narración, en el no-suceder. Se trata de una cita con la experiencia teatral de un texto que ficcionaliza el absurdo de las lógicas cartesianas para «conturbar la seguridad ontológica y los grandes principios de la razón» (Rodríguez Feo 1944: 4: 212) de manera provisoria, porque si el efecto se mantuviese en la manera de leer lo real, el texto se convertiría en algo monstruoso.

Agrega el codirector de *Orígenes*: «Como siempre hay un lector comodón que insiste en repasar vanidosamente todo lo que nos viene de afuera, pasando por alto nuestros libros y revistas» (Rodríguez Feo 1944: 4: 210). De modo que el texto de Macedonio Fernández le sirve al cubano para postular ese espacio literario del humor americano, que encuentra en la obra de su amigo. Al sustraerlo de cualquier genealogía e instalarlo a la vez en el espacio común de la comunidad americana postula un tipo de texto que se escribe de manera absurda, es decir, despojando al lector de las prescripciones de la gran literatura, de la literatura moralizante, del espacio del arte como el espacio de verdades universales, y donde se instaura el lugar del detalle, del gesto provisorio y superficial de la lectura, que provoca y muere. No aspira a verdades universalizadoras ni a ninguna metafísica, sino a detener furtivamente al lector en la ruptura de las causalidades que lo oprimen y liberarlo por el lapso de ese breve y dichoso encuentro. Macedonio Fernández le sirve para proponer un tipo de lectura creadora, desordenada, cuya lógica está propiciada por quien lee, abandonando las recetas y las orientaciones prologales. Así, insta al lector a liberarse de la marca de la lectura fiel al texto e instaurarla como espacio de la libertad, la creatividad, la risa liberadora.

Para concluir, he intentado señalar en la ruta lectora de estos textos las operaciones a través de las cuales se reinventa la «otra» literatura latinoamericana. En el caso de los origenistas, desde diferentes vías hacen emerger un modo de lectura «endogámica» que apunta a dar visibilidad y legitimidad a las poéticas del grupo. En tal sentido, se releen más a sí mismos que a los textos inscritos en los debates en los cuales pretenden incidir de modo deliberado. Además, los cubanos dejan testimonio de una persistente «preocupación argentina» respecto de lo que se publica y se debate en el sur, como una consecuencia no sólo del prestigio continental que en esos años había adquirido la empresa *Sur* y la literatura argentina en su conjunto, sino principalmente del esfuerzo por vincularse a un sistema cultural –que siendo latinoamericano– desplegaba una heterogeneidad y profusión de experiencias poéticas, con las cuales el origenismo, en parte, buscaba expurgar cierto «provincialismo retórico» que aún percibía en los escritores de la isla. Y esa red está construida básicamente desde lo poético, entendido como un paradigma metafórico que puede capturar la resistencia cultural.

En el caso de *Sur* he utilizado algunos textos que muestran los encuentros y desencuentros lectores, con el propósito de señalar de qué modo la reseña dibuja un territorio móvil, advenedizo, atravesado por las marcas de la historicidad polémica que recorre los procesos de constitución de las literaturas y el lugar central que dentro de ellas ocupa el género– en buena medida descuidado y marginal– en la construcción de legitimidades y desvíos.

La escena de los repertorios comunes

El caso Ortega

Un español y un argentino son convocados a la escena. Ambos configuran un espacio común, que merece ser interrogado y se vincula a la lectura argentina porque si bien Ortega llegó de primera mano a través de *Revista de Occidente*, no es menos cierto que el registro de *Sur* también medió su recepción. Además, el tipo de apropiación que realiza cada publicación habla con voz propia de lo que buscaban en ese horizonte común y de qué modo el acto de leer nunca es un acto transparente, y mucho menos si se inscribe en el contexto de una revista literaria o cultural.

A modo de una despedida, en 1956, Lezama y Borges escriben sendos textos sobre la muerte de Ortega. El español, amigo de Victoria, es una referencia ineludible tanto para los autores de *Sur* como para los de *Orígenes*. Esa paternidad fue ejercida en diversos planos. No solamente y de manera indirecta como maestro de María Zambrano, figura por quien compartieron su admiración ambas revistas, sino por medio del dato irrefutable de su pensamiento y sus escrituras activando una zona significativa de cada programa

Ortega fue por su carácter de presencia obsesiva y profusa, una lectura y un paradigma de la imagen del intelectual que ambas publicaciones admiraban, aunque no de manera homogénea. Sin duda, la admiración que le profesaba Victoria no se acercaba a la cáustica incomprensión de Borges, o la de Vitier a la de Lezama. Ortega fue, también, un espacio de negociación y de disputa. Los textos de despedida, las necrológicas que escriben Lezama y Borges, en verdad no son sólo un texto de ocasión: configuran, también, la parábola de la reapropiación creativa del pensamiento del español en América. En un extremo y otro del continente se vuelven a reunir los dos escritores en una metafórica escena de lectura. Lezama, entonces, despide a Ortega y se despide también de su empresa de doce años; Borges escribe en Buenos Aires y publica en La Habana, en el tercer número de *Ciclón*, la primera y largamente anhelada colaboración del argentino en la isla.

Lezama, en un tono de epitafio, tributa: «A su espíritu de fineza, a la noble voracidad de su fervor humanístico, a la rectitud de su señorío, a la sobriedad de su muerte, el homenaje, un angustioso detenernos en la marcha, de los que trabajamos en *Orígenes*» (Lezama 1956: 78).

La doble necrológica a su amigo y a su revista, entonces, hace que muchos de sus dichos en el homenaje puedan ser leídos también como una autorreferencia a las *Señales*. Habla de Ortega, pero también de *Orígenes*. El tono dolorido de la nota confunde la resonancia de sus términos, pero, como una revelación, la última Nota de la Dirección deja expuestos los términos de un programa quizás inconcluso en la propia revista y que Lezama, escritor, profundizaría después del cierre: el programa americanista. La mejor despedida que Lezama encuentra para su maestro y amigo es el epíteto de «americano», reubicando a Ortega entre los suyos: «Ya hoy lo podemos complacer, pues le acaba de llegar la gracia de la complacencia trascendente, ya le podemos decir, Ortega el americano» (Lezama Lima 1956: 40: 76).

Lo interesante es revisar de qué manera funciona el carácter de hipertexto que para el origenismo constituyó Ortega, figurativizado, ahora, en la voz de su fundador. Ese carácter implicó dos zonas centrales para su programa: la de una epistemología, concebida como modo de operar el rasguño en la piedra lezamiano, y la de una política de autor que implicaba la función ética del sujeto que escribe desde el margen de la coyuntura histórica. Haciendo sistema con su discípula María Zambrano, quien afirmó haber encontrado «en estas islitas» su patria prenatal, Lezama hace uso de un concepto de americanidad pero desagrega los contendidos esencialistas, y suma al carácter de excepcionalidad del sujeto histórico Ortega los matices de una retórica estoica y de algún modo atemporal. Pero también el español se reintegra a una comunidad imaginaria constituida en la semiosis de la trascendencia cristiana.

En el caso de *Sur*, existieron varias versiones. Circuló un Ortega disciplinar del que se apropiaron las diferentes áreas del conocimiento ya desde su dimensión sociológica, ya desde la filosófica o la crítica literaria, cuyos marcos estaban siendo definidos y cuyas fronteras comenzaban a ser rígidamente trazadas. Hay un Ortega para cada disciplina científica y este dato se hace ostensible en la publicación del número Homenaje que realiza *Sur*, el 241, del

56, donde clara y taxativamente filósofos y sociólogos de carrera escriben desde un paradigma determinado y un aparato teórico de categorías definidas. No es extraño, entonces, que ni Borges ni ninguno de los miembros de la constelación participara del número antológico, y que Borges terminara publicando su texto excéntrico en *Ciclón*.

En cambio, en *Orígenes*, el hipertexto Ortega más bien tiende a abolir esas fronteras; muy por el contrario, encarna la figura del letrado tradicional, con una conciencia hiperexpandida, cuya vida y obra se reintegran en una totalidad. A la hora de su muerte, es en verdad una encarnación de la Imago lezamiana.

Existió en *Sur* también un Ortega «literario». Allí, dio cuenta de un debate tardío sobre las hipótesis expuestas en su «Ideas sobre la novela» (1925), cuando la discusión acerca de la decadencia del género estaba ya instalada con fuerza en el espacio cultural. Las especulaciones de cuño ortegiano sobre la novela se convierten para críticos y escritores en la punta de lanza para analizar el estado del género y sus proyecciones futuras. Ortega, a través de una concepción organicista del arte que le permitía homologarlo a ciertas especies naturales, formula una serie de oposiciones que lo conducen a establecer la superioridad de la novela psicológica, variante que pronostica como el futuro del género, por sobre la novela de aventuras. El modelo de la morosidad en el tratamiento del tiempo y el espacio resulta más pertinente para la idea de novela que urdía el origenismo que para el espacio breve y conciso del cuento argentino. Lo mismo podría decirse de la categoría preexistente de personaje –reducido a su dimensión psicológica–, que precede a la acción y resulta definitorio para una visión de la literatura. Mientras para el cubano el autor de *La deshumanización del arte* había manifestado «las cosas más valientes, inteligentes y voluntariosas acerca de la historia, el paisaje y la política» en la España de los últimos cien años, para Borges es un hombre de «lecturas abstractas y de discurso dialéctico que se dejaba embelesar por los artificios más triviales de la literatura que evidentemente conocía poco» (Borges 1956: 3).

Si bien Borges le concede a Ortega el hecho de haber consumado junto a Unamuno la tarea de enriquecer, ahondar y ensanchar el diálogo español, desplazándolo del miserabilismo configurado como la reivindicación colérica o lastimera destinada a «probar que algún español había hecho algo que después hizo un francés con aplauso» (28), es decir, corriéndolo de las lastimerías y fruslerías que condujeron al rechazo de Cervantes y de Quevedo, es cierto también que en ningún momento desplaza al español de su condición nacional, muy por el contrario, lo reafirma dentro de ese repertorio. Y concluye que la posibilidad de encuentro con Unamuno, su «imperfecta simpatía», no la pudo merecer en el caso de Ortega. Ese límite configurado por el argentino es el límite americano, el de la distancia que media entre dos propuestas culturales que, en ciertos puntos, se volvían antitéticas. Si bien Borges no se desplaza, en su lectura, de esa orilla provisoria y azarosa de su propia posibilidad de intelección, no deja de señalar los motivos de la distancia. Lo que en Unamuno es mal gusto justificado por la pasión, en Ortega es apenas un atributo descalificador. Lo que configura como sus metáforas superficiales y no convincentes, es decir, su retórica descuidada e inverosímil, para Lezama será el primer triunfo en el idioma, esto es, el despertar de una conciencia que entiende que el momento vital de España ha sido el de la colonización, el de su propia reinvención en el contacto con el otro.

Si Lezama destaca la agudeza de Ortega al señalar las circunstancias históricas que habían desplazado al escritor de cualquier lugar social, es esa conciencia lúcida respecto de la frustración la que provoca el acto del renacimiento cultural. Lo que es para Lezama una aurora americana y una infinita posibilidad de relectura, para Borges es puro devenir histórico, tan casual como la consagración, como la fama suya y la de Ortega. Afirma: «Alguna vez juzgué inexplicable que las generaciones veneraran a Cervantes y no a Quevedo, hoy no veo nada misterioso en tal preferencia. Quizá algún día no me parecerá misteriosa la fama que hoy consagra a Ortega y Gasset» (Borges 1956: 28).

Esta polémica circuló profusamente en las páginas de la revista hasta entrados los años cincuenta, diseminada en notas, debates, comentarios críticos. A la idea de Ortega se va a oponer la de que «toda referencia, relación, narración no hace sino subrayar la ausencia de lo que se refiere, relata o narra». En ese sentido, la literatura de imaginación será entonces superior a cualquier forma de la novela realista, a la que Borges tacha de «informe» (Calomarde 2004: 288).

En otros términos, la lectura de Borges, como una de las alas del proyecto *Sur* –pero produciendo un texto excéntrico–, insistirá en la dimensión particular de la lectura, tan azarosamente individual como las posibilidades de su «traducción» hermenéutica. Mientras Lezama consuma un banquete absolutizador, Borges proclama la condición de fragmento, de artificio de su propia lectura. Mientras Lezama abre en la escritura ortegiana un horizonte casi inagotable de sentidos culturales, Borges lo clausura desde su precaria y efímera condición americana. Si para Lezama Ortega es una sustantiva trascendencia, para Borges es una retórica que le ha sido vedada. Para uno es un horizonte, para el otro el límite.

Es importante considerar el carácter de texto largamente deseado que configuró la escritura de Borges, que finalmente no publica en *Orígenes*, y lo hace más tarde en *Ciclón*. Piñera relata en sus cartas a Rodríguez Feo el sufrimiento de meses por conseguir esa colaboración (junto a otras que promete, como la de Sábato), tardanza que en cierta manera justifica alegando el cambio de gobierno y la situación de exposición que había entonces permitido un auge de cierto sector de la intelectualidad argentina[15]. En una de esas cartas dice que Borges adelanta el contenido de la nota:

> Entonces me dijo que si *Ciclón* no ponía reparos en que fuera un trabajo un poco contra Ortega. Yo le dije que tú y *Ciclón* estarían encantados con tal impacto. Entonces me dijo que él sentía por Ortega gran respeto pero que era un escritor que no era santo de su devoción y me citó la frase de Hume: por él siento *una imperfecta simpatía*» (Piñera 1999: 51: 26).

Lo que sería para *Ciclón* un verdadero triunfo está prefigurado en los textos de Piñera como el producto de largos meses de trabajo en torno a Borges, una actitud bien distinta de la irreverencia de años anteriores. No solamente despliega abanicos y tés con la madre de Borges, también confirma lo difícil que es llegar a una figura como él[16]. Otro aspecto interesante es la manera en que Bianco le responde a Piñera sobre la opinión del escritor de *Ficciones* acerca del español: «Bianco me dijo: y con esto para *Ciclón* ¿Qué va a decir ahora en *Sur*? No podrá desmentirse. Tendrá que seguir negando a Ortega, y ya sabes lo orteguiana que es Victoria» (Piñera 1999: 51: 26).

Esta actitud polémica y de quiebre es celebrada por el cubano, que entiende la distancia como un triunfo de su revista, que ahora es *Ciclón*: «Yo estoy divertidísimo con esta excitación y que el nombre de *Ciclón* corra de boca en boca» (26). Algo que, sin duda, no había podido alcanzar Lezama.

El sobreentendido Mallea

Como si todos los caminos condujeran a Mallea, he venido señalando de modo indirecto el carácter de cercanía difusa pero reconocible que configuró la obra de Mallea para el origenismo. Me refiero a un tipo de escritura que recorre la revista de modos diferentes, desde la alusión indirecta a una obvia

---

[15] Dice en carta Rodríguez Feo: «toda esta gente con el cambio de gobierno, se ha visto de la noche a la mañana cargada de honores y de dinero» (Piñera 1999: 51: 26).

[16] «Todavía no tengo el artículo de Borges. Cuando se opera con personas como Borges y la madre a las que hay tratar con pinzas, es imposible saber a qué atenerse, y lo que es peor: no se les puede preguntar cuándo, cómo, dónde» (Piñera 1999: 51: 26).

lectura de *Historia de una pasión argentina* –sin dudas la obra de Mallea mejor recibida–, cuyo rastro se descubre en la cita, en la paráfrasis, o en la más transparente inclusión del nombre propio en repertorios «americanistas». El tono, el diagnóstico y el sistema de categorías que venía diseminando –no solamente fronteras adentro– con enorme éxito el escritor bahiense, resulta claramente reconocible en muchos textos de la revista y, sin embargo, no existió en el corpus origenista nota alguna ni reseña que abordara específicamente esos textos «tan leídos».

Este primer efecto en el estudio de la presencia de Mallea me parece relevante. Y abre un espectro de preguntas respecto del tipo de espacio que ocuparon algunos intelectuales argentinos en el contexto cubano. Por una parte, la omisión implica –o puede implicar– la referencia a una lectura «obvia», que por esa razón no justifica la nota introductoria. En tal sentido, como una especie de lugar común, no se integraría al conjunto de los escritores latinoamericanos que el origenismo deseaba hacer ingresar al diálogo cultural cubano. Sin embargo, esa misma representación implica un sesgo. No todos los origenistas aluden a Mallea, ni realizan una lectura homogénea de sus textos. El principal responsable de su difusión fue, sin duda, Cintio Vitier, el más malleísta de los de *Orígenes*, en cuya obra narrativa y ensayística se advierte la huella de una presencia contaminada en su propia enunciación programática. De modo que, ese «lugar común» pertenece al espectro de las referencias compartidas por el grupo –o por un sector de él–, un tipo de lectura que no es necesario «fijar» porque constituye una parte del reservorio cultural de ese sector, cuya cita o paráfrasis ilumina una clara zona del pensamiento cubano vinculado a tres cuestiones básicas: el lugar del artista, la relación con Occidente y con esa Cuba invisible que Zambrano había denominado «secreta». Desde esta hipótesis interrogo algunos de los registros en los que funciona el escritor argentino.

En una parábola que se escribe desde la instancia pretextual origenista del Coloquio con Juan Ramón, la inclusión de la referencia Mallea en los textos más programáticos de Vitier, pasando por la emergencia de dicho tópico en el momento de mayor visibilidad de la revista –el momento del Cincuentenario de la república–, el estudio específico de Retamar sobre literatura argentina (en el que lo incluye dentro del repertorio americanista» de *Sur*), hasta la tardía evaluación de Vitier de 1994, *Para llegar a Orígenes*, la reelaboración de un núcleo duro de la literatura argentina ha permanecido como una presencia, si bien difusa, permeable a la tarea de invención de un diálogo sobre la cubanía que no excluía las teorías que circulaban en el repertorio continental.

En el Coloquio del 37 –publicado un año después[17]–, Lezama alude de manera vaga a una obvia lectura de sus textos. Mallea ya había publicado buena parte de su narrativa, pero sobre todo *Historia de una pasión argentina* (1937), y ya había merecido una crítica reevaluadora por parte de Bianco en *Sur*. Mallea era en los treinta uno de los escritores más canónicos de la literatura argentina y sus fueron hipótesis largamente discutidas, principalmente en dos cuestiones medulares: la construcción de un género nacional para la literatura y la idea de la existencia de dos Argentinas, la oculta y silenciosa –«pueblo silencioso y dramático en su no hablar y estarse haciendo por dentro» (Mallea 2006: 213)– y la cultura superficial, inmigratoria y falsificadora –cuyo emergente se podría constatar en los *habitu*s de la cultura consumista de la modernidad urbana[18]–. Casi al modo de una reinvención de la célebre antinomia sarmientina, Mallea puso el dedo en la llaga y cifró un paradigma del ensayismo[19] de los treinta y los cuarenta a través de la formulación de un método dialéctico, que no solamente impactó en la redefinición de la problemática nacional sino que circuló con profusión en el espacio continental. Ese método de auscultamiento y develación es formulado por el autor en los siguientes términos:

> Con una conciencia en marcha, siendo esta conciencia lo que debe ser, es decir, sabiduría natural. Si según la teoría socrática recogida por Platón en su *Fedón* ciencia es reminiscencia, lo que necesitamos en todo momento es reminiscencia, o sea conocimiento anterior al origen de nuestro destino y en el origen de nuestro destino está el origen de nuestro sentimiento. (Mallea 2006: 21)

---

[17] El texto de 1937 aparece públicamente en Cuba en forma de plaquette en el año 1938, en las páginas de *Revista Cubana*. Más tarde, en 1953, Lezama lo incluye en *Analecta de reloj* y es incluido por último en sus *Obras Completas*.

[18] María Elena Legaz ha comentado que esa reactualización del paradigma decimonónico no necesariamente sugería la construcción de una antinomia campo-ciudad, sino una problematización de esas fronteras. En su trabajo sobre Mallea, si bien estudia otros aspectos, no deja de señalar esas contaminaciones (véase Legaz 2000).

[19] Tal como he señalado, ese paradigma comienza a expandirse, diversificarse y especializarse en los inicios de la década siguiente, que va a presenciar un cuestionamiento radical a la estructura discursiva y epistemológica del modelo que representaba Mallea en la cultura argentina. El ensayo de corte académico, más rígidamente vinculado a las estructuras disciplinares va a reemplazar el típico paradigma del ensayismo «omnicomprensivo» (a caballo entre el testimonio, el ensayo de interpretación nacional, la biografía y el cuento) que encarnaba por entonces el autor de *Chaves*, aunque de muy profunda raigambre en los intelectuales argentinos (Calomarde 2004: 78).

Cuando Lezama lo convoca, alude tácitamente a su conocida teoría; a través de la idea de «los demás extranjeros como compadritos desinflados» pone en un texto fundacional del origenismo, en un texto archivo, una de las clásicas hipótesis hispanoamericanas para abordar el problema de la frustración del presente histórico[20]. Tempranamente, Lezama advierte una distancia: bajo el fondo compartido de una experiencia nacional falsificada y despojada, se propone diseñar un nuevo mapa que redistribuya el centro del poder entre Cuba, México y Argentina, un mapa no avistado por el argentino, que se limitó a señalar (en clave de «denuncia») la ruta de la civilización de Norte a Sur (a la que, además, parece aludir la paradigmática flecha de las tapas de *Sur*), y que el cubano discute. La operación Lezama en el *Coloquio* es la de centrar la voz en el sujeto americano, de crear un espacio de «plenitud» cultural, capaz de revertir el vacío. Reniega de las imágenes degradadas del argentino[21] y reniega de su resolución literaria, pero no del diagnóstico de «nuestros males».

Dice Lezama en el *Coloquio*, en una lectura que le venía de la experiencia de *Espuela de Plata*:

> Los argentinos tratan hace tiempo de enarcar su mito, cuya forma simbólica está encarnada en la cruz del Sur. Si poseyeran sociólogos más decididos, se empeñarían en torcer lo que hemos convenido en llamar la ruta de la civilización, que hasta ahora hemos supuesto que va de Oriente a Occidente. Están enamorados de un error voluntario y afirman que la ruta es vertical, de norte a sur. Una arrogancia exterior los mueve a considerar a los demás compadritos como viejos extranjeros desinflados. (Lezama 1938: 61).

Lo que está poniendo en juego –en una verdadera operación de reescritura– es la lectura de Mallea en su texto del año anterior, donde había afirmado el carácter falsificado de la «Argentina Visible», es decir, la cultura superficial que encuentra en las ciudades inmigratorias. Aunque se apura en despojar esa categoría de las adherencias del determinismo mesológico, y construye un espacio de la Argentina invisible en el bucólico escenario del campo, como espacio del *thesaurus*, Lezama pone en entredicho la visión del escritor argentino, básica-

---

[20] Mallea había sostenido en el texto de ese mismo año que «El extravío de nuestro pueblo es joven, tiene los años de este siglo [...] He visto inmigrantes de antes e inmigrantes de después, en ellos puede observarse, como las turbaciones profundas de un semblante, la historia de nuestra decadencia como patria» (Mallea 2006: 23).

[21] «Y he visto a los inmigrantes ulteriores. Y en vano he querido adivinar en esos rostros más jóvenes de ambiciosos el brillo con que se entiende algo más que las letras de los anuncios metropolitanos, se oye algo más que las canciones de café...» (Mallea 2006: 25).

mente porque descree de su lógica sociohistoricista articulada sobre el sema del desembarco, la pérdida de la raíz y del sentido y posteriormente la urbanización como modernidad alienadora. Una lectura en profunda consonancia con el texto de Zambrano –*La Cuba secreta*–, aun cuando el aparato ideológico de base haya sido muy diferente. Lo que Lezama está señalando acá es su denuncia a los límites de ese diagnóstico pos-inmigratorio, que lee la cultura aluvional «bajo ciertos prejuicios criollistas». Esa lectura se puede rastrear también en los textos de Martínez Estrada y Murena publicados en *Sur*.

La geopolítica cultural prefigurada en este texto con respecto a la ruta colonizadora no sólo discute con la teoría argentina, sino que, y esto es más importante que el mapa, lo que cifra el tono americanista es el lugar de la mirada que lo prefigura. El sur y el norte son meros artificios del ojo de la cultura, parece decirnos Lezama.

Ese temprano texto muestra la doble presencia de Mallea: por un lado, su carácter de repertorio obligado casi como un clásico americano sobre nuestros males y, por otro, el delicado punto de la distancia que Lezama intuye entre aquél proyecto y el suyo. Si Lezama elige el *pathos* para leer las coordenadas de la «religación», Vitier hará hincapié en otro tópico, el *telos*. De modo tal que el otro poeta paradigmático de *Orígenes* y principal voz legitimadora de la empresa cultural será el encargado de reorientar esas lecturas. El discurso de la frustración política, de una nación sin historia que Vitier recorta para producir un sesgo en la Teleología Insular, era perfectamente asimilable al legado malleano en tanto contenía una clave, el carácter de mera superficie sin *telos* de esa visible Argentina: «Un artista es un fin, un santo es un fin, un héroe es un fin [...] Lo terrible son los hombres-medios, esos que no pueden abandonar la cárcel del querer llegar sin trascenderse, la cárcel del fin que se queda en medio» (Mallea 2006: 139).

La recepción de Mallea[22] en *Orígenes* constituyó una «lectura» funcional a las principales ideas de sus gestores, y estuvo despojada del carácter de lectura especializada de la revista argentina. Así como no deslindó un espacio ideológico, genérico o disciplinar, como en cualquiera de sus lecturas, fue en algún sentido una unidad, y como tal una epistemología poética que permitía las

---

[22] No puedo profundizar en este trabajo las claves complejas que ofrece ese olvidado texto argentino. Ahora bien, considero importante recordar que contiene muchos matices que fueron discutidos en el origenismo: la idea de encarnación, la apelación a un tipo de conocimiento no solamente racional sino también resultante de la fe, la reminiscencia como método literario y cultural, el uso de imágenes poderosas que permitieran capturar ese fondo irracional de la experiencia humana.

construcción de un lazo esencial entre Patria y Poesía. Como en toda lectura origenista, sus enunciadores no estaban preocupados en construir compartimentos estancos para un saber disciplinar, sino una matriz de conocimiento integradora, donde la Literatura jugara una partida clave. No obstante, la «Operación Vitier» estuvo sometida al otro modo del disciplinamiento, el de su ortodoxia que no necesariamente era compartida por el resto de los poetas. Como he señalado, en el *Coloquio* Lezama suscribía con reservas las políticas literarias y culturales de Mallea. Aunque había insistido en el carácter de frustración y vacío de la realidad republicana cubana, eso no le permitía adherirse sin más a la hipótesis de la falsificación de la cultura portuaria que el argentino observaba en su región. Ni tampoco a sus reservas morales respecto de la inmigración como un bloque uniforme.

Como un camino de conocimiento, Mallea viene a ser resignificado en los términos de una *episteme* que supera las limitaciones de la lógica cartesiana y abreva en Pascal, en el humanismo clásico y en la retórica cristiana. Todos ellos, insumos imprescindibles dentro del origenismo para plantear su contra-modernidad poética.

Otra de las ideas que se subordinan a ese operativo contrahegemónico es la idea de cultura que encuentran en el argentino, como opuesta a la de Estado. En su muy leído texto, Mallea señalaba:

> Todas las fuentes nacionales en que se origina una fuerte y verdadera cultura parecían contaminadas [...] Cuando los fines de un Estado orgánico se demoran en el simple medio, lo que sucede es que además de debilitarse toda la pujanza plasmadora o materna o germinativa [...] también se debilita en su tronco: y con las muertes de las raíces va empobreciéndose, desnaturalizando el idioma, la lengua, lo que equivale a decir, la expresión misma del pueblo está viciada. (1967: 64)

Los textos de Mallea configuran, para el cubano, un espacio de la memoria recortada a través de la isotopía de lo subterráneo y la reminiscencia, que en *Espirales del cuje* –la novela premiada de 1952– conformaron el hipotético programa narrativo para la restauración de una memoria «otra» para el cuerpo viciado de la nación (y la instauración de una atmósfera bucólica, alejada de la superficie urbana). Las novelas de Mallea, pretendiendo eludir algún tipo de determinismo pero de alguna manera restableciéndolo, abogan para lograr un tipo de «restitución paralela» frente a las «metrópolis» inmigratorias –como aparatos productores de la angustia metafísica–, que instauran un modo de imaginación falsificada de lo nacional, por superficial, pragmática y visible.

Por este camino, propugnan una restitución para la literatura de esa cultura secreta que todavía no habría tenido expresión literaria.

El segundo registro al que quiero referirme es al Mallea convocado en dos textos paradigmáticos del quiebre de García Vega con la tradición origenista: la primera vez en su texto del 52, «Rostros del reverso», a modo de primera exculpación luego del Premio Nacional; y la segunda, en la novela testimonio *Los años de Orígenes*, donde registra el hiato entre dos políticas de la memoria y, en el medio, la «neurosis» de Orígenes.

En la novela del 78, el narrador inscribe al escritor argentino en un capítulo clave, titulado «El cofre», donde ficcionaliza el periplo de mayor visibilidad de la revista enmarcado en la publicación de su doblemente premiada *Espirales del cuje*[23]. Allí, señala el narrador:

> La otra historia, el otro relato. Las cosas nuestras están en el reverso, o en aquel paisaje invisible del que habla Mallea. Pues las cosas nuestras están embardunadas con la mentira. Por lo que cuando el narrador mira hacia los años de Orígenes, y quiere escribir sobre un cofre, el narrador sorprende *la otra historia*. (García Vega 2007: 173)

En el amargo cuestionamiento de la «monstruosa perversidad[24]» origenista, uno de los insumos principales lo constituye el texto de Mallea. El narrador, que parece aproximarse al autor de *Historia de una pasión argentina*, lo hace para señalar el hiato, y ese «invisible» fue revestido de una retórica que acabó sepultándolo. El misterio no solamente no se encarnó, sino que más bien constituyó una fábula ocultadora de la verdad, cuyo principal artífice fue el mentor de Mallea, Vitier.

Como una parábola, en «Los rostros del reverso[25]» (1952), un texto sinecdótico de tono exculpatorio sobre la anticipada conversión, García Vega hace funcionar una cita descontextualizada de Mallea en el interior de ese «diario» que comienza a perforar la política de la memoria que había desplegado en su novela premiada, y desplaza la retórica aplaudida –el tópico de la reminiscencia– por su antítesis: el registro instantáneo, el relato sin relato, la pura escri-

---

[23] Estos aspectos son estudiados en profundidad por Salgado (2004: 165).
[24] «Monstruoso. La repetición. Perversidad-la repetición. Si seguimos repitiendo. Si desplegamos este collage, disco, disco de lo cubano, quizá nos encontremos con la perversión. *Paradiso*, otra vez como arquetipo. Arquetipo de la perversión» (García Vega 2007: 21).
[25] Me refiero al texto ya citado y publicado en *Orígenes* (García Vega 1952: 31: 38-48).

tura del fragmento. En ese texto que reevalúa el evento cultural y político del Cincuentenario y también la labor de la revista en los festejos, registra citando:

> «Abril 9. *Desterrado. De amistades, costumbres, compañías –desterrado. Pero no enclaustrado, sino desterrado, voluntariamente desterrado.*
> *¡Ojalá comprendamos que lo bueno no es querer salir así como así de ese destierro, sino saber lo que es antes de salir de él –pues, eso, esa residencia voluntaria en una aridez que quiere hacerse fértil–, es lo que da la medida de nuestra pobreza fundamental y de lo que nos falta!*
> Mallea (H. de una pasión Argentina)» (García Vega 1952: 31: 38-48)

Sin anunciarlo, suprime un segmento de la frase. Precisamente aquel que se refiere al lugar desde donde habla el sujeto enunciador y que lo recoloca en un horizonte occidentalizador: «desterrados los argentinos lo somos todos. Desterrados del espíritu, desterrados de la civilización de que venimos, de aquel nudo central en que, a diferencia nuestra, los hombres produjeron arte, pensamiento, filosofía» (Mallea 1969: 156). No la suprime por no ser pertinente, ya que lo que falta precisamente serviría por partida doble: para religar la experiencia cultural del argentino con el cubano, no solamente en el horizonte utópico de una occidentalidad a la que Mallea no renunció, sino en particular a la experiencia americana de los dos países en la estela de la colonialidad y de la inmigración.

García Vega, entonces, descoloca la frase y hace emerger de ella el vacío y la soledad, tópico que podría haber compartido con Mallea pero que, dislocado su tono épico y trágico, queda transformado en un imposible para el artificio malleano, a través de un procedimiento originado en el *absurdo*, que el cubano compartía en silencio con otros «desertores» (por ejemplo, con Piñera). La elipsis hace ostensible la falta de ese espacio valorado por Mallea: la densidad histórica y cultural de un pasado europeo, vaciado en el trasplante inmigratorio, y por ende «falsificador», como dirían Murena y Martínez Estrada. Esa genealogía ominosa está ausente en el poeta premiado de *Orígenes*, no existe un pasado fuera de Cuba ni algún tipo de plenitud anterior que habilite la reconstrucción o el parricidio. El destierro constituye un No radical, sin estado cultural, sin territorio, sin historia, sin discurso, la absoluta vivencia de la pobreza a secas.

La operación de García Vega, leída en el contexto de la publicación y en el contexto histórico de la Cuba de 1952, hace emerger el tono de revulsivo textual. Por un lado, el texto hace dialogar a Mallea con Sartre, en una prototípica escena antiorigenista –y típica del ensayismo argentino de los cincuenta–, precedida de una de las más paradigmáticas *Señales* de afirmación origenista en el canon, como es el texto de Lezama «Alrededores de una antología», a través del cual «hace visible» la forja de un proceso que había llegado a su punto de máxima condensación en la *Antología de la poesía cubana* (1952). De modo que la contradicción entre el modelo de literatura encarnado por el origenismo clásico en sus textos más representativos —las antologías, los ensayos y la novela premiada— y la criba interpuesta por su «exponente más reconocido» a través del acercamiento a dos modelos vilipendiados por el origenismo —como los contenidos en el de «compromiso» del escritor y en la retórica «ilegible» del absurdo— muestran el punto de máxima tensión en la trayectoria de la revista.

En verdad, García Vega toma la lectura negada del existencialismo en *Orígenes* y lo adhiere a uno de los repertorios preferidos si no de Lezama al menos de Vitier, el de Mallea, pero despojándolo del circuito de categorías al que se había adherido el autor de *Diez poetas cubanos*: la patria no se construye en la poesía, parece decir García Vega, la soledad y el vacío no permiten ninguna comunidad. Y en la cita de Sartre que anota «El otro es por principio inaprensible, me huye cuando lo busco y me posee cuando lo huyo. SARTRE» (García Vega 1952: 30).

El principal destinatario de esos ataques no es Lezama sino Vitier, quien había instaurado en la revista una «agenda Mallea», adosándole los elementos propios de su retórica poética, particularmente la estrecha vinculación propedéutica y nacionalista que Vitier enfatiza en su lectura —en clave protorrevolucionaria— del origenismo entre Poesía y Patria, además de los tópicos de la ortodoxia cristiana con los cuales no todo el origenismo coincidió, y que Lezama suscribió con muchos matices.

En un rápido recorrido por un texto de 1943, publicado en la edición del 94 de *Para llegar a Orígenes* y que cumple, de modo paradigmático, la función de abrir la serie que evalúa la labor del grupo a lo largo de cincuenta años, el autor de *Diez poetas cubanos* incluye un ensayo sobre Mallea. En él «transparenta» los tópicos de esa presencia aparentemente unívoca del argentino en su revista. Sin embargo, esa ficticia homogeneidad, leída al trasluz de sus argumentos, permite comprender el carácter de sesgo con el cual operó él mismo sobre Mallea, traduciendo a la retórica origenista los tópicos que permitían una confluencia que eliminaba el riesgo de la dispersión, las otras *Orígenes*, como la de García Vega. En ese trabajo temprano había estructurado los aspectos básicos para ingresar a su obra: la unidad entre vitalismo y trascendentalismo, la noción del poeta vate, una epistemología poética definida como espacio de la confluencia de sentidos ónticos, metafísicos, religiosos y empíricos que el poeta debe devolver al pueblo en forma de luz, de imagen: elementos tales como el amor, el *pathos*, el servicio, el sacrificio, la renuncia y la esperanza son sustraídos del repertorio clásico de Kierkegaard y Maritain y repuestos en una retórica cristiana, desde donde puede afirmar que «la Argentina le es a Mallea su justa vocación» (Vitier 1994: 5).

Entre esa lectura iluminadora y la operación cultural argentina mediaba la «factura Borges». Bianco, cuando realiza en 1936 su evaluación de las últimas obras de Mallea, condena sus hipótesis y su retórica, básicamente cierto determinismo de la discursividad decimonónica que pervivía cambiado de signo y la falacia de la antinomia nacionalismo-cosmopolitismo. Allí, señala Bianco, «La comunión del hombre sólo es posible en el hombre» (Bianco 1936). Para el secretario de *Sur* la ideología del trascendentalismo cristiano más el humanismo había sido sustituida por otro tipo de trascendencia en la obra, desagregando los contenidos trascendentes e instaurando la idea de la transcendencia inmanente, en el sentido de que es el texto el que consagra la plena humanidad[26].

El otro insumo teórico capital para el origenismo y que comparte con Mallea es el de la separación de las órbitas de la cultura y del Estado, lo que les permitía a uno y a otros consagrar una literatura desplazada de centro del poder político de la república –a los origenistas su condena de país frustrado en lo esencial político; a los de *Sur*, su carácter de referencia oblicua que en los cuarenta se trasmuta en oposición– y alterna en el sentido de sujeción a otra lógica, la de la plena consagración de la forma poética frente a un Estado «claudicante y amorfo», al decir de Lezama. La forma literaria se convierte así en la utopía que reinventa la frustración.

> Todas las fuentes nacionales en que se origina una fuerte y verdadera cultura parecían contaminadas [...] Cuando los fines de un Estado orgánico se demoran en el simple medio, lo que sucede es que además de debilitarse toda la pujanza plasmadora o materna o germinativa [...] también se debilita en su tronco: y con las muertes de las raíces va empobreciéndose, desnaturalizando el idioma, la lengua, lo que equivale a decir, la expresión misma del pueblo está viciado. (Mallea 1967: 64)

Veamos, sumariamente, los aspectos que rescata Vitier del autor de *Historia de una pasión argentina*.

Vitalismo trascendental: Vitier lee en Mallea una actitud vital frente a la literatura, que entiende y estructura la circunstancia dentro de un orbe trascen-

---

[26] Para un estudio en profundidad sobre estos aspectos véase Balderston 2006.

dente. La actitud epistemológica que define como la «distancia trascendente», la presencia de un sujeto frente al mundo como una actitud de «religación mística» que tiende a abolir toda distancia entre sujeto y objeto. Por eso mismo el conocimiento poético es un conocimiento de tipo religioso.

Poeta como vate: «Si fatalmente pertenecemos a un país y a un pueblo, que ese país y ese pueblo nos pertenezcan lúcidamente, por derecho de hallazgo y conquista» (Vitier 1994: 8). Esta idea supone un tipo de sujeto romántico, a la manera del vate, que de manera mesiánica tiene el deber moral de traducir las esencias de su «pueblo», es decir, de colocarse por encima de la experiencia histórica para reapropiarse de ella desde un lugar develador de esencias nacionales. Es ése el modelo que Vitier, y una parte de *Orígenes*, encuentra en la obra de Mallea, particularmente en *Historia de una pasión argentina*. A través de ellos Vitier configura un modo de acceso a la novelística del argentino y también a la poética de *Orígenes*, reafirmando el espacio del escritor no profesional, sino sacerdotal. Por eso afirma: «Quiere hacer algo definido por su país, quiere incitarlo a realizarse auténticamente, a conocerse, a expresarse. No es ningún mixtificador, ningún profesional» (Vitier 1994: 10).

Epistemología poética: el paso de la «anécdota» a la «categoría» supone en Vitier ese paso a un conocimiento que trasciende lo histórico, pero que no es pura abstracción cartesiana, sino un entramado de sentidos ónticos, religiosos y empíricos que el autor debe «devolver al pueblo en su carácter de voz alumbradora». La manera en la que el poeta encuentra la sutura a estos elementos dispares, en la obra de Mallea pero también en su propia poética, es a través de los elementos que le vienen de su «poética de la conversión», es decir, de esa dimensión mediante la cual el hombre abandona el ámbito del error cósmico, del pecado y de la oscuridad, para traducirse en verbo:

> Allí vemos cómo la dulce aurora de su verbo se le funde a su verbo a través del discurso: cómo su vocación entraña esencia totalizadora, dispara sombrías flechas de conocimiento y salud; cómo en el vórtice de la pasión se dibuja su premio, su fruto: la eficacia de un espíritu [...] reside en su sabiduría del orden oculto en toda disparidad. (Vitier 1993: 10)

Catolicidad: los elementos que configuran ese tránsito son transpolados de la retórica cristiana. El amor, el *pathos*, el servicio, el sacrificio, la renuncia y la esperanza son sustraídos del repertorio clásico de Kierkegaard y Maritain.

Esta perspectiva le permite fundar un aspecto central para la recepción de la revista: la articulación entre la preocupación por lo nacional y la relación con lo universal. Es por el camino de la conversión por el cual se llega al conocimiento profundo de lo nacional, y desde allí a la dimensión sustantiva de la experiencia humana, al diálogo con todos los pueblos: «la existencia espiritual de un pueblo –que pasión en su pasión resiste y define como drama propio– atesora el mismo desamparo sustantivo, abastecedor de sus desvíos y virtudes que la vida de un hombre» (Vitier 1994: 10).

En este más acá de la escena, Lezama lee a Borges y a Mallea, Rodríguez Feo a Macedonio, Fina García Marruz a Silvina Ocampo, y se releen en el horizonte ensanchado de Ortega o de Benda. Si las revistas culturales o literarias de Latinoamérica han ocupado un lugar privilegiado en la conformación de los sistemas literarios nacionales, no ha sido menor el de la religación en un constructo mayor: el del sistema ensanchado en el borde de esas fronteras. La agenda de los problemas que nos ocupan en el estudio de las literaturas del continente –los problemas de género, la figura del autor y su desauratización, la clásica relación entre literatura y política, el obsesivo espacio de la vanguardia, sus post o sus anti, los neonacionalismos y sus derivaciones semánticas, la archivística literaria– estaba prefigurada en las lecturas de la mitad del siglo XX. Estaban allí quizá desordenando la secuencia del lugar difícil y precario de la enunciación americana a través de la cita, la referencia, el comentario, la paráfrasis, el plagio, lo que quizá equivalga hoy a decir, el lugar del descentramiento. Una literatura elíptica, más leída que escrita, a la manera del muy borgeano: citar para escribir, y escribir para citar.

Mallea en *Sur*

Mallea, sin duda, perteneció al riñón del grupo de Ocampo; co-gestor en buena medida de la empresa *Sur*, le correspondió por derecho propio el espacio central de la narrativa que propiciaba en los años treinta, e inclusive su lugar como integrante de ese tipo de intelectual «lábil» que agenciaba la revista, capaz de circular por diferentes géneros, dueño de una rica enciclopedia, traductor, escritor y crítico como tres escenas de una misma representación intelectual.

Cuando, en los cuarenta, su retórica y su visión de la literatura comenzaron a ser desplazadas, no dejó por ello de ocupar un espacio de «maestro» a quien se trataba con respeto y deferencia. A pesar de ese cuidado estilo de las «buenas maneras» que primó en la publicación –no siempre exitosa en su afán de ocultar profundas distancias–, la aguda crítica profundizada más tarde por *Contorno* comienza a esbozarse dentro de la revista que lo cobijó. Mallea integraba desde los inicios el Comité de Colaboración, había publicado abundantemente en la revista y compartía, fuera de toda duda, con la directora muchas de las hipótesis sobre los males argentinos. Estaba vinculado estrechamente al núcleo central y a pesar de los efectos de los procesos de canonización que lo colocaron en aquel lugar subalterno[27], continuó ocupando un sitio de referencia obligada para los intelectuales de *Sur*. En cierto sentido, entonces, pese a que podría aceptarse la división entre un Mallea narrador y uno ensayista, un Mallea europeísta y otro preocupado por el ahondamiento en la problemática nacional, en el escenario de la revista el escritor funcionó como un bloque compacto, que solamente en contadas excepciones aparece expuesto a una segmentación de esas dimensiones de su obra. Mallea fue, más bien, una especie de totalidad a la que uno podía adherirse o criticar pero sin desplazarse del tono de *Sur*, especialmente en lo referido a sus figuras tutelares.

La primera ruptura explícita se encuentra prefigurada en la nota de Bianco en torno a una «narrativa de la invisibilidad», tal como le había señalado en su crítica en *Sur* de 1936, que desconocía su propia obra y recaía en los vicios del pasado. El secretario de la revista también le había objetado la hipótesis de que el hombre, para dar fruto a lo nacional, deba subordinar su sensibilidad a lo exterior, en la medida en que ese posicionamiento llevaría implícito un supuesto equívoco respecto de la pasividad del hombre. Por último, la reseña establece otro hiato con Mallea, al cuestionar su célebre propedéutica para superar la soledad del hombre por la vía de la comunión en el humanismo y en la trascendencia. Señala Bianco «[...] para que haya una comunidad humana no basta que exista una realidad superior a la temporal del hombre. Es preciso todavía que esa temporalidad hasta descendido hasta él [...] La comunión del hombre sólo es posible en el hombre».

Es decir, el autor de *Las ratas* ya había recolocado la ideología de Mallea del trascendentalismo cristiano mezclado con su humanismo, desagregando los contenidos trascendentes y proponiendo otro tipo de trascendencia en la obra: la trascendencia inmanente, el texto como espacio de consagración de la plena humanidad.

De manera que, a través de una serie de procedimientos críticos y por un efecto de los debates del campo, Mallea resulta suprimido del espacio literario argentino a través de la eliminación de su noción de «gran novela», en

---

[27] Lugar en el que ha permanecido hasta a hoy, a juzgar por la escasa presencia de sus textos en los programas académicos y de estudios específicos sobre su obra.

términos de novela de la salvación nacional –al estilo de la de Marechal[28]–. No solamente he señalado cómo el género –en tanto género nacional– fue desplazado de la narrativa argentina por el paradigma de la ficción corta de carácter policial o fantástica, sino que la dimensión ideológica de su obra había sido, además, clausurada por poco pertinente. Las explicaciones que proyecta el propio Mallea acerca de de los males argentinos, centradas en las viejas dicotomías, resultaban para los intelectuales abocados a legitimar un nuevo paradigma para la narrativa argentina –un sector sustantivo de la revista– un camino sin salida, en la medida en que se sostenía en una estética ineficaz y en un supuesto acerca de la ontología del sujeto creador que los hombres de la *constelación Borges* desestimarían. Es decir, la obra de Mallea remite a un tipo de realismo y de psicologismo cuyo núcleo duro estaría definido a través de la consideración de «Gran autor» como noción de base. La categoría típicamente moderna de un sujeto fuerte y homogéneo que sustenta los valores de originalidad creadora, individualismo e inspiración demiúrgica, que se dejan leer por debajo de aquellas concepciones, comienza a ser sustituida por otra modernidad estética, cuyo teatro representa más la provisoriedad y el fragmento que la certidumbre de las narrativas totales del pasado, que la epicidad de una teleología. De modo tal que la «des-auratización» del rol del autor se produce en los cuarenta con la constelación Borges, que cifra el provisorio y mínimo espacio de la subjetividad escritural como mero producto del azar, del préstamo, del contacto y de la lectura de otros. Se suspende la idea de «originalidad», tan cara al ensayismo de los treinta, y se la sustituye por la noción lúdica del ejercicio escritural, del puro artificio que Borges había definido como el más serio de los juegos, pero juego al fin.

Un tópico que resulta invalidado desde las páginas de la misma *Sur*, es el esencialismo que asedia una de sus hipótesis centrales ya que, como producto del mismo sistema epistemológico, conduce al narrador a concebir una reali-

---

[28] En un trabajo anterior he abordado las polémicas en torno al reemplazo del modelo Mallea por el de la *Constelación Borges* dentro del programa *Sur*. De manera sumaria puedo ahora aludir a lo que he consignado como «militancia cultural» desplegada por la constelación para erradicar el modelo de la literatura psicológica y realista por el de la narrativa breve de cuño fantástico o policial, de carácter riguroso. Ese circuito se lleva a cabo a través de reseñas, prólogos y debates dentro de la misma *Sur*. Fundamentalmente en «Moral y Literatura» (*Sur* 1945: 126: 62-84) donde participan figuras como Victoria Ocampo, Anderson Imbert, Ricardo Baeza, José Bianco, Jorge Luis Borges, Roger Caillois, Bernardo Canal Feijoo, Pedro Henríquez Ureña, Francisco Romero. También en «Literatura gratuita y literatura comprometida» (*Sur* 1946: 138: 105-121) Jean Geheno, Vera Macarov, Pedro Henríquez Ureña, Eduardo Mallea, José Luis Romero, Ernesto Sábato o María Rosa Oliver.

dad autónoma y preexistente a la dialéctica entre el sujeto que aprehende y el objeto cognoscente. Si el sujeto se define *per se*, lo real como objeto exterior posee también cualidades *a priori* que no solamente la definen en sí misma, sino que también determinan a los sujetos que la habitan por el espesor de esa especialidad.

Más tarde, la nota de Santiago Monserrat, publicada en el número 123 de 1945, vuelve a mostrar las señales de ese desplazamiento. Sus hipótesis adelantan algunas de las críticas a las que sería sometida la obra por la generación de *Contorno*. En la sección *Crónica* publica su ensayo «Eduardo Mallea y la Argentina profunda», dirigido a revisar las hipótesis del emblemático escritor de *Sur*. La nota, cuyo contenido explora centralmente las hipótesis del celebérrimo ensayo del 37[29], podría ser considerada como anacrónica si no fuera porque el comentario, realizado ocho años más tarde de su publicación, hace emerger el tono de balance y rendición de cuentas que en la *Sur* de mediados de los cuarenta exigía la trayectoria del hipervisible escritor.

El primer aspecto que debo señalar es que la crítica se ubica a la perfección en la típica retórica del ensayismo y la reseña de *Sur*, que no eludió la polémica –como lo habría hecho el origenismo– pero que, a pesar de las diferencias, privilegió un tono decoroso, un lenguaje cuidado y salpicado de eufemismos tendientes a encubrir el desaire gratuito o el trato descortés. Esa retórica, que exuda «urbanidad» y mesura, contamina la enunciación y la dota de un gesto irónico que, sin embargo, desnuda las distancias. Fiel a esa retórica, Monserrat emprende el cuestionamiento y en ese sentido sigue la línea iniciada por Bianco y continuada más tarde por los intelectuales de la generación de los parricidas.

El autor de la nota juzga la obra desde la dimensión epistemológica, el exceso de intuición y el descuido del conocimiento científico del terreno al que alude. En los primeros párrafos de su estudio se dedica a trazar con nitidez los campos en los que se construye el saber; el científico, el filosófico y el estético. De manera programática advierte: «El país reclama desde hace tiempo un conocimiento a fondo de los supuestos fundamentales en que descansa la

---

[29] Recordemos que *Historia de una pasión argentina* había sido publicada en 1937 por la editorial Sur y que éste era el tercer libro del autor que se editaba en la misma empresa, después de *Conocimiento y expresión de la Argentina* (1935), *Nocturno europeo* (1935) y *La ciudad junto al río inmóvil* (1936). Su primer libro, *Cuentos para una inglesa desesperada*, fue publicado en 1926 por Gleizer, cuando aún no existía la editorial de Ocampo, y poco más tarde, en 1932, Sudamericana había publicado su novela *Las águilas*. Algunas de sus obras posteriores aparecen en Losada, Espasa Calpe o Sudamericana, además de en Sur.

realidad profunda, permanente: su ser racional. Es una tarea propuesta a todos los espíritus, pero la responsabilidad mayor recae sobre el filósofo y el artista, trabajadores sutiles del supremo saber» (Monserrat 1945: 123: 73).

Tal responsabilidad, entonces, parece recaer centralmente en los intelectuales, frente a la amenaza de la «lenta disgregación interior». Monserrat, a través del análisis de las categorías propuestas por Mallea, va impugnando sutilmente su lectura. La falta de conocimiento «científico» del autor hace que su obra recaiga en cierto tipo de ingenuidad e impide crear una visión iluminadora de la problemática nacional. Agrega entonces: «Este conocimiento previo existe en la obra de Mallea pero no es total. Es poco diáfano además. De ahí la existencia de muchas zonas oscuras sin iluminación definitiva, la solución ante ciertas soluciones insinuadas» (Monserrat 1945: 123: 81). Impugna su retórica, además, pero sobre todo cierto esencialismo que descubre en el *pathos* de la obra.

Respecto de la aspiración implícita del ensayista, señala que su intención está más cerca de la teatralidad del hecho «literario» que de la reflexión –típica del ensayismo–, «no ilustrando sino conmoviendo los espíritus» (82). Muestra la distancia con el reclamo de Monserrat respecto de la necesidad de construir un conocimiento «racional» (en sus dimensiones humana, social e histórica). Rescata la pasión creadora del ensayista y narrador, su «conciencia creadora» sin la cual no es posible comprender, ordenar y reconstruir la realidad del argentino, aunque anula su sistema categorial.

Sin despojarse del tono irónico, recorre las nociones del «escritor agonista» explicando su noción de verdad absoluta: sin aceptar verdades subordinadas sino atraído por la vasta y compleja realidad argentina, el autor «intuye» desde su vocación ejemplar el «conocimiento y expresión de la realidad argentina».

Señala más adelante: «Su pasión es una llama vigorosa y consciente. Y el drama del escritor [...]» (Monserrat 1945: 123: 74). Ese drama configura una soledad que lo obliga a una posición trágica de evasión y reclusión, lo cual abre su puerta al campo, como una negación no de la realidad total, sino de la realidad de la modernidad urbana:

> Lo que propone luego es una especie de panteísmo desindividualizante, una fe en el sentido inmanente que reside en todo lo creado, la misma fe que mueve la mano de Benozzo-Gossoli cuando pinta el fresco que representa el viaje de los tres reyes a Belén. Con su ayuda y en la medida en que seamos capaces de ese sacrificio, de aquel «padecimiento», resurgirá la unidad originaria de la familia argentina. Y borraremos igualmente el estigma de su dispersión momentánea. (Monserrat 1945: 123: 75)

La cita, además de mostrar la distancia irónica con que el autor entrecomilla los «núcleos duros» del léxico óntico-metafórico del narrador, va corroyendo esos tópicos sin dejar de señalar la razón «aurática» que pesa en la consideración social respecto de la «misión» poética.

Otro aspecto capital testimoniado en el texto es la visión de que su escritura insiste en las conocidas antinomias decimonónicas aunque con nuevos vestidos. Al recaer en posiciones tales como la Argentina visible y la Argentina invisible, el hombre arraigado y el hombre adventicio, el profundo y el superfluo, el silencio y el ruido, Mallea profundiza una visión de «clase» típica de la oligarquía y reproduce los errores de la historia oficial argentina escrita por un sector que se ha arrogado el derecho de vocero de los valores, los diagnósticos y la letra: «Mallea remonta el río de la historia nacional y advierte que son las mismas que exaltaron la humana dignidad del patriciado argentino. Este patriciado ha existido. Más aún: es el que ha hecho la grandeza de la patria» (Monserrat 1945: 126: 76).

Lo que señala entonces es que la visión del escritor no deja de repetir los conocidos diagnósticos de la élite, que se considera heredera del gaucho, que es su mito, y del prototipo, que es el patricio. En una extraña negociación, que por un lado «justifica» como un prejuicio de clase y le obtura la comprensión de los verdaderos problemas argentinos, señala también otra concesión un poco menos absurda que la primera: el escaso desarrollo de las diversas disciplinas científicas que podrían proveer al escritor de insumos teóricos necesarios para el análisis de lo argentino. Después de las disculpas, con las cuales salva el prestigio de Mallea, insiste en el carácter ético sacrificial del escritor que impregnaría toda su retórica.

De modo tal que la actualidad del texto no puede sino ser inscrita en los debates de *Sur* que se abren a mediados de los años cuarenta respecto de la necesidad de autonomización de las disciplinas y la especialización de los campos; lo cual en términos retóricos supone la promoción de un nuevo ensayismo, menos «impresionista» que el que había primado durante la década anterior en las páginas de la revista. La cercanía con lo planteado en 1936 se establece por medio del cuestionamiento a un sistema epistemológico en el caso de Bianco, por incompleto, y en el de Monserrat, por falto de rigor. Si el secretario se había centrado en la narrativa, el segundo toma como punto central al ensayismo y recoloca a Mallea en las arenas de la literatura. Su pasión, su exceso de intuición, su retórica e *imagología* no se adscriben a los requisitos del nuevo ensayo, sino a la visión poético-profética de la literatura. Sin descuidar la crítica al prejuicio de clase que encuentra en sus diagnósticos, la principal operación consiste en «volver» a Mallea a lo literario, donde los valores éticos y la vocación sacrificial pueden seguir jugando la partida.

Como se advierte, la noción de lo literario a la que se suscribe el crítico ignora la noción borgeana y se inscribe en un espacio que siguió existiendo en la revista, aunque de manera subalterna.

La escena de las notas críticas

El espacio de las notas críticas dedicadas a la literatura argentina en *Orígenes* es muy reducido. Solamente aparecen dos textos, uno de Piñera de 1947, recién llegado a la Argentina, y otro de Fernández Retamar, de 1955, en el periplo ya agónico de la revista, luego del cisma, de la aventura de los números paralelos y de la creación de *Ciclón*.

Los dos textos guardan cierta correspondencia a pesar de la distancia temporal que los separa. Ambos se reinscriben en las polémicas específicas que se entablan en uno y otro espacio. Cada uno de los escritores configura un espacio del saber que le provee de credenciales para intentar un análisis un poco más exhaustivo y también relacional del sistema literario argentino. El hecho de constituirse como textos «críticos» sobre literatura argentina establece un lugar específico: el de escritores insulares que piensan su propia literatura desde la lectura argentina y que, en ese recorrido, escriben un capítulo del diálogo americano. Sus análisis permiten articular el punto de vista de dos intelectuales que revisan las polémicas literarias argentinas con mirada de «extranjero», que al leer al otro actualizan las disputas de su propio campo.

Piñera construye su posición de «corresponsal origenista» en el sur: expulsado del centro del sistema del cual proviene, su legitimidad se orienta a la misión de lograr colaboraciones para la revista. La aventura frustrada, en buena medida, de las colaboraciones, encuentra un espacio de compensación en esta nota. La escritura de Piñera, además, hace el registro de su propio periplo porteño y de su carácter de «escritor», es decir, toma nota del sistema de ausencias y fracturas que percibe dentro de un espacio literario hostil.

Resulta muy interesante revisar el circuito de este texto: en un inicio pensado como una presentación para ser leída en Radio Nacional[30], se repite el gesto en la revista argentina de Borges, *Anales de Buenos Aires*, y finalmente en *Orí-*

---

[30] El dato figura en las memorias de Piñera publicadas fragmentariamente en «La vida tal cual» y reeditadas en 1999, en el dossier «Virgilio Piñera» de *Diario de poesía*.

genes. El carácter de triple puesta en escena del texto, en circuitos discursivos diferentes, hace ostensibles no solamente el impacto de las tesis del cubano en los dos campos, sino una determinada operatoria de lectura que permite releer las propias disputas estéticas y políticas que entabla el autor en el seno de las batallas por la consagración. Según Piñera, Borges habría percibido la relevancia de sus análisis y el modo en que su tesis resignificaba el debate nacional y le daba también proyección continental. La lectura de Borges, que lo invita a publicar, se reafirma en el gesto evidentemente polémico de hacerlo al lado de uno de sus relatos «más tantálicos», en opinión del cubano:

> Borges reaccionó rogándome que le cediera el ensayo para publicarlo en *Anales de Buenos Aires* –revista de la que es director–; al mismo tiempo me hizo saber que aceptaba lo del tantalismo en lo que a él se refería, y por último a manera de confirmación y soberanía insertaba en dicho número de *Anales*, junto a mi nota, uno de sus relatos más tantálicos –«Los inmortales» [sic]. (Pérez León 2002: 105)

Entre este diagnóstico y la experiencia de Piñera media un desajuste: Piñera encuentra cinco divinidades –Borges, Macedonio y Xul Solar, Scalabrini Ortiz y Adolfo de Obieta– y una abundancia cultural «como pocos pueblos del mundo conocen hoy» (Piñera 1947: 40). Para explicar la literatura argentina a los cubanos apela a una imagen mítica, proyectada por la misma obra de Macedonio en su relato *Tantalia* a través de la metáfora del hombre atado por fuertes ligaduras –por propia imposición o por disposición de los dioses– para gozar del «dulce tormento» de frutos y aguas. Esta imagen le permite definir a la escritura argentina como producto de la creación de una segunda naturaleza, artificial y atada a la paradoja de que la abundancia material y simbólica del escritor argentino se traduce en un alimento y un castigo. Es decir, el hombre finalmente no está prisionero, porque él mismo ha devenido en su atadura. De este modo funda su explicación acerca de las suplantaciones y los escamoteos en la literatura argentina. Las riquezas naturales han hecho que «pasa(ra) América todavía por la fase del existir y desconoce (desconociera) la etapa posterior del ser» (Piñera 1947: 41). En su desarrollo práctico sobre la naturaleza *tantálica* de la literatura argentina recurre a tres escritores: Macedonio, Borges y Girondo. En el caso de Macedonio Fernández, a quien le roba la metáfora, explica su obra a partir del sufrimiento como autoasignación literaria, y como «el caso más brillante y magisterial del tantalismo argentino». La dificultad para el lector frente a los textos macedonianos está cifrada en su pura solución verbal, en la exacerbación de aquella segunda naturaleza que oculta «al ser», y funda su lectura en la misma aseveración paradojal del autor: «mi consigna interior, mi tantalismo era buscar exquisitas condiciones de sufrimiento» (Piñera 1947: 42). El problema observado por el cubano en la obra es que el reflejo de la evasión se constituye en la fórmula que reinventa cada fragmento, donde la solución verbal desplaza a la naturaleza creadora.

En el segundo caso, el de Girondo, justifica su análisis a través del supuesto nihilismo de sus textos y afirma: «Oliverio se encierra en la vasta palinodia de su persona y el lector también queda encerrado» (Piñera 1947: 43). Ese nihilismo, para Piñera, es una de las formas del exceso formal, de la pura solución verbal que encuentra en la serie sobre la cual trabaja. Elige, entonces *Persuasión de los días* como el libro capital de la obra de Girondo para señalar en él esa especie de deformidad de la que padece la literatura argentina, pero también ese mismo atributo como un rasgo de la porteñidad del texto. La ornamentación, que había exaltado en Lezama un año antes, es ahora la razón de su deformidad.

En el tercer caso, el caso Borges, lleva al extremo su aseveración al afirmar que «Si Borges decidiera [...] pasaría inmediatamente a ser, digamos, un Proust, un Kafka, un Melville» (Piñera 1947: 44). Es decir, pasaría a ser lo que para Piñera sería un gran escritor, categoría que rápidamente define casi por descuido en los términos de «dominio de la lengua, vigor de artista, poder de imaginación, etcétera». Borges, entonces, está provisto de todos esos atributos, pero atravesado por el fenómeno histórico del tantalismo. Se detiene en dos de sus relatos, «Tlön, Uqbar, Orbis Tertuis» y «Pierre Menard, autor de El Quijote», para indicar que en ellos la invención no ha logrado transformarse en naturaleza creadora, en el sentido de que la construcción culmina siendo el texto mismo, la pura forma: el artificio verbal se transforma en todo el texto. El modelo de Borges de la maquinaria ficcional como un universo cerrado y autorreferencial, con una lógica precisa y rigurosa, acusa en la lectura del cubano un déficit. Borges había señalado que todo es literatura, precisamente fundando su carácter de puro artificio y juego, y es éste precisamente el modelo que se canoniza en Buenos Aires en los primeros años de la estadía de Virgilio; es el modelo, en definitiva, lo que le incomoda en su lectura. La idea de Virgilio Piñera, que años más tarde fecundará en las páginas de *Ciclón*, parecía más tributaria del modelo sartreano, que se encontraba en la antípodas de las que la constelación Borges había forjado en el campo cultural argentino. Borges, entonces, es «el logógrafo redivivo por excelencia de las letras americanas» (Piñera 1947: 44). En verdad, esto explicaría en parte el carácter desplazado de las operaciones culturales del cubano, que por ahora no logra insertarse en

Sur, sino en el Comité traductor de *Ferdydurke*, y su circuito porteño había de ubicarse en el cine café Rex y no en las oficinas de *Sur*.

Su hipótesis le sirve para leer el conjunto de las literaturas de la región, eso que Piñera llama «el problema americano» y que define como una búsqueda formal desarticulada de lo real, un exceso de forma e invención. Dentro de esta familia, la literatura argentina ocupa un sitial de honor. Y en ella Macedonio y Borges, a quienes parafrasea en su exposición crítica algunas veces para invertir el sentido de una idea original. Dice: «se viven otras vidas antes que las propias, el hombre se inserta en otra realidad o realidades, se prefigura antes de figurarse» (Piñera, 1847: 42). Cuando Piñera insiste en que el problema de América es el exceso de búsqueda formal, concluye que por este camino la literatura proveerá solamente de soluciones técnicas. Lo curioso, además, es observar cómo esas figuras estelares le permiten concluir con su diagnóstico de la literatura americana en una especie de imaginario punto de encuentro entre posiciones bien distintas: repite, entonces, a Borges en su frase «Este país (este continente) no ha producido un gran escritor», y a Macedonio –jugando paródicamente con Hegel en la idea de la falta de historia– como sinécdoque del problema americano.

De modo que, a través de este tejido de ideas, Piñera, más cerca en verdad de Murena o Martínez Estrada que de Borges o Macedonio, apunta la clave de su exposición: el problema es de índole histórica, obedece a un exceso de riqueza que impide al artista la búsqueda de lo «real», diría Piñera. El diagnóstico es el mismo, la falsificación de la cultura, aunque cambiado de signo: lo que en Murena era carencia, en Piñera es exceso deformante.

En cambio, cuando un año más tarde escribe para los cubanos sobre literatura argentina, los puntos de la disputa emergen con virulencia. La literatura argentina que admiraba Lezama y deseaba para su propia revista es abordada sin dejar de señalar la distancia y la falla de esas escrituras. Si bien hace extensivo el análisis de los aspectos que encuentra en el sistema argentino, no incluye en su diagnóstico a ningún cubano. La nota, entonces, es sintomática de la lectura en sordina del propio Lezama, como así también del operativo de lectura de Piñera, descentrado y tangencial. Si Lezama le había encomendado, en su estadía en Buenos Aires, la misión de obtener colaboraciones para *Orígenes* entre los tres sistemas que él admiraba (los intelectuales de *Sur*, los de *Anales de Buenos Aires*, los jóvenes), Piñera devolvería solamente en parte la generosidad y confianza del maestro. En esta nota aborda los «figurones» que deseaba Lezama, pero en su cuadro ubica escrituras que tensionan el modelo, como el caso de Scalabrini.

Fernández Retamar, por su parte, se configura como «especialista»; el carácter de su trabajo pone en escena las convenciones del género de la crítica académica, el sistema de citas y referencias prestigiosas y el tono, bien disonante con la mayor parte de los textos que se publican en *Orígenes*. Después de publicada su tesis doctoral sobre la poesía de Orígenes, el crítico, que siempre acusó una amistad lezamiana, ostenta las credenciales necesarias para hacerse cargo de un estudio si no minucioso al menos abarcador de una literatura que, sin duda, representó un espacio de prestigio para la cubana. El tono de carácter polémico de ambas no ahorra el señalamiento de críticas y puntos débiles. Dentro de lo dispares que resultan, ambas tienen un blanco en común: Borges.

En su artículo de 1955 «América, Murena y Borges» Fernández Retamar vuelve a un tema capital para el origenismo: la cuestión de la relación de América con Europa —y de manera aleatoria, pero no por ello menos presente, la cuestión del americanismo que podía ser construido desde la literatura—. Con ese objetivo, apela a la excusa de comentar la tesis de Murena sobre el parricidio para contraponerla a la de Borges, aunque en verdad procura dibujar un concepto de América capaz de superar las posiciones dicotómicas que habrían primado en las explicaciones literarias.

El autor de *Calibán* parte, entones, de un corpus de lecturas americanistas, desde Vasconcelos a Reyes, desde Paz a Mallea, heterogéneo y a la vez sostenido en una serie canónica que era familiar para el origenismo, aunque no estaba limitado a ella. En ese conjunto, el crítico señala un aspecto en común, la existencia de cierta «epistemología americana» que rebasa límites genéricos y a la vez desborda una intelección que provenga de un sistema ordenado de saberes o de un sistema de proposiciones afín al modelo cartesiano. Estas textualidades componen un tejido distinto, heterónomo, de dudosa clasificación y, por ello, constructoras de un saber no equiparable al saber occidentalizado de la tradición canónica. La primera operación de Retamar, entonces, es considerar estas escrituras fuera de los modelos genéricos de las literaturas nacionales y dotarlas de un marco que excede lo disciplinar. Queda claro en el primer párrafo que opera con escrituras, no con «literatura» —en el sentido de literariedad—, es decir, con textos que proveen una matriz de intelección «poscolonial[31]» en la medida en que resultan cuestionadores de cierto tipo de racionalidad moderna.

---

[31] Sigo a Mignolo en estos conceptos, quien ha planteado tanto «razón poscolonial» como posoccidentalismo en los siguientes términos: «pos-occidentalismo pone de relieve [...] a) el hecho de que occidentalismo, más que colonialismo fue el argumento construido desde la experiencia colonial en las Américas [...] y b) y que sus teóricos más visibles (Quijano, Dussel,

El autor lee en la escritura de Murena una tesis europea en la visión del parricidio que configura como la respuesta y el remedio a los males de la dependencia cultural, la imitación en el arte y finalmente la falsificación como consecuencia de una cultura que no ha logrado la autonomía. Retamar, que lee a Murena en su muy divulgada tesis generadora de largos debates en la literatura argentina, considera, entonces, que el hecho de formular la salida en términos de la necesidad de producir el asesinato metafórico de los padres europeos genera un discurso tautológico y autoderivativo que culmina apropiándose de la lógica del colonizador. Le concede a Murena, sin embargo, el haber reconocido que la tesis del adanismo era otro producto del pensamiento colonial americano, otra tesis europea para la explicación de América, aunque se apura en señalar también que ese gesto cultural del parricidio introduce otra variante genuflexa de la dependencia, ya que el crimen arrojaría al americano a un nuevo paraíso incontaminado.

Retamar, de manera lúcida, roza una zona del pensamiento originista: el de la profunda preocupación por el diálogo universalizador y el problema de una «voz» cuyas modulaciones transitan diversos supuestos, particularmente la tesis de la sobreabundancia lezamiana, sobreabundancia de sentidos culturales como posibilidad de un diálogo horizontal con todas las culturas. Ese supuesto es radicalmente antitético al que sostiene Murena en el texto comentado, *El pecado original de América*. Para Murena la condición de falsificación y despojo era un producto de la doble experiencia de la colonialidad americana, a la que suma la condición del destierro (desterrados del Paraíso y de Europa). Fernández Retamar no explicita ese juego de supuestos, que sí emergen de un texto publicado en el marco de la revista argentina, y que, en oposición, genera en *Sur* larguísimas polémicas entre los años 1952 y 1955.

En una velada alusión a un repertorio prestigioso para los de *Orígenes* pero también para *Sur*, cifrado en la noción de cansancio y agotamiento de la hipótesis ortegiana de «la decadencia de Occidente», deja entrever también el carácter sucedáneo de esta teoría. La idea, entonces, de Murena acerca del carácter falsificado de la cultura americana emanada de su carácter colonial no constituye sino uno de los matices de la misma matriz de pensamiento, otra de las versiones de la apología de la naturalidad (Fernández Retamar 1955: 53: 293). El cubano hace ahora explícita su tesis «Pues para que de de veras América sea una Europa desvestida es menester, no que la continúe o crezca paralela a

---

Coronil) tengan una experiencia [...] marcada por los legados del colonialismo hispánico y de la inscripción occidental de las Américas (1998: 186).

ella, en cuyo caso sería la misma vieja Europa; sino que la anule, la olvide y en tal caso comience una nueva aventura» (Fernández Retamar 1955: 54: 294).

Para Murena tanto como para Retamar, la generación martinfierrista, sus pares de *Contemporáneos* y *Revista de Avance*, el criollismo europeísta que propician no significaban sino una de las variantes del propio nacionalismo europeo, cuando «Europa le sugería el parricidio, le sugería la desobediencia a la tradición europea» (Fernández Retamar 1955: 55: 295).

El último punto de su exposición es el análisis de estos conceptos en la obra de Borges, aunque en verdad a quien lee sin citar es a Murena polemizando con Borges, y a su vez al Borges de «El escritor argentino y la tradición», publicado ese mismo año, en el número 232 de *Sur*. Cuando Murena, de modo trasparente, se refiere a los escritores que, usando la erudición como una vacua forma de acumulación de conocimientos, creen operar el parricidio, se refiere al autor de *Luna de enfrente*. Entonces, Fernández Retamar se reapropia de la polémica y pone a los argentinos de nuevo en diálogo, mientras él en sordina también «polemiza» (vale decir, anticipa aunque invirtiendo el signo de su lectura) con su propio pensamiento posterior.

El Borges de este texto, que afirma por boca del cubano «Creo que nuestra tradición es toda la cultura occidental, creo que nuestra tradición es Europa, y creo también que tenemos derecho a esa tradición, mayor que el que pueden tener los habitantes de una u otra nación de Europa» (Fernández Retamar 1955: 55: 295), es el escritor que en 1955 provee de un punto de vista americano para la apropiación del repertorio de la cultura occidental. En su texto posrrevolucionario[32] Borges será, en cambio, una herencia literaria y una actitud política que es necesario abolir para construir otro lugar de enunciación americano.

Afirma sobre la obra de Borges en su artículo de *Orígenes*: «la nota americana más alta es no la renuncia a Europa o la zonza danza planetaria en su derredor, sino la manera voraz, entre maliciosa y grave, de utilizar las formas» (Fernández Retamar 1955: 55: 296). Borges, entonces, considerado acá como la nota más alta de la expresión americana precisamente por ese «derecho» que da la modernidad al asalto a todas las bibliotecas, resultará invertido en la lectura de *Calibán*, cuando no solamente resulte un destacado representante de su clase, sino centralmente un exponente de la secuencia sarmientina que funda una tradición en la cultura libresca. Cambiado de signo, Borges será entonces «un escritor valioso aunque discrepe tanto con él». Calibán, que aprende la lengua del amo para maldecir, para devolverle su rostro transfigurado, es, en el

---

[32] Me refiero al *Calibán* de 1971.

cuerpo origenista de Retamar, un representante estelar del diálogo civilizado con Europa, del *derecho* –individual y moderno– al diálogo.

Y desde allí, finalmente, la negociación con Lezama. Toda su intervención se dirige a sostener que no es el tema de América la preocupación de estas escrituras sino el carácter cultural de su lenguaje, es decir, una noción de lenguaje no concebido en su dimensión instrumental ni idiomática, sino al modo en que las culturas codifican un cierto cuerpo de saberes y mecanismos de traducción. Como diría Fernández Retamar, pero también Lezama: los modos de su expresión americana.

La escena de las colaboraciones.

La primera pregunta que me formulo respecto de los escritores argentinos que publican en *Orígenes* intenta dilucidar cuál es el recorrido que media entre el deseo origenista y su producto final. En ese trayecto se recorta la lectura de los cubanos y la red implícita de vínculos y reconocimientos que hacen posible el dibujo de la literatura argentina que los escritores de *Orígenes* quieren incluir en su revista, así como las razones por las cuales los escritores del otro extremo continental desean que sus textos aparezcan publicados allí. En ese circuito es imprescindible interrogar una triple dimensión: la lectura de Lezama sobre la literatura argentina, los intereses de Rodríguez Feo, tan importantes como sus relaciones personales con buena parte de los escritores vinculados a *Sur*, y la gestión de Piñera.

Como he señalado, esta escena de lectura resulta paradigmática del tipo de diálogo que podían construir los escritores cubanos y argentinos vinculados a las dos revistas. No solamente inscribe la frustración entre lo que se desea y lo que realmente se publica, sino también el carácter problemático y tangencial de ese vínculo definido en la posibilidad de leer al otro latinoamericano desde las propias condiciones de enunciación. Como otro atributo de ese carácter sesgado, operan en el recorte las tres lecturas –casi siempre discordantes– de los gestores que definen la *literaturidad* de lo argentino desde sus propios patrones, pero también desde sus condiciones peculiares de sujetos inscritos en un programa de carácter colectivo.

Es cierto que una parte de los escritores que publican en *Orígenes* pertenece a *Sur*, aunque de modo bastante tangencial: Obieta, Peyrou, Shultz de Mantovani. Es igualmente cierto que ese carácter periférico no podría extenderse a los otros dos grupos de escritores que también lo hacen. Uno de ellos estaba fuertemente vinculado a la zona del ensayismo de *Sur*, hegemónico en los cuarenta: Francisco Romero –que además dirigía *Realidad*– o Anderson Imbert, con una clara y delimitada presencia en la literatura que la revista promovía. El otro, las dos colaboraciones de María Rosa Lida, define esa contigüidad discursiva a través del espacio del ensayismo crítico más especializado que despunta, por esos años, en las páginas de *Sur* y que se vincula fuertemente con los debates por la autonomización de los campos epistemológicos que se libra en Argentina[33] promediados los años cuarenta –que he definido como efectos de condensación y contaminación ideológica (Calomarde 2004: 234)–. Además, la crítica –cuya cercanía con Rodríguez Feo es testimoniada en las cartas a Lezama– había realizado una de las primeras lecturas sobre las fuentes eruditas de la obra de Borges, en *Sur*[34]. Lo anterior vale también para el caso de Francisco Ayala, quien, siendo parte del grupo de exiliados españoles, desarrollaba su carrera académica en Argentina y cuya relación con el origenismo, sin duda, provenía de esa red de relaciones y de la sólida inscripción que había alcanzado entre los amigos de Borges.

Algo análogo –respecto de esa red de escritores de *Sur* que recoge el origenismo– podría afirmarse de Wilcock, quien obtiene en 1948 con su relato *Hundimiento*[35] (Wilcock 1948: 154-165: 110-121) el primer premio en el único concurso que organiza la revista; ese reconocimiento se vincula fuertemente a la matriz difundida por Borges[36] y ya hegemónica en *Sur* a finales de la década. En un sentido similar, tampoco la ubicación de Macedonio Fernández podría considerarse una escritura marginal en la revista, ya que poseía un capital cultural propio y un magisterio que el líder de la *constelación* no había dejado de señalar. Tampoco el caso de González Lanuza[37], cuya figura, en cierta medida tutelar, continuaba irradiando un prestigio que el anacronismo de su estética –para la literatura argentina de finales de los cuarenta– no alcanzaba a

---

[33] Para más detalle véase Sarlo 2001.

[34] Me refiero a su señero estudio «Contribución al estudio de las fuentes literarias de Jorge Luis Borges», publicado en el número 213-214 de 1952.

[35] Véase Calomarde 2004.

[36] Esa «zona latinoamericana» promovida por Borges aproxima a Cortázar, Macedonio, Piñera y Felisberto Hernández desde las páginas de su revista *Los Anales de Buenos Aires*. Véase también Laddaga 2000.

[37] González Lanuza sostiene ese «anacronismo» en las páginas de la revista. Su clara presencia, no sólo con sus poemas sino también con notas, correspondencia y comentarios lo hace parte del grupo de escritores que –en la estela de Güiraldes– respondía a un impulso por conservar cierto modelo de escritor, independientemente de lo que sus textos aportaran al presente literario.

mitigar. Por lo tanto, el recorte que acabo de delimitar podría señalar un primer efecto, el de una selección sesgada (Kanzepolski 2001) respecto del centro que se estaba canonizando en la revista, pero que no era necesariamente marginal. Todos estos escritores tenían una importante inserción en la revista, aunque su anacronismo (por antigüedad o juventud) no les permitía irradiar el prestigio que emanaba de otras figuras principales. Wilcock era una joven promesa y pronto se exiliaría de la Argentina y de la publicación; González Lanuza representaba una zona de la poesía argentina que, siendo hegemónica en la revista, no integraría el espacio de la innovación poética que le estaba reservada a los grupos considerados al modo de la «nueva vanguardia»[38]. De modo que de los dos grandes grupos de escritores que integran la publicación cubana, la serie de los críticos y académicos, y la serie de los escritores en sentido estricto, ninguno actualiza el canon que la revista argentina en esos años estaba legitimando en su región. No podría decirse, de ninguna manera, que configuren un tipo de marginalidad, sino que más bien constituyen su paráfrasis, a la manera de un circunloquio que se detiene en las figuras próximas –por elección pero más aún por condiciones de posibilidad–, y que de modo diferido «traducen» para el origenismo algo de su aura –aura de gran literatura latinoamericana– a pesar de su delgadez y colonialidad.

Ahora bien, otro elemento central para entender ese recorte es el lugar del posible mediador que activó dicho repertorio. Los criterios de selección resultan fundamentalmente tributarios de la lectura y las relaciones de Rodríguez Feo, a través de su circuito académico norteamericano y del magisterio de Henríquez Ureña, quien, como él mismo señala, no sólo le había «presentado» a buena parte de estos escritores, sino que directamente había gestionado las colaboraciones para *Orígenes*, en un circuito que se proyectaría más allá de su muerte.

El tercer segmento de escritores que publica en *Orígenes* se vincula directamente a Piñera. El más claro exponente de este recorte personal es el de Gombrowicz, aunque como efecto secundario –y compartiendo relativamente el espacio de *Sur*– también debemos considerar los casos de Obieta, Peyrou y Coldaroli, pertenecientes al círculo íntimo de sus amistades, sin olvidar que la amistad con su hijo lo acercó particularmente a Macedonio Fernández.

---

[38] Los paradigmas más renovadores de la poesía argentina de esos años no ingresan al espacio de *Sur*. La revista continúa atrincherada en los modelos tardorománticos y en cierto tono más bien clasicista, que opera como revulsivo de la posvanguardia poética que germina en publicaciones específicas (Calomarde 2009: 580).

El efecto general de este recorte, entonces, resulta en que si bien el ensayismo hegemónico aparece textualizado en *Orígenes*, el «modelo de literatura nacional» que gestionaba *Sur* no resulta publicado en la revista cubana. Es decir, ni Borges ni Bioy ni Silvina Ocampo, ni siquiera Sábato que posee una inscripción más problemática en el modelo[39], aparecen con «texto original». El caso de Wilcock también aporta un matiz a ese «dibujo»: publica un poema, «Monólogo de Alejandro» (Wilcock 1946: III, 12: 280-281) pero ninguno de sus cuentos, que resultaban más afines a la constelación Borges.

De manera que si leemos el tipo de textos recortados por el origenismo advertimos la mayoritaria presencia de relatos o fragmentos en prosa, aunque *Orígenes* se haya configurado básicamente como una revista de poesía. Ahora bien, los relatos publicados no pertenecerán a autores instalados en la hegemonía de *Sur*, y esas series, ubicadas en el texto insular, no hacen sino fisurarla: Anderson Imbert, Peyrou, Coldaroli, Obieta, además de Gombrowicz, claramente adverso a *Sur*.

A modo de epítome de ese fracaso, Borges publicará en *Ciclón* el breve ensayo a manera de nota necrológica sobre Ortega. Paralelamente, Piñera, el sujeto de la disputa, publica en la «otra» revista de Borges, *Anales de Buenos Aires*, y solamente a partir del 55, es decir, después de la ruptura entre Lezama y Rodríguez Feo y de su adhesión al segundo, lo hará en *Sur*. El resto de las escrituras que componen este cuerpo constituyen un epifenómeno de la frustración del diálogo, cuya secuencia puede ser leída en las correspondencias entre Piñera y Lezama primero, y entre Piñera y Rodríguez Feo más tarde.

Algunas de las razones de ese fracaso están configuradas en las condiciones objetivas que no favorecían la posibilidad de un verdadero contacto. La presencia azarosa de la publicación en la capital argentina y la escasa distribución de esos textos, a lo que se suma el hecho de que *Sur* no haya desplegado una verdadera política de integración —si revisamos sus números homenaje a las literaturas latinoamericanas, esa evidencia emerge con relativa claridad—, figurativizan un cuerpo de explicaciones que ayuda a comprenderlo.

Podría decirse que el verdadero escenario donde podría haberse dado un diálogo literario acusó el punto más dramático de su fractura. A pesar de la amistad entre Rodríguez Feo y muchos argentinos vinculados al centro de *Sur* como Bianco, Sábato o de Obieta, pero también cierta relación no demasiado cercana con Borges, aunque de mutuo respeto, el diálogo seguiría siendo difícil.

---

[39] A pesar de las distancias con el paradigma de la constelación Borges, ya había publicado su novela *El túnel* (1940), donde compartía relativamente aquellos presupuestos.

Sin embargo, hay un dato que ahonda la distancia y, a mi juicio, determina esas ausencias: el periplo porteño de Piñera, la publicación porteña de *La carne de René* (1956) y los dos panfletos de claro sesgo «anti-*Sur*». En verdad allí se configura la verdadera distancia que solamente será suturada cuando Rodríguez Feo anuncie su visita a Buenos Aires en 1956 y Piñera vuelva aproximarse a Borges y ahora también a Bianco.

Coda

El segmento de lo argentino de matriz lezamiana pude ser rastreado en la correspondencia que cruzan Piñera y Lezama, durante la estadía del primero en Argentina. Las cartas son una objetivación del deseo del maestro, al cual Piñera no puede dar respuesta. Entre los dichos de uno y otro se construye la parábola de la representación de Lezama y de la lectura de Piñera de ese recorte limitado a su propia capacidad de «gestor insular» en la capital rioplatense. En esa asimetría se define una de las variables del fracaso.

En carta del 28 de agosto de 1946, Piñera, refiriéndose a su nota sobre literatura argentina que al año siguiente sería publicada en *Orígenes*, cita al maestro cuando dice: «Es como tú mismo dices y quieres una impresión pimentada de la actual etapa de las letras argentinas». La expresión «pimentada» apunta a reificar un decir con opinión, en la mirada de alguien a quien lo que más le interesa es la inscripción de un cubano en la literatura argentina «traducida» tanto para lectores argentinos como caribeños.

En otra carta, fechada al año siguiente, Piñera habla directamente de *Sur*, pero lo hace a propósito de las «revistitas» que le envía: sus experimentos hechos con Gombrowicz –*Aurora* y *Victrola*– que implicarán un duro ataque, sobre todo al universo representado por *Sur*, pero también a otros segmentos de la literatura argentina. Y allí reafirma: «te incluyo estas dos revistitas, que contienen ataques a *Sur* y a su grupo, a los poetas, a los *connairsseurs*, a los muy cultos, etcétera» (González Cruz 1993). Piñera, que no ha logrado integrarse al universo de la publicación argentina, a pesar de su «cercanía» con Borges, despliega ahora una ácida lectura del modelo de intelectual y de cultura que el grupo representaba. Resulta extraño que no haya mencionado, en esa ocasión, a la figura más paradigmática, aunque en sus memorias –*La vida tal cual*–, describe la reacción de Borges y Sábato frente a su hipótesis de los escritores tantálicos.

En aquella misma carta, Piñera puntualiza su crítica respecto a la posición de Ocampo –posición que sería exacerbada por las revistitas– e incluye una rápida observación sobre el número homenaje de *Sur* a la literatura inglesa. Allí afirma:

> Apareció el número de *Sur* dedicado a las inglesas letras. Mucho ruido y pocas nueces. La pobre Victoria ya no sabe qué hacer para comunicarse con la inmortalidad de los inmortales. Sabes que el who's who argentino dice: Ocampo (Victoria): Dama de la alta sociedad. Entre otras cosas recitó en Milán para la condesa de Saboya, Perséfona de Gide. Bueno, es América. (González Cruz 1993)

La frase pone en evidencia no solamente su mirada adversa sobre la política editorial de *Sur*, particularmente en lo referido al diálogo con Europa, sino respecto de lo que Ocampo representa dentro de la intelectualidad continental: un modelo de cultura que en ese momento Piñera necesitaba abolir y que hace sistema con las posiciones de su amigo polaco. A un año de su estadía y de su primera carta con intentos de acercamiento a *Sur*, y a pesar de que un cuento suyo ya había sido publicado por Borges, no había logrado –y no lograría, sino de manera muy relativa y tardía– insertarse en la hegemonía ni conseguir aquellas colaboraciones que hubieran satisfecho al director, si no de Borges, seguramente sí de Sábato.

En su primera misiva le incluye las colaboraciones –casi las únicas– que lograría en los largos años de experiencia argentina, y estas son las de sus propios amigos. Además de la promesa –que nunca se concretaría– de la colaboración de Sábato: «Sábato ayer me dijo que en unos veinte días me entregará [...] que ustedes le habían solicitado (González Cruz 1993)». La frase muestra claramente que su proximidad con Sábato no había sido obra de su propia gestión, sino que venía dada por la mediación de los directores –más preciso sería afirmar que de Rodríguez Feo– y también de Henríquez Ureña, como veremos más adelante. Suma a esa otras promesas: la de artículos de los hermanos Romero también resulta en parte fallida –solamente publica Francisco Romero, de nuevo por la mediación de Rodríguez Feo, ya que la descripción de la figura de José Luis muestra que era una figura menos familiar, si no desconocida, para Lezama[40].

El caso Anderson Imbert también es particularmente atractivo. En la revista cubana publica un texto narrativo que aparece con la aclaración de «cuento argentino», epíteto que parece dirigirse a señalar la zona más representativa del género en su campo. En paralelo, Anderson Imbert tenía a su cargo una sección

---

[40] «También me dará un artículo Francisco Romero y lo mismo su hermano José Luis –hombre este muy inteligente en su materia– historia de las ideas [sic]» (González Cruz 1993).

fija en *Sur* –denominada «Papeles» y dedicada al comentario de obras literarias– y ocupaba un espacio central en tanto integraba el Comité de colaboración. Además, había publicado abundantemente en la revista tanto ensayos como reseñas, y algo más tarde, tres de sus relatos[41]. Su inscripción en la literatura argentina (a través del recorte de *Sur*) lo ubica más claramente en la zona de los escritores académicos, ya que su obra narrativa se encaminaba hacia otra zona estética y no podía ser subsumida bajo la estela de la *constelación*.

El número 232 de *Sur*, publicado en 1955, es de los que muestra con mayor claridad la presencia de escritores que publican en *Orígenes* –Peyrou, González Lanuza y Anderson Imbert–, además de ser el número donde Borges publica su famosísimo ensayo «El escritor argentino y la tradición».

Si he señalado en el espacio de la publicidad la presencia azarosa de *Orígenes*, con *Ciclón* sucede algo más sorprendente: a pesar de un contacto más fluido y de concretar finalmente aquellas publicaciones que no llegaron a la revista de Lezama, no hay menciones en el espacio publicitario a la revista cubana. Esto puede deberse a dos razones: a que *Sur* necesitaba, a raíz de sus crecientes dificultades económicas, que la publicidad sirviera para sostener el desequilibrio existente en sus finanzas; o bien –y quizá de manera complementaria– a que *Ciclón* tenía un horizonte de circulación diferente, lo que no excluía el comprobado interés por publicar a los argentinos.

El cambio de política en el espacio publicitario de *Sur* –reforzado a su vez por el cambio en la periodicidad de su publicación, de mensual a bimestral, y también de formato– es bien evidente desde los cincuenta, cuando la mayor parte la ocupan avisos que no tienen relación alguna con la cultura y la literatura. Abundan avisos de polvos faciales, empresas petroleras, aerolíneas, vajillas, tiendas de ropa y perfumes, y sólo en menor medida avisos sobre editoriales o publicaciones de libros.

El comité de colaboración estaba integrado por algunos de los intelectuales que tuvieron efectiva vinculación con *Orígenes*, como José Bianco, Jorge Luis Borges, Adolfo Bioy Casares, Eduardo González Lanuza, Eduardo Mallea, Ezequiel Martínez Estrada, Silvina Ocampo, Alfonso Reyes, Francisco Romero o Ernesto Sábato, entre otros. De este grupo[42], de modo directo o indirecto, todos tuvieron algún tipo de relación o presencia en la revista

---

[41] Los relatos de Anderson Imbert publicados en *Sur* son «El general hace un lindo cadáver» (1956: 242: 30-45), «El grimorio» (1958: 252: 13-29 y «Mitos con vueltas» (1964: 291: 60-66).

[42] La lista no puede eludir la presencia fundamental de tres figuras extranjeras, dos de ella también vinculadas al universo origenista, como son los casos de Waldo Frank, José Ortega y Gasset y Drieu La Rochelle.

cubana. Esto permite afirmar que la primera lectura que promueve es la del recorte ofrecido por *Sur* como su canon. Si bien en 1935 se había producido la fusión de los consejos de redacción (el extranjero y el argentino) en uno, su modo de constitución y el sistema de vínculos en los que se asienta ha tendido a reforzar el aspecto endogámico de su política editorial. Como ha señalado Gramuglio:

> revela el peso de los lazos amistosos y aun familiares que articulaban la conformación del grupo inicial, un rasgo que confiere a la revista particular consistencia como formación cultural y que contribuye a reforzarlas visibles semejanzas de disposiciones y de *habitus* entre los primeros integrantes del consejo argentino. (Gramuglio 1999: 241)

Otra presencia importante en la revista argentina es la de Juan Ramón Jiménez[43] (presencia tutelar del origenismo), que en el número 168 publica un poema y una carta dirigida a Victoria Ocampo, donde le hace una rectificación ante la nota aparecida en su revista sobre «Wallace y Burnhan». Haciendo uso de la ortografía antojadiza que caracterizaba sus poemas, Jiménez le advierte que le había parecido «injusta y exajerada». El propósito de la nota es plantear su disidencia ideológica, ligada a la proximidad del español con el comunismo. Su defensa de Wallace tiene, sin embargo, un perfil más cultural que el aparentemente sugerido por el tono de la epístola: la esperanza cifrada en Wallace aventura un nuevo futuro para Estados Unidos y España, pero también para Latinoamérica (Jiménez 1948: 168: 83).

He intentado mostrar a través de estas escenas que el diálogo desigual –en presencias efectivas y representaciones simbólicas– entre la revista cubana y la argentina tuvo su correlato en las condiciones objetivas de esa recepción y en los circunstanciales lazos interpersonales que podían habilitar una ruta argentino-cubana. El carácter oblicuo de esas lecturas pone en el texto origenista un tipo de lectura endogámica que procuraba hacer de *Sur* su aliada en las batallas literarias. El modo distintivo en que se leen autores y textos en una y otra escenifica la dinámica de los textos publicados en revistas literarias provenientes de sistemas ajenos: ellas entablan siempre, al menos, una doble lucha, en su contexto cultural de pertenencia y en el de llegada, donde nece-

---

[43] Esa importancia puede ser documentada profusamente en la publicación argentina. La prueba más contundente de esa presencia la constituyen las notas dedicadas a su obra, a cargo de Anderson Imbert (1953: 223: 123-124), Guillón (1959: 256: 41-56), Orozco (1958: 253: 41-56) y Walsh (1957: 244: 1-4).

sariamente se reinscriben en otro conjunto de contiendas. Estas escrituras «descontextualizadas» se religan en un circuito más amplio, y en tal sentido recontextualizan los sistemas literarios latinoamericanos.

En este diálogo, las presencias de Rodríguez Feo, Henríquez Ureña y Virgilio Piñera abrieron para *Orígenes* la ruta *Sur*, mientras que Borges, Bianco y Obieta hicieron otro tanto para la revista argentina.

El destino de esas escrituras era todavía una incesante pregunta.

III.

LA RUTA ARGENTINA DE VIRGILIO PIÑERA

> Escribir simplemente es un oficio como otro cualquiera; en cambio escribirse uno, he ahí el secreto. Tanto el sacerdote como el escritor son depositarios de los secretos de sus confesados. El primero se supone que los eleva hasta Dios; el segundo los lleva al libro donde siguen disfrutando su misterio, ya que la escritura los hace a todos irreconocibles. Para mí escribir ha sido siempre una verdadera tortura.
>
> Virgilio Piñera

La figura de Virgilio Piñera en las revistas *Orígenes* y *Sur* no ha sido aún suficientemente interrogada. A pesar de la variada y rica bibliografía crítica[1] que ha venido multiplicándose en los últimos años sobre su escritura, esa zona tan

---

[1] Además de la extensa red de artículos críticos publicados en los últimos años sobre la obra del cubano, existen dos volúmenes dedicados a su obra: uno, la edición de Molinero (2002) que recopila un selecto corpus de ensayos sobre diferentes aspectos de su obra, y el otro, el trabajo de Anderson (2006), producto de una tesis doctoral que propone un riguroso e imprescindible recorrido por sus papeles para abordar la relación entre «vida y obra», haciendo énfasis principalmente en el Piñera narrador, es decir, en el aspecto menos estudiado de su obra. Allí dedica un capítulo a estudiar la vida de Piñera en Buenos Aires, titulado «From the Outside Looking In: Exile in Argentina (1946-58)». Creo que el rigor metodológico de este trabajo no lo exime de ciertas premisas un tanto deterministas y quizá desproblematizadoras. En este capítulo procuro «conversar críticamente» con dichas configuraciones. Del primer volumen, me parecen destacables los ensayos de Antón Arrufat, «Un poco de Piñera»; Carlos Espinosa Domínguez, «El poder mágico de los bifes: la estancia en Buenos Aires de Virgilio Piñera»; Víctor Fowler Calzada, «Cuerpo, poder, escritura: variaciones a Piñera»; Pablo Gasparini, «Carne fachera (sobre *La carne de René*, *Ferdydurke* y *Paradiso*)», con los cuales dialoga principalmente este capítulo.

relevante de los estudios de las literaturas del continente que mira los préstamos, contactos, tránsitos, contaminaciones, es decir, esa zona intertextual, regional y dinámica no ha recibido la suficiente atención, privilegiándose, en cambio, la mirada sobre la obra «de autor» en su recorrido inmanente. Esta afirmación no desconoce algunos valiosos aportes que la matizan[2], aunque dichos textos recorran solamente de manera tangencial la intertextualidad argentino-cubana del, quizá, más rebelde de los poetas origenistas.

La «conexión argentina» que traza en la literatura cubana la obra del autor de *La carne de René* —tanto como su anverso, la ruta cubana dentro del contexto de la literatura argentina— se diseña en un desordenado corpus textual que bifurca y dispersa la posibilidad de una narrativa de tipo clásico a la manera de «historia intelectual». En cambio, ofrece un modo peculiar de ficcionalizar los campos literarios para poder «hablar» menos de sus centros que de sus permeabilidades y periferias. Lo que intento señalar y leer son los modos en los cuales la diversa escritura piñeriana (ensayos, cartas, ficciones), recortada en la trama de «la ruta del sur», escribe la narrativa de los campos literarios argentino y cubano, y cómo en esa escritura intenta «autorizar» o borrar su propio nombre.

La primera pregunta que surge, entonces, es la de la «nacionalidad» de la escritura piñeriana. ¿En qué medida el hecho de haber vivido doce años en Buenos Aires y haber escrito buena parte de su obra en esta ciudad hace de él una especie de «escritor argentino», como ha considerado Sarduy[3]? ¿Qué lee Piñera en el campo cultural argentino? ¿Qué lee desde Argentina sobre la cultura cubana y la origenista en particular? ¿Cómo inscribe su propia ficción en esos bordes?

---

[2] Entre los estudios que han señalado ciertos meandros intertextuales de la obra de Piñera pensada en el contexto argentino, véase Fornet 2006, Anderson 2006 (en especial el capítulo 3), Espinosa 2002, Gasparini 2002 y Quintero Herencia 2002b. En Ladagga 2000, por último, se propone una «familiaridad» entre el cubano y los rioplatenses Felisberto Hernández y Macedonio Fernández.

[3] Esa filiación respondería menos a sus consecuencias para la burocracia literaria que para una mirada literaturizada sobre los sistemas, una mirada además producida desde el margen de ambos.

Cómo circuló Piñera en la literatura argentina

> Piñera es un autor cubano y a la vez argentino, por la influencia que recibió de ese otro autor argentino, Gombrowicz, y por su larga estadía en Buenos Aires.
>
> Severo Sarduy, entrevistado por Jorge Fondebrider, en *Diario de Poesía* 18, otoño de 1991

La ruta de Piñera en Argentina ha sido, en más de un sentido, el gesto propio de un escritor que no se deja subsumir en la economía del sistema literario. Paradójicamente, parece siempre un exiliado en su propia patria textual pero también en la que lo acogerá por doce años –en sucesivas e interrumpidas estadías– en el extremo austral del continente. Su primera huella en la literatura del sur antecede al largo periplo porteño y se remonta a 1944, cuando Obieta le publica en la revista que dirigía, *Papeles de Buenos Aires*[4] (1943-1945), su primer texto, «Poema para la poesía». De modo que cuando llega dos años más tarde a Buenos Aires el poeta ya había iniciado, antes de *Orígenes*, una relación personal con el hijo de Macedonio[5], quien sería el único vínculo que lo ajustaría a la literatura argentina. El «atajo Obieta» le permite aproximarse primero a Macedonio y más tarde a Borges, en una tensa relación estética, hecha sobre encuentros y desajustes. Por lo demás, ese vínculo se teje en la cadena semántica de la secuencia que Piñera venía construyendo en la relación conflictiva con Lezama desde las revistas *Espuela de Plata* (1939-1941) y la disidente *Poeta* (1942-1943). El poeta de «La Isla en peso» cede paso, en el exilio porteño –exilio que es también una respuesta estética y vital a su tránsito literario– al narrador de los *Cuentos fríos*, y en esa parábola se forjan nuevos desajustes entre lo que Virgilio lee (y escribe) en el sistema literario cubano y lo que descubre (y también escribe) en el argentino.

---

[4] Es preciso atender a esa primera emergencia del cubano en la literatura argentina, ya que tiene lugar en un espacio literario que buscaba deliberadamente quebrar lanzas con el tono regular de las publicaciones afines: «Una noche de 1943, los despreocupados visitantes de esas insomnes librerías de la calle Corrientes sintieron, seguramente, un agradable sobresalto: entre sus manos se hallaba, recién nacida, una revista nueva. [...] Era como si de algún lugar oculto de la ciudad porteña saliera a la calle ese espíritu zumbón, irónico, sonriente pero grave en lo profundo» (Lafleur & Alonso & Provenzano 2006: 184).

[5] Relación que continúa a lo largo de toda su vida, como muestran las cartas entre Piñera y Obieta (Piñera 1999: 51: 26), recopiladas en el «Dossier Virgilio Piñera» de *Diario de poesía* (1999: 51: 7-35).

Paralelamente, Macedonio fue el único escritor argentino que se recorta acabadamente en la publicación cubana; no sólo con un texto de su autoría, «Psicología del caballo de estatua ecuestre» (Fernández 1948: 19: IV: 19), sino también como objeto de una reseña escrita por el propio Rodríguez Feo, donde se hace foco en un problema que preocuparía a Virgilio respecto de los modos de construcción de su literatura: el camino del absurdo y el humor en la ambigua encrucijada de la(s) modernidad(es) americana(s)[6]. Es preciso leer esta factura –la de Piñera, interceptando dos universos literarios– en la doble dinámica entre la propia *Orígenes* y sus maneras de configuración del canon, y el espacio de la literatura argentina que encuentra el cubano y la que se delinea efectivamente en la historia de la literatura, en términos de qué lee y qué resulta legible de sus textos en el circuito del sur.

Por una parte, la cuentística de Piñera es sometida a un proceso de negación en la revista que él mismo representaba. Ninguno de sus cuentos aparecen publicados en *Orígenes*, y sí, en cambio, en la revista que dirigía Borges, *Anales de Buenos Aires*, donde publica en 1946 «En el insomnio» y «El señor ministro». Años más tarde, en la selección de *Cuentos breves y extraordinarios* (1954), realizada por el dúo Borges-Bioy, se publica nuevamente «En el insomnio» (que más tarde aparecería en la revista *Sur* junto a otros textos)[7]. Posteriormente, en el año 1972, *Sur* edita una antología donde recoge textos narrativos que habían sido publicados en las páginas de la revista. En esa selección se incluye «La gran escalera del Palacio Legislativo», que había sido publicado en el número 251 de 1958, sin realizar precisiones respecto de los criterios del recorte (Molinero 2002: 467).

En ambas antologías se eluden las razones de la selección, lo que termina finalmente arrojando al lector a la necesidad de una reconstrucción de la cartografía poética que la subyace. El ojo antologador, por un efecto interno de la economía textual, tiende a producir un recorte coherente en función de un propósito predeterminado para leer lo literario en el corpus nacional. Dicha cadena semántica –que visibiliza e invisibiliza a autores y textos como producto de su propia coherencia sintáctica–, puede ser sometida a interrogación, y entonces la escritura piñeriana muestra su radical descentramiento. Sin embargo, en lo que respecta a mi interés específico, esa operación de inclusión y exclusión hace visible cierta dificultad para leerla dentro del corpus y al mismo tiempo, hace

---

[6] Aparecida en el número 4 de 1944 con el título «El pragmatismo del absurdo o la humorística de Macedonio Fernández».

[7] Dicha publicación estuvo precedida por la publicación de *La carne de René*, en 1952.

visible una «coherencia interna» que permite intuir una presencia significativa, particularmente en un escritor como Borges, cuyas elecciones han sido siempre «tan ajustadas» a su literatura.

La efectiva presencia de Piñera en la literatura argentina y su casi omisión en la cubana[8] hacen emerger un tipo de ilegibilidad que lo vincula en más de un sentido a los debates del espacio argentino y lo abisma en los de la isla. En otros términos, el Piñera narrador se recorta de manera ambigua en el canon nacional argentino y se desdibuja en el cubano. Sus publicaciones en los cuarenta y cincuenta muestran una débil articulación en la narrativa del sur y una ausencia fantasmática en la isla. Por otra parte, el «Prólogo» de Bianco (1970: 8-19) a *El que vino a salvarme*, llamado «Piñera, narrador» para la edición argentina de los cuentos, fija un determinado canon respecto de la retórica cuentística del cubano en el espacio argentino. Años más tarde, la revista *Diario de Poesía* publica, en 1999, el «Dossier Virgilio Piñera», que sumado al Homenaje realizado en el MALBA sobre su obra, fija una forma de la presencia del cubano en la literatura argentina[9].

La primera vez en que se menciona a Piñera —más de una década después de la escritura de aquellos textos— en una antología cubana es casi simultánea a la de Borges y Bioy, cuando en 1953 Salvador Bueno en su *Antología del cuento en Cuba (1902-1952)* incluye «El baile», sin ninguna mención a su autor más allá de la referencia a una línea de la literatura cubana que se distancia del canon realista. El hecho de que los cuentos de Piñera fueran publicados en revistas argentinas, *Anales* primero y más tarde *Sur*, y que su primer volumen de cuentos, *Cuentos fríos*, también apareciera en Argentina, muestra el lado problemático que aporta la escritura piñeriana para el canon cubano, y en particular para el canon originista. Precisamente es la selección de Bueno la que marca el punto de la escisión, pues, como ha señalado Rojas, los modos de canonización cubana representan «la autorización estética del texto de acuerdo con la densidad que alcanza la narrativa nacional en su interior» (Rojas 2000: 49). Es decir, se trata de un proceso de legitimación dirigido por las élites ilus-

---

[8] Ilegibilidad que se invierte hacia finales de los ochenta, cuando comienza a revisarse también la herencia originista en su conjunto.

[9] El 5 de octubre de 2005 se llevó a cabo en el Museo de Arte Latinoamericano de Buenos Aires un evento denominado «Homenaje al escritor cubano Virgilio Piñera». En esa ocasión pudo asistirse a una puesta teatral del director cubano Luis Enrique (*¡Bar Piñera! ¿Virgilio Bar…*) y a dos conferencias de intelectuales cubanos sobre su vida y su obra: Litay Luna y José Antonio Más.

tradas y fundado en una visión teleológica sobre la que aparentemente Piñera tenía escaso material que aportar.

Esta invisibilidad parece demostrar que la teleología del sujeto nacional fuertemente anclado en la canonización de Martí se orienta a una narrativa de carácter político, en términos de la construcción de una idea de sujeto nacional que excede a la literatura piñeriana. En su reverso se configura una textualidad que inventa su propia escritura, lo que Rojas, retomando a Bhabha (1994: 1-7), denomina «narrativas narradoras», es decir, escrituras que desplazan el centro de la enunciación nacional y se narran a sí mismas, en un proceso de «desnacionalización del texto» (Rojas 2000: 55). La escritura cuentística de Piñera desborda aquel centro, desnacionalizando su texto, resemantizando una periferia que le permite operar una escritura fronteriza en la isla, pero también en la capital porteña. Si Vitier había suspendido, desde las páginas de *Orígenes*, la lectura de su poesía, precisamente por «no cubana» (Vitier 1944), el radical silencio sobre sus cuentos marca el punto máximo de la ilegibilidad origenista. El canon de la revista del 44, sin duda sustitutivo del canon oficial dominante en esos años, señala otro sistema de canonización que no excluía el debate de lo nacional (tópico, por lo demás, largamente desarrollado por Vitier). Si bien su paradigma se oponía en buena medida al canon de la década anterior, epitomizado en la obra de Ortiz –la idea de mestizaje para llegar a la formulación de lo nacional– y la de Guillén –el problema de la negritud–, el eje lezamiano, en cambio, y desde allí el eje origenista, estará configurado por la irrupción creadora de la Imago, un rescate adverso de Martí, pero finalmente tendiente a fortalecer el *telos* nacional; en este caso, como una ruta hacia lo cubano inscrito en una comunidad occidentalizadora, lo que he denominado el «aporte cubano» a Occidente.

En tal sentido, me parece acertado reflexionar respecto de lo que postula Rojas sobre los circuitos de canonización nacional y sus bordes o postulaciones contracanónicas, en particular cuando afirma:

> No niego pues, que la canonización nacional de cierta literatura ejerza un dispositivo de violencia contra sujetos no hegemónicos. Tan sólo quisiera resaltar que esos mecanismos por los cuales se inscribe la autoridad literaria en el canon funcionan dentro de una esfera autónoma que está regida por enunciados estéticos, ideológicos o morales. (Rojas 2000: 59)

Si Lezama implica, en esta lectura, uno de los métodos –el poético– de construcción de ese centro nacional, Piñera desplaza radicalmente la escritura teleológica, se transforma en «narrativa narradora», en escritura de sí mismo, en la medida en que diseña su lugar al margen no de la discusión sobre el sujeto nacional, sino de los términos de su enunciación. La ausencia de una teleología de carácter nacional marca el punto de la divergencia y sustituye la propedéutica por una escritura ensimismada en lo literario, exploradora de los modos en que la palabra se hace cargo de otra zona, y clausura, en ese sentido, su posibilidad de lectura en el sistema nacional de las antologías cubanas que habían tenido como eje la función política de lo nacional[10] pergeñada a través de la literatura.

Me parece claro que, aun cuando algunos de sus cuentos habían sido escritos en Cuba, el narrador Piñera emerge en el diálogo con escritores argentinos. Esa idea de una estética ilegible para el canon nacional atraviesa el sintomático poema escrito por Sarduy para el Homenaje preparado por la revista *Unión*: «Poco interés presentan estas cosas / para un Concilio, que otras más urgentes / –la talla de los ángeles, las fuentes / del Edén– y sin duda más valiosas» (Unión 1990: 10). Con una clara referencia a la estética lezamiana, concluye, luego de su ironía, con una apertura a esa zona de la escritura, de la antillanidad, de Virgilio Piñera: «este mártir de las arenas insulares. / Por textual su milagro verdadero / dio presa fácil a los cabecillas / y a los sarcasmos que de tanto en tanto, / irrumpen las furias amarillas[11]».

PIÑERA A VIVA VOZ

Que Borges haya sido el primero en publicar en Argentina un cuento de Piñera no puede resultar un hecho menor. Y que Borges lo haya hecho después

---

[10] Existen otras secuencias de la polémica con Vitier librada en las páginas de la misma *Orígenes*. Por ejemplo, la disidencia que expone Vitier en su reseña (1945: V) a *Poesía y Prosa* de Piñera, al que Piñera responde con su artículo «El secreto de Kafka» (Piñera 1945: 8: 104-107), cuyo objetivo consiste en desenmascarar la teleología a la que había subsumido Vitier toda actividad literaria, para recolocar a Kafka –y a su propia escritura, de paso– como «no otra cosa que un literato», lo que equivale a afirmar la ausencia de una poética teleológica. De modo que entre el rol que Vitier imagina para un escritor «ordenando» una narrativa nacional (el *telos*) y la concepción de Piñera de la autonomía literaria, media el debate que toca el centro de lo que una sociedad considera literatura. Un debate, por otra parte, que se había iniciado en la polémica entre Lezama y Mañach desde *Diario de la Marina*, profundizado luego en la escisión *Orígenes-Ciclón* y expandido más tarde en el plano continental, a través de la posterior pelea librada desde *Lunes* (1961) y el «caso Padilla».

[11] El poema «Pido la canonización de Virgilio Piñera» fue publicado en el «Homenaje 40 años de *Ciclón*» (*Unión* 25, de 1996).

de haber escuchado por radio su artículo sobre literatura argentina, donde se exponía su hipótesis del tantalismo de los escritores argentinos –artículo que al año siguiente sería publicado en *Orígenes*, pero también en *Anales de Buenos Aires*, con el título de «Nota sobre literatura argentina de hoy»–, no parece un dato que ofrezca pocas posibilidades de lectura. ¿Qué lee Piñera en la literatura argentina? ¿Qué le interesa a Borges de esa lectura y escritura?

Cuando el «corresponsal origenista» llega por primera vez a Buenos Aires, se encuentra con un recién asumido gobierno peronista y con un campo intelectual superpoblado por escritores argentinos y extranjeros provenientes de diferentes sectores, ideologías y espacios culturales. Esta diversidad no pudo menos que convertirse en un espejo que le devolvía la imagen empequeñecida de su propia «cultura de capilla». Este espejo deforme operará sustitutivamente en el campo de sus políticas editoriales, entre lo que deseaban los directores y lo que efectivamente Piñera –pero principalmente Rodríguez Feo desde la lejanía– obtuvieron[12]. En el recado origenista de conseguir publicaciones para *Orígenes* se encontraba implícito el deseo de aproximarse al grupo de Borges, Mallea y Victoria, que eran quienes poseían cierta visibilidad continental. Dice Piñera, entonces:

> Yo encontré en Buenos Aires gente tan culta, tan informada y brillante como la de Europa. Hombres como Borges, Mallea, Macedonio Fernández, Martínez Estrada, Girondo, los dos Romero, Bioy Casares, Fatone, Devoto, Sábato y muchos más pueden ofrecerse sin duda alguna como típicos casos de *hommes de lettres*. Sin embargo, de tantas excelencias, todos ellos padecían de un mal común. Ninguno lograba expresar realmente su propio ser. ¿Qué pasaba con todos esos hombres que con la cultura metida en el puño no podían expresarse? (Piñera 1990: 10: 33)[13]

En la descripción del autor de *Aire frío* se advierte su deslumbramiento por lo que él denomina «gente tan culta, informada y brillante»; pareciera que su juicio transparentara aquí la idea del escritor argentino dueño de una vasta y abierta enciclopedia, habituado a diferentes lecturas y al tanto de las novedades y modas que provenían de los centro culturales más prestigiosos. Pero

---

[12] Esta función de Piñera mediador, en cambio se hará efectiva cuando, en tiempos de *Ciclón*, se produzca una nueva fluidez en los vínculos, que habían germinado desde el encuentro porteño con Rodríguez Feo.

[13] Esta idea se expresa en «La vida tal cual» y cristaliza en la «Nota sobre Literatura Argentina de Hoy».

también su sorpresa se vincula a la proliferación de escritores de diferentes edades y matrices que poblaban bares y cafés. Sin embargo, esta selección de nombres a los que circunscribe, en su primer contacto, la «verdadera» literatura argentina, no formará parte de los vínculos del escritor, y ni siquiera de las efectivas colaboraciones que iría logrando para su revista. El recorte aquí se reduce a enunciar los nombres de personajes muy vinculados a la revista de Ocampo, pero también su diversidad específica: ensayistas, narradores, sociólogos provenientes de corrientes de pensamiento distintas. Este recorte evidencia, por un lado, la predeterminación que le había sido impuesta, la de vincularse a intelectuales de *Sur*, pero por otro lado, el carácter de su deslumbramiento.

Piñera se enfrenta en Buenos Aires a la dinámica y heterogeneidad de un campo cultural latinoamericano que, en tanto le resulta familiar, no deja de abismar sus ideas previas respecto de cierta totalidad que vincularía como un hilo de Ariadna los dos extremos, las dos cartografías antagónicas del puerto y de la isla. Familiaridad, entonces, que convoca otro descentramiento: el escenario de la literatura del Plata es también muy distinto del habanero. De modo que su «deslumbramiento» como espectador se corresponde con el exceso –como desviación– que la vida literaria del sur inscribe en sus textos, en sus lecturas, en sus dinámicas intrínsecas y en las formas de posicionarse en el diálogo cultural, excedente que no sólo expone el carácter desajustado de esa cultura (brillante y múltiple pero desacertado en el tono «tantálico»), sino que muestra la proximidad con la situación cubana. Tampoco los del sur podían hallar *La expresión americana* que reclamaba Lezama. Entonces, en su diagnóstico, Piñera deja traslucir la bien conocida hipótesis respecto del mal de las dos Argentinas, en una evidente analogía con el diagnóstico de Zambrano de la «Cuba secreta» (Zambrano 1948: IV: 20: 63-69). Así, Virgilio lee, a través de Zambrano, una tradición familiar para el lector argentino en la línea de Mallea, Martínez Estrada y Murena, que la misma *Sur* había venido publicando.

De manera que cuando Virgilio escribe para los lectores cubanos sobre literatura argentina, despliega el repertorio de ideas que circulaban en su espacio intelectual y despliega, también, el horizonte de las colaboraciones deseadas por una revista cubana a partir de lo que diagnostican como falla o falta en su propio sistema cultural y literario. Si bien su selección no puede ser pensada de manera simétrica a las concepciones de Lezama –asimetría que el cisma del 54 pondría en evidencia–, es necesario considerar que al momento de la llegada a Buenos Aires el escritor trae, como enciclopedia, a los autores conocidos y admirados por el «maestro», aunque se haya ido desplazando paulatinamente de ese repertorio hasta convertirse en un mediador entre la «otra» cultura argentina y los lectores potenciales de la isla.

Como se puede advertir, en este operativo inicial se evidencia por un lado la lectura demasiado condicionada por la biblioteca del maestro respecto de lo que era entonces la literatura argentina y, por el otro, el diagnóstico de la falta en el sistema propio, que el contacto con la «dinámica» cultura argentina podría rellenar. Porque si bien es cierto que los de *Orígenes* exponen de manera recurrente una mirada sobre la propia cultura donde la plenitud excede de sentidos a la isla y donde esa misma plenitud habilita un diálogo siempre posible entre diferentes sistemas, la queja por cierto provincialismo que se lee en el número inicial de la revista relativiza aquella representación. La falla y el exceso, entonces, son los dos modos en que *Orígenes* piensa el problema de la tradición. Frente a este diagnóstico, el rebelde Piñera también va a introducir un hiato.

A partir de estas ideas iniciales pueden leerse dos textos de Piñera que se construyen como una parábola del pensamiento cubano sobre la literatura argentina, pero también del pensamiento argentino que se lee en la estela continental y en el juego de relaciones desiguales y conflictivas entre los sistemas que componen el escenario heterogéneo de las literaturas de la región. Uno, el que escribe para *La Nación* con el título «Los valores más jóvenes de la literatura cubana»; el otro, escrito entre 1946 y 1947 para *Orígenes*, «Notas sobre literatura argentina hoy» (Piñera 1947: III: 13: 48-53). Entre ambos textos media una zona del pensamiento latinoamericano construida sobre el desajuste entre lo que trae Virgilio Piñera como idea previa y lo que efectivamente puede encontrar en la literatura argentina. «Otra zona», la del diagnóstico de la cultura de llegada a la que el escritor pretende «volcar» las escrituras de un sujeto latinoamericano, que colocándose como pariente próximo, no deja de ser un «otro» con quien es posible el diálogo, pero a través de un tipo de conversación que refiere, de manera incesante, el carácter utópico del encuentro.

En este caso, la distancia se dibuja en lo que ve (y lo que no encuentra) en la lectura argentina para hacer traducibles las escrituras cubanas y volver, entonces, proteico el encuentro. Pero también en lo que ve (y tampoco encuentra) en su propia cultura insular, tal como la había caracterizado Cintio Vitier, y que el encuentro rioplatense vendría hipotéticamente a restaurar, siempre en una relación compensatoria entre lo que se cree que se tiene y lo que se cree que se desea.

Cuando la primera nota es publicada en *La Nación*, se la envía a Lezama ese mismo día con una misiva que contiene dos claves. Una, el hecho de su inmediato envío, muestra la autoexigencia por ser aprobado y su implícita y evidente conciencia de responder a las ideas sobre lo cubano que Lezama buscaba potenciar en la lectura continental. La segunda clave se encuentra en el desacuerdo que Lezama manifestaría respecto del cambio del título original: «Te prevengo que ese título ridículo ("Los valores más jóvenes de la literatura cubana hoy") le fue puesto por intereses propios y conveniencias del diario; mi título era: "Literatura cubana en un minuto para los argentinos"» (Lezama Lima 1993: 279).

La restricción y periodización que propone el título con el que finalmente sale publicada la nota pone de manifiesto un recorte que para Virgilio era inexistente. Como heredero (al menos por ahora) de los debates de *Orígenes*, en este texto epistolar considera que en su revista se estaba creando la literatura, es decir: el origen de la literatura (cubana) estaba en *Orígenes*. Por esa razón Lezama es una posibilidad limitada a una única obra. Si Lezama, Vitier y Zambrano descreían del concepto generacional y construían una red teórica de metáforas en torno al concepto de «las Eras imaginarias» y al carácter «repristinador[14]» de la revista «como estado organizado frente al tiempo», su primera nota dirigida a los lectores argentinos daría cuenta de esas modulaciones. Poco tiempo más tarde, esa precaria construcción se disolvería en su nueva fórmula generacional: Piñera mismo había señalado que era «el menos lezamiano de mi generación lezamiana» (Piñera 1945).

En la nota Piñera anticipa un argumento que repetiría más tarde en una serie de lecturas cubanas propiciadas por Borges[15]: «La Literatura cubana está haciéndose. Tenemos la esperanza de que en breve podemos llamar a todas las puertas para decir ¡La sopa está a punto!» (Piñera 1946); resulta interesante observar el operativo de Piñera que lee a Lezama en su editorial de *Espuela de plata*[16]. Sin embargo, a pesar de que el tono de la nota trasunta su hipótesis de la inmadurez del la cultura cubana –una hipótesis que también haría extensible a la argentina–, todavía se lee en el círculo de la fidelidad lezamiana.

De este modo, el texto desnuda un sistema de fidelidades originistas que solamente la alianza con Rodríguez Feo permitiría deconstruir. A pesar de que su mirada ya fisura ciertos lugares del edificio de *Orígenes*, todavía las elecciones del Piñera lector se recortan en buena medida en las del maestro de

---

[14] Con esta categoría defino la idea de creación de la revista en base al concepto cristiano de creación desde la nada y a través del verbo.

[15] El escritor argentino organizó una serie de charlas sobre literatura cubana que tuvieron lugar en la Biblioteca Nacional.

[16] El editorial, publicado con el título de «Razón que sea», incluía la frase «Prepara la sopa, mientras tanto voy a pintar un ángel más» (Lezama Lima 1939: A: 1).

Trocadero. Este gesto no invalida el sesgo piñeriano, que tempranamente está invocando no la «pobreza irradiante» del origenismo, sino la doble renuncia a la luminosidad de los dos proyectos y al aura de la cultura que emana de una fe en la capacidad de restaurar lo perdido. A ese despojo, en tanto pobreza a secas, se dirige la escritura argentina de Piñera.

Y esa es la razón por la cual recorta dentro de su literatura, traducida a los lectores argentinos –digamos, al típico lector medio de *La Nación*, culto, pero sin la enciclopedia de los lectores de *Sur*–, la figura de Lezama. Pero también la reduce a él. Si los vanguardistas no entran en su selección de lo cubano –como tampoco entrarían en las políticas de construcción de la tradición hecha por sus pares–, tampoco entrarán otros poetas más cercanos que sí publicaban en la revista (desde el padre Gaztelu a Fina García Marruz). Esto obedece no solamente a la brevedad de la nota requerida por un diario (y no por una revista cultural o literaria), sino al hecho de que para Piñera era necesario crear las condiciones de recepción de la literatura cubana en el medio argentino, un medio bien distinto, que, sin embargo, guardaría profundas correspondencias con el de la isla, aún no descubiertas. La concisión normativa podría excusarlo. No obstante, en su nota, es Lezama el autor capaz de concentrar lo mejor de la literatura, y junto a él los escritores que aún no habían escrito, la futuridad como tradición. Casi de modo análogo a la expresión de *Orígenes*, en tanto crearía una tradición como pura invención a través de la selección ficcional de sus «padres textuales».

De manera complementaria, la idea central que atraviesa ese artículo es la de la inexistencia de la literatura cubana, y esta concepción aparece sostenida en una lógica determinada: ella permite colocar y explicar la labor del grupo al que pertenecía. Esa labor se ubica en una zona del hacer sin pasado y con carácter creador. Y también le permite la segunda operación: la de colocarse a sí mismo en ese panorama. La idea de que en Cuba no existe un sistema literario, de que no existe la literatura como un hecho autónomo, donde tampoco –en consecuencia– existe un mercado ni canales de circulación como en la Argentina, muestra el desajuste de su mirada respecto del campo hipotético al que él mismo pertenecería. Si es un escritor sin literatura, ¿dónde podría ubicarse?

El hecho de focalizar en una sola obra la irrupción de un «oasis» de lo literario fortalece la noción de desierto. Sin embargo, dentro de la nada, aparece el poeta: «Con todo, yo le propondría al lector argentino ciertos títulos en donde la buena retórica, la ornamentación, el arabesco, el intelectualismo, son de muy altos quilates. Por ejemplo, yo le propondría un libro como *Enemigo Rumor* de José Lezama Lima» (Piñera 1946: 3).

Años más tarde, en 1952, siendo Borges presidente de la Sociedad Argentina de Escritores, le organiza una conferencia para conmemorar el Cincuentenario de la República Cubana, donde Virgilio habla sobre «Cuba y la literatura»; en la línea de aquel artículo, radicaliza su posición al afirmar la inexistencia de la literatura cubana:

> X es uno de esos escritores que al pasar junto a usted causan el mismo efecto de una tremenda corriente de aire en el rostro, a tal punto le brotan las citas por todos los poros... Ante su obra, uno se pregunta: ¿para quién escribe X? Pues escribe para un grupo de amigos que, en justa reciprocidad, escriben para X. [...] En rigor, no existe por el momento la literatura cubana. Bueno, sí, existe la literatura cubana pero... sólo en los manuales. (Piñera 1955: 1.2: 51)[17]

En rigor, el artículo está hablando sobre las condiciones de la literatura cubana, una praxis caracterizada por la ausencia de diversidad, por la limitación casi exclusiva a un grupo dominante, al que el mismo Piñera pertenece, aunque siempre de modo tangencial y polémico. La escasez de público lector, la cultura de capilla de «la pequeña república de las letras» que propiciaba Lezama, hacía emerger –en definitiva– la inexistencia de un verdadero sistema literario. Su carácter «subdesarrollado» trasunta un deseo de base: el de diversificar el canon cubano, estrechamente ensamblado en la tensión Lezama-Guillén, dentro de la cual, como he señalado, la poética de Piñera no tenía cabida. Y ese deseo se abona en el territorio de su experiencia cultural del presente en la capital argentina, donde Piñera veía (o creía ver) un escenario heterogéneo con múltiples registros estéticos e ideológicos que se oponían a la estrechez con que sufría su exilio cubano (exilio geográfico, político y simbólico).

Pero Virgilio agrega a su diagnóstico una reflexión específica sobre el sujeto escritor: «Niego que haya tal literatura cubana ya que día a día sufro esa terrible muerte civil del escritor que no tiene una verdadera literatura que lo respalde» (1955: 1-2: 51). Con este juicio alude a las causas por las cuales, a pesar de sus seis años de exilio porteño, continúa siendo un desconocido. Piñera hace ostensibles los mecanismos de culturas periféricas como la suya, pero también de la argentina, para las cuales el diálogo con escritores de esos sistemas no

---

[17] El texto fue publicado tres años más tarde en *Ciclón* (Piñera 1955: 1-2: 51). Anderson sostiene que el material original se encuentra en la sección de «Libros Raros» de la Universidad de Princeton, y que el texto de la conferencia coincide con el publicado en *Ciclón* (Anderson 2006: 271).

interesaba demasiado, en la medida en que no contribuía a otorgarles el prestigio internacional que deseaban.

El hijo de Macedonio –junto a quien integraba el comité de traductores de la obra de Gombrowicz, del que Virgilio era «presidente»– publica una nota sobre *Ferdydurke*. Esta contiene, en parte, la clave para leer a Piñera. De Obieta dice allí: «Superar en sí su naturaleza polémica y reducirla a una forma artística, ha sido un triunfo de autor, transfigurar en fantasía novelística el apasionado material poético de su examen de la Cultura» (De Obieta: 1948: 41).

Siguiendo a su amigo argentino que lee a Gombrowicz, podemos inferir el trabajo realizado por Piñera acerca de la ficción narrativa. Sobre la base de *poiesis* y *polemos*, las dos estrategias centrales de su escritura, esboza una teoría cultural en clave de *hiperrealismo fantástico*. En tanto dichas operaciones no constituyen espacios independientes, sino que configuran una trama que le permite leer la cultura de su tiempo desde una mirada de disidencia radical, de metafórica disputa, establece la criba, lo piñeriano del diálogo, en la ficcionalización de los contenidos de su análisis cultural (volveré sobre estos conceptos). Las notas, entonces, sirven de insumo para leer sus relatos «argentinos».

De manera ostensible, el artículo más cáustico sobre literatura cubana aparece en Argentina con motivo de la «Celebración del Cincuentenario». Si se lee este gesto al trasluz de lo planteado en el capítulo anterior acerca de las conexiones entre *Orígenes* y el aparato oficial del «batistato» (la gestión celebratoria del doble evento nacional[18]), no se puede sino considerar la participación de Piñera enmarcada en una batalla propia del campo intelectual cubano; es desde allí que interviene en un debate propio del campo cultural argentino respecto de las relaciones entre los intelectuales y la política, y en el debate específicamente literario en torno al rol del escritor.

Recordemos que mientras en los cuarenta se discuten las concepciones de Sartre (el compromiso del escritor) y de Ortega –en un tardío debate–, las figuras prominentes de la revista se vinculan más a las postulaciones de Benda y Camus. No solamente la extensa serie de ensayos que abordan la problemática, sino los debates como «Moral y Literatura» y «Literatura gratuita y literatura comprometida», correspondencias publicadas en la revista, reseñas y comentarios muestran lo candente del debate y también su diseminación.

---

[18] Me refiero al operativo oficial desplegado por el gobierno de Batista, que logró cooptar a intelectuales de diversas extracciones políticas en torno a la celebración de los cincuenta años de la república y del centenario del natalicio de Martí.

Mientras escritores como Murena o Gándara[19] sostenían la idea de que el intelectual tenía una función equiparable a la del santo, cuya misión ética consistía en la denuncia de los pecados –y la condena a muerte de los pecadores, con la cual cifra la teoría del parricidio–, en una lectura que remite a Spengler, Heidegger y Sartre escritores como Sábato condenan la hipermodernización de la sociedad moderna que, a través de la racionalidad como única vía de conocimiento, construye parcelas de saber y poder que conducen a la tragedia del hombre contemporáneo: «Hombres como Pascal, William Blake, Dostoievski, Baudelaire [...] intuyeron que algo trágico se estaba gestando en medio del optimismo» (Sábato 1951: 193: 3-4). Sin corroer el aura de la *intelligentsia*, se instala así el debate respecto de la función del pensamiento crítico, de las revistas culturales y de la literatura como discurso. Piñera, de este modo, participa de manera doble en el debate continental: por una parte, se hace cargo de una discusión que se mantenía en sordina en Cuba, atrapada bajo el manto de los festejos (discusión que poco tiempo más tarde emergería dramáticamente en el rostro de escisiones irrecuperables); por otra, se pliega al debate argentino por el rol del escritor, a partir de lo que el autor de *El túnel* propone como la necesidad de replantear la función de la palabra en un contexto integrador para se que vuelva a «humanizar» la maquinaria del hombre y la cultura modernos.

Borges, por su parte, se opone, desde la teoría del policial, a la hipótesis de una mirada sociohistórica desde la literatura, es decir, de un tipo de función que exceda el mero ejercicio literario. Al afirmar, tempranamente, que en la tesis de Caillois lo literario le parecía «valedero, lo histórico-sociológico, muy *inconvencing*» (1942: 81: 56), Borges está anunciando una larga polémica que no acabaría sino dos décadas más tarde, cuando el francés en carta a Victoria le comenta: «Bianco ha creído conveniente pasarme las ideas sobre la novela de Ortega. Imposible entonces no escribir una pequeña nota para mostrar hasta qué punto las ideas susodichas están en desacuerdo con los hechos» (Caillois 1963: 67). Detrás de la anulación del realismo opera también una determinada noción del rol del intelectual-escritor. Si la hipótesis que recorría las participaciones en el debate de 1945-1946 acerca de la categorización de Ortega de per-

---

[19] Carmen Gándara en su artículo «América, la sin memoria» formula la teoría de que escritores como Martínez Estrada o Murena desarman la tradición para construirse un lugar para sí. Utilizando las ideas de Ortega, particularmente la noción de circunstancia, define el género novelesco a partir de una idea de trascendencia: «siempre observé [...] lo que sucedía al lado del relato novelesco y que esa observación no se quedaba nunca en la obra misma sino que pretendía atravesarla buscando dentro o por debajo de su forma aquello –la causa honda y la circunstancia humana– de que había nacido» (Gándara 1952: 198: 9-24).

sonajes buenos y malos, Borges invalidaría la dicotomía oponiendo el concepto de «inevitabilidad» (Borges 1945: 126: 64-65), de raigambre lógico-ficcional.

Victoria, por su parte, recupera una idea neoiluminista del intelectual como guía moral de su pueblo, como defensor de las «verdades» que oculta su tiempo y denunciante de los excesos, las dictaduras, las opresiones y los desvíos. A la manera de Kant, quien «ha sido leído por una élite únicamente, y sin embargo todo un siglo ha sido firmado por él» (Ocampo 1953: 225: 4), los escritores son los sujetos que tienen la misión de marcar el tono de su contemporaneidad y de cifrar un «testimonio» que dé cuenta de las complejidades.

En este contexto, Piñera en carta a Arrufat señala[20]:

> El año pasado, Jorge Luis Borges, presidente de la Sociedad Argentina de Escritores, me pidió con motivo de celebrarse el cincuentenario de la instauración de nuestra república que leyera para el público de dicha sociedad unas páginas sobre literatura cubana. Rechacé de inmediato la idea de ofrecer una conferencia amable, sin compromiso. Pensé por el contario que el hecho de pedirme una charla para celebrar los primeros cincuenta años de vida republicana, me comprometía como escritor cubano a mayores exigencias. (Espinosa 2003: 175)

El texto pone en escena algunos aspectos importantes de considerar al revisar la nota. Virgilio se siente particularmente interpelado como escritor y como cubano para intervenir en el presente. «Las mayores exigencias» sin embargo no aluden a evitar una especie de inverosímil charla diletante como parece sugerir la «notícula» que le habría insinuado Borges, sino a ejercer su derecho y su deber como escritor en la esfera de lo público. Su condición de escritor exiliado y conocedor de las rencillas internas de la pseudodemocracia cubana exigía que el escritor asumiera una postura crítica, es decir, una postura anti-celebratoria, una actitud que venía a colisionar con el operativo que, desde *Orígenes*, delicadamente comenzaba a insinuarse (la premiación duplicada, la célebre antología de Vitier, y la reseña de Lezama al «paradigmático» texto).

A pesar de haber sido Borges el presidente de la SADE –luego de su desplazamiento de la Biblioteca Nacional–, es probable que la intervención haya resultado un tanto dislocada y excesiva en un espacio ideológico más vinculado a cierto conservadurismo en el *statu quo* de la *intelligentsia* criolla que

---

[20] Esta carta fue publicada por Carlos Espinosa en *Virgilio Piñera en persona*, donde recoge valiosos testimonios de familiares y amigos. El texto posee, además, el valor documental de haber sido su autor una de las pocas personas que, hasta la fecha, tuvieron acceso al archivo privado de Piñera (Espinosa 2003: 45).

a la permeabilidad crítica, particularmente en el tono tan corrosivo de sus declaraciones, dirigidas doblemente a las formas de constitución de los sistemas políticos latinoamericanos y a la escasa autonomía del rol del escritor. Como Piñera ya había demostrado en sus anteriores apariciones públicas, su uso del espacio respondía de manera «fagocitadora» a sus propósitos, reinventándose en cada una de sus ingestas. En esa medida, el episodio no puede ser leído sino en la serie de un proceso de autoconstitución de una identidad literaria fuera de cualquier referencia nacional. Así, desde la radio del Estado, *La Nación*, *Papeles de Buenos Aires*, *Anales de Buenos Aires* o más tarde *El Hogar y Sur*, la diversidad de órganos en los que Piñera participa en su vida porteña constituye una muestra del interés por librar la doble batalla en los bordes de la literatura cubana y argentina. Pero además hay otro aspecto no considerado de su obra de ficción y su ensayística: la relación de la escritura con los circuitos populares como un modo de romper el aislamiento del sistema literario. Un proyecto que no prosperará en ninguna de las dos revistas y que será viabilizado más tarde en *Ciclón*.

Señala más adelante, en la misma carta, otro aspecto que a mi juicio resulta capital, la relación del intelectual con la construcción de la nación:

> Porque hay muchos modos de hacer patria: desde los que en días de fiesta salen a las calles para tirar ruidosos voladores hasta los que, sin disfrazarse de nada, trabajan en silencio en una obra que, ella también a pesar de no tener la efímera brillantez, el vivo fulgor de la luz de la bengala, se guarda para cimentar la gloria de esa patria, a la que otros, repito, tienen por costumbre venerar con efímeros voladores y ruidosas libaciones. (Espinosa 2003: 176)

¿A quiénes alude Piñera? ¿Cómo ingresa en el debate argentino-cubano desde su enunciación?

En el año en que Virgilio imparte la conferencia, en Cuba se publican todos los textos consagratorios de la máxima visibilidad origenista y de la celebración nacional. La antología de Vitier encabeza el evento, junto a los novelistas premiados (García Vega y Fernández Retamar) y publicados por el Ministerio de Educación. La serie puede cerrarse poco tiempo después, cuando *Orígenes* publica su número homenaje, de 1952, con el título claramente conmemorativo de «Secularidad de Martí».

En este contexto se produce la conferencia en la SADE –como un contrapunto–, y meses más tarde la publicación argentina de *La carne de René*. Con estos textos Piñera, desde el punto continental más distante, ingresa en el debate cubano. La disputa acerca del lugar del intelectual –que ya está corroyendo al origenismo–, sus relaciones entre poesía y nación, postuladas en las tres antologías de Vitier (una en colaboración con Fina García Marruz), comienzan a preanunciar el cisma. En clara alusión a su condena por la participación origenista en los festejos, elige el silencio, la pobreza –ya no irradiante del origenismo– despojada y vacía del «bulín» de Buenos Aires.

Paralelamente, Virgilio Piñera opera en el campo cultural argentino, donde *Sur* ocupa, sin duda, el centro de la escena literaria. También es cierto que la revista comienza a abrir un espacio distinto, atravesado por condiciones de marginalidad respecto de las políticas oficiales. El tejido discursivo del peronismo hace emerger una serie de estrategias y procedimientos que, a la vez que conducen a capitalizar en las páginas de la revista un espacio del pensamiento argentino heterogéneo, configurado a través de sectores provenientes de distintos campos disciplinares, genera un efecto discursivo de margen, destinado a operar una fisura respecto de lo que se entiende como hegemonía estatal y a yuxtaponer otro sistema de relaciones entre cultura y nación. Esta concentración de sectores intelectuales[21] produce en *Sur* el efecto de condensación y a la vez de diversificación, de especificidad en la construcción de sistemas disciplinares y al tiempo de disolución de esas marcas en el amplificado territorio común de la «cuestión nacional», que he señalado en otro trabajo (Calomarde 2004: 87). Se trata de un buen número de escritores que por cesantías o autocensura eligen el espacio autónomo de las páginas de la revista de Ocampo; al mismo tiempo, la publicación comienza a sentir los efectos de su cerrazón, el «límite de la parodia». El peronismo va a corroer lentamente el discurso, a través de la idea de que Perón, el tirano trágico, no alcanzaba a explicar el origen de «todos nuestro males»[22].

---

[21] Para precisar, entre los intelectuales vinculados a la escena nacional podemos reconocer algunos grandes grupos: los provenientes del segmento del ensayismo de interpretación nacional que había sido hegemónico en la década anterior, encabezados por Martínez Estrada, al que más tarde se sumará Murena, y que propondrán un ensayismo más de corte sociológico –aunque en tensión con el paradigma de la Sociología científica que desplegaban los sectores más cercanos a Germani–; el sector de una joven promoción de críticos que en su mayoría estaban vinculados a la vida universitaria (a excepción de Juan José Sebreli), como los hermanos Viñas, Noé Jitrik o Enrique Pezzoni; por último, también pervivía un sector histórico de *Sur* vinculado a la Estilística como método de estudio para la obra literaria (María Rosa Lida). Y Romero, que representaba en *Sur* la zona de la hermenéutica histórica.

[22] Como ha señalado Sarlo (2001: 29), Martínez Estrada produce la interpretación más idiosincrática del peronismo en su ensayo «¿Qué es esto?». Allí afirma que el tópico antiperonista del resentimiento como una estructura ideológica atraviesa el hecho histórico. Sospechando

Decíamos en el párrafo anterior que esa *diversificación* —diferentes paradigmas para comprender la literatura y el presente histórico— y *concentración* —cierto acrecentado rigor para operar con sistemas culturales y disciplinares, pero también un tipo de cerrazón que impediría la convivencia de sectores de derecha e izquierda que se codearon en los treinta sin demasiadas fisuras— opera en el punto máximo de la consagración pública de la revista. Si entendemos ese proceso de expansión vinculado no sólo a la carrera pública de su hijo dilecto, sino básicamente a la penetración de diferentes sectores relacionados de manera más o menos laxa a la estética promovida por la constelación Borges (Calomarde 2004: 123), cuyos exponentes emergen en el concurso de cuentos promovido por la revista en 1948, en el que Wilcock obtiene el primer premio; y si también consideramos los volúmenes publicados por Borges y Bioy (en común e individualmente), integrados por textos que en su gran mayoría ya habían visto la luz desde la revista de Ocampo[23], y sumamos la penetración y aceptación de las célebres polémicas[24] en las que participaban intelectuales de diferente procedencia ideológica, estética y política, podemos concluir que el «efecto estético de Sur» había alcanzado a instituirse como la verdadera narrativa nacional.

Este altísimo punto de visibilidad y legitimidad alcanzado por el modelo —condensado, riguroso y centrado en los mecanismos productivos de la ficción— no excluía la presencia de otros géneros como el ensayismo, que acercaban a la revista sus propias tensiones, y la incipiente constitución de un discurso crítico de corte académico[25]. La renovación de cuadros intelectuales que se abre con el aniversario de 1951 y se continúa en la polémica sobre «Norteamérica la

---

esa cerrazón, afirma «En la figura de Perón y en lo que él representó y sigue representando, he creído ver personalizado, si no todos, la mayoría de los males difusos y proteicos que aquejan al país desde antes de su nacimiento» (Martínez Estrada: 1956: 12).

[23] Me refiero a los *Relatos de Bustos Domecq* (en colaboración con Bioy Casares) y los cuentos de *Ficciones* (1944) y el *Aleph* (1949), la mayor parte de ellos publicados en *Sur*.

[24] Por ejemplo «Moral y Literatura» (1945: 126: 62-84), «Sobre *Norteamérica la hermosa*» (Mc Carthy 1950: 192-194: 146-155; Ocampo 1950: 192-194: 143-145; Sábato *et al* 1951: 195-196: 67-77).

[25] No hay que olvidar lo señalado en párrafos anteriores respecto de la condensación intelectual que opera en la revista como un efecto secundario de los procesos de autocensura y de cesantías que se operaban en las universidades públicas argentinas. Ha señalado Sarlo: «Durante su gobierno [se refiere a Perón], la universidad creció en términos de matrícula, pero este crecimiento cuantitativo no fue acompañando otras políticas institucionales que las encaminadas a asegurar la neutralización de los opositores al régimen o garantizar algunas plazas fuertes a la derecha católica» (Sarlo 2001: 63).

hermosa» al año siguiente, hace emerger una promoción de nuevos escritores y críticos que operarán una fractura en los paradigmas que, desde la década anterior, venía postulando la revista para el abordaje de los textos, pero que en un corto lapso se exiliarán en otra publicación más acorde con ellos, la revista *Contorno*[26].

En este contexto discursivo, Piñera no tendrá acceso. Vuelta sobre sí misma y en el punto máximo de su consagración, *Sur* no solamente apuesta de modo concéntrico al modelo de la constelación Borges, sino que además rearticula los modos en los cuales la zona «extra-literaria», vinculada al ensayismo de tema nacional, los debates sobre la sociología sagrada o científica, ciertas líneas de la hermenéutica historiográfica (Romero) y los jóvenes críticos (los Viñas, Pezzoni, Jitrik), se ordenan dentro de una relativa heterogeneidad, que se nutre de los efectos de su exposición –a través de la llegada de jóvenes brillantes y de escritores en vías de consagración– e inicia a la vez un paulatino repliegue de carácter ideológico: su negación del peronismo y el rechazo a ciertos sectores nacionalistas.

La palabra de Piñera desborda ambos márgenes: su cuentística, a pesar del impulso borgeano inicial, no alcanza a ser subsumida en la maquinaria lectora de *Sur*. Sin duda, «En el insomnio» y «El señor ministro», los dos cuentos publicados tempranamente por Borges, eran, como se verá, los que más se ajustaban a ese modelo de ficción. Piñera no pertenecía a ninguna de las zonas que la revista estaba promoviendo en el punto más alto de su trayectoria, ni siquiera a la de los jóvenes desconocidos que también formaban parte de su apuesta, y que venía encabezando, en parte, Murena como «la joven promesa de *Sur*».

Mientras libra esta –por ahora– estéril batalla literaria en su periplo argentino, las dos notas que publica en *Orígenes* en esos años, «El secreto de Kafka» y «El país del arte», están dirigidas a los lectores cubanos y destinadas a reevaluar el punto de constitución de la literatura en la isla. En ellas expone el carácter excéntrico de su posición de escritor. En el primero de sus artículos construye una especie de «deber ser» de los escritores, separándose claramente de la modulación del canon origenista. Al establecer la frontera entre los seres humanos y los artistas, fija la clave de esas dos mitades en las que se divide el mundo: «el de los que tienen fe y el de los que dan fe» (Piñera 1945: III: 16: 198). Precisamente ese «dar testimonio» implica la ausencia del horizonte utópico del cual

---

[26] En este momento –antes del final del primer lustro de los cincuenta y en la bisagra del golpe del 55– comienza una etapa de debilitamiento de la revista que ya no volverá a promover el activismo de la década anterior.

abrevó el «origenismo clásico» (véase Arcos 1994) y su olvido del sujeto, como una ontología que precede a la construcción textual y que también implica un aura romántica y modernista en el *a priori* del hecho literario:

> Todo el mundo sabe que uno de los pilares esenciales del arte de Kafka es su lúcido olvido del individuo (aisladamente considerado) y su énfasis absoluto de lo objetivo del mundo. Pero con la virtud erigen el error: al practicar la disección le atribuyen todos los supuestos subjetivos imaginables y se olvidan su única razón objetiva, esto es la razón literaria, la invención literaria. (Piñera 1945: II: 8: 104)

Esa «crítica subjetivadora» del sistema cubano, que restituye lo antes negado, implica para Piñera una clara separación respecto de la matriz instituyente origenista. Lo que de ninguna manera supone volver a una concepción «modernista» del arte en términos de «arte por el arte», sino enfocar el acto creador como un espacio estrictamente literario, es decir, con el único propósito de escribir y escribir-se[27], lo que denomina el campo de una *expresión nueva*. La sorpresa literaria es así un puro ejercicio de la invención liberada de predeterminaciones morales o religiosos. Su lectura de la *Divina Comedia* no es más que el modelo *disruptor*, en primer lugar —y de modo fundamental— de la propia lectura de la revista. El «lector modélico», para el cubano, podría descubrir en el texto el carácter de puro artificio verbal, el tono exacto de la medida de la sorpresa literaria liberada de condicionamientos exógenos. Señala:

> Se llenará de estupor [el lector] con sus invenciones de los tormentos infernales o la rosa de ángeles girando eternamente y no se detendrá ni un momento en las ideas que dichas metáforas sustentan —o que dicen, ¡ay! sustentar sus hermeneutas de seis siglos— de pecado o salvación. (Piñera 1945: II: 8: 106)

Con esta operación, Piñera se coloca más cerca del debate argentino liderado por Borges que de la apuesta canónica de su revista. La idea de liberar al lector de los condicionamientos de la hermeneusis historiográfica y literaria supone un acto más autónomo, y por tanto más auténticamente literario, que le permitirá entender que «Kafka es sólo un literato, un creador de imágenes, de juguetes de imaginación» (1945: II: 8: 106), y por ende más vinculado al verdadero acto creador. Ahora bien, en los postulados del Piñera lector de Sartre, hay una huella de la historicidad que debe asumirse desde el hecho literario y

---

[27] Ha dicho Piñera: «escribir simplemente es un oficio como otro cualquiera, en cambio escribir-se uno, he ahí el secreto» (Pérez León 1995: 55).

la resonancia de un debate de época. Este concepto opera un desplazamiento respecto de la radical autonomía de la ficción postulada por la constelación Borges. En la perspectiva del cubano se lee una especie de historicidad hecha de presente textual, de condición histórica sobre el carácter de lo efímero del acto creador: «Sartre ha dicho muy acertadamente que la perspectiva de futuro para el hombre no puede ser en modo alguno la de los mil años por venir, sino la de los años que integran la época que le ha tocado vivir» (Piñera 1945: 200).

Ese es precisamente el vehículo que acerca al lector a la ficción, lo que Piñera modeliza como «función terapéutica del arte»: consiste en trasportar al lector por medio de mecanismos puramente ficcionales a un espacio de delirio, ensoñación o pesadilla que tiene la función de apartar el horror de lo real, de lo «temporal» a un espacio de «horror intemporal» que expurga el peso de una realidad opresora.

De tal manera, la pura invención que postula se aproxima al debate librado en *Sur* acerca de los mecanismos de autonomización de la ficción y de la liberación del lector de las cargas enciclopédicas o dogmáticas de la interpretación; sin embargo, a pesar de que pretende erigir este espacio radicalmente autónomo, configura una predeterminación que radica precisamente en la función de ese ejercicio. Si para Borges y Bioy la literatura guarda para sí la especificidad de entretener, para Piñera, en cambio, en la herencia existencialista esa «catarsis» final conduce a un tipo de metafísica de lo histórico que –pese a la negación de los *a priori*– contiene una función externa, y se es su secreto: «tanto el sacerdote como el escritor son los depositarios de los secretos de sus confesados» (Pérez León 1995: 55). Existe un orden, por debajo de la realidad textual, al que la literatura remite, aun en su carácter de juego, y ese orden ontológico y ético dota a la escritura ficcional de un tipo de trascendencia en términos de efectos sobre lo real. Sobre lo que vale la pena insistir, como operativo típicamente piñeriano, es en esa funcionalidad literaria que no proviene de una entidad autorial predefinida y cargada de atributos «espiritualizadores», sino del mero devenir textual, de la corriente escritural sobre el presente, de la palabra como una cicatriz de la historia.

En la nota que publica un año más tarde, vuelve a poner el énfasis en la divergencia. Usurpando la clave usada para la literatura argentina, acusa a los escritores de «su triste uso y mixtificación». La acusación, estrechamente vinculada con las premisas anteriores, tiende ahora a mostrar el carácter hermético del arte, y en ese sentido procura deconstruir las «mitificaciones románticas», ya que aquél se ha hecho más valioso para los propios artistas que para el público. Esto es, la idealización que opera en la Modernidad –la religión del arte que postulaba Lezama– lo ha convertido en un templo sagrado cuyos principales adoradores son los propios protagonistas, y este operativo conduce también al trastocamiento del arte en su personificación. Es una duplicación del personalismo que sustentan las teorías contemporáneas del arte, una tautología. En este orden, el arte se vuelve tan entelequia metafísica como la misma teoría del sujeto que lo sustenta. Supone, por un lado, la idea de un sujeto fuerte que lo preexiste, pero además en su propia mirada tautológica opera un desplazamiento que conduce a concebir el arte con todos los atributos de la persona humana:

> nuestros desvelos por el arte lo han convertido en algo personal y manejable; hoy el arte es una persona más en el mundo de las personas, una potencia en el mundo de las potencias; con él hay que pactar, discutir, le hemos erigido sus palacios, creado su lengua propia, su telégrafo de señales, y levantado capillas de las que somos sus oficiantes. Y pregunto ¿nadie se da cuenta de que la mutación del arte en escenografía supone automáticamente la muerte del mito? (Piñera 1947: III: 16: 199)

En este texto vuelve a postular la relación entre escritura y existencia. Si al adorar al arte lo disolvemos, hacemos de él pura farsa, una mentira, restituirle su carácter de ficción implica, para Piñera, volver artística la propia existencia, lo que supone renunciar a las modas, a las copias y a los sistemas de consagración tendientes a la construcción de un «sujeto aurático», cuya especificidad supondría una especie de sacerdocio. Mientras tanto la literatura se entiende como pura acción, despojada de teleología trascendente; el arte es un espacio de la conquista del libre albedrío que supone la liberación de las predeterminaciones mistificadoras, cercano a lo que Rodríguez Feo, leyendo su cuentística, definió como «letravisión»[28].

Piñera, que escribe desde Buenos Aires para los cubanos lectores de *Orígenes*, está sin duda pensando doblemente en los escritores «tantálicos» de *Sur* y en los «adoradores y sacerdotes» de *Orígenes*. El arte concebido de ese modo implica la liberación del sujeto y la conquista de su autonomía, implica –en segundo grado– el disenso con el sistema retórico del que formaba parte, aunque de un modo excéntrico.

---

[28] «Letravisión significa para mí la encarnación a través de formas imaginativas de un estado subjetivo. Odio la palabra encarnación pero la obsesión con la carne es un tema tan fundamental en Piñera que me reconcilio a usarla aquí» (Rodríguez Feo 1962: 48).

En 1955, finalmente Piñera publica en La Habana el cáustico texto de la conferencia de la SADE, «Cuba y la literatura», ya en el número 9 de *Ciclón*. Allí afirma: «Niego que haya tal literatura cubana ya que día a día sufro la terrible muerte civil del escritor» (Piñera 1955: 9: 51-55). Su texto está operando una doble ruptura[29], en el campo cubano y en el argentino, donde había sido leído por primera vez. Y la caprichosa ruta de circulación de esas escrituras pone en escena el carácter del desencuentro.

A pesar de haber formado parte de los dos artefactos culturales —que de diversos modos conformaron un tipo de centralidad en sus propias literaturas—, Virgilio Piñera no logró asimilarse a ninguna de esas retóricas. Se trata, por así decir, de una excedencia que se construyó en varias dimensiones. Por una parte, excedió la lectura originista, recogiéndose en las lecturas negadas por el grupo: existencialismo, freudismo, intrascendencia; es decir, en el mapa «antillanizado» —«la maldita circunstancia del agua por todas partes» (Piñera 1942)— de una patria construida en principios geoculturales divergentes. Por otra, su modo de operar la excedencia en el mapa de la literatura argentina ofrece una tensión ambigua. Si su trabajo sobre la inmanencia del texto lo acerca a Borges, un enclave personal en ese canon lo aleja de él: el ejercicio lúdico-dramatizador posee aún una funcionalidad, en tanto se configura como un artificio donde el sujeto no es un *a priori* sino una conquista póstuma del texto.

De modo que el modelo de la invención sostenida en un férreo razonamiento de carácter lógico, cuyo rigor «contenía» una perfecta urdimbre que

---

[29] Santí ha estudiado las sucesivas rupturas que opera la vida-obra del dramaturgo. La primera que señala es de índole biográfica: su carácter de provinciano pobre intentando convertirse en escritor en un país de cultura centralista. La segunda es de carácter cultural: en un país de cultura machista la identidad de Virgilio no podía ser asimilada. «Entendí que era pobre, homosexual y que me gustaba el arte», había manifestado el autor de *Cuentos fríos*. Al respecto señala Santí que «en esa misma cultura machista donde la auto-represión hacía que hasta homosexuales (como el propio Lezama) asumieran una postura homófoba, un homosexual como Piñera, que para más señas es "una loca afeminada", podía ser rechazado hasta por su congéneres». La tercera ruptura es la que se opera en el campo estrictamente literario, desde la ruptura del 42, y se configura en dos instancias claves: las desavenencias en *Espuela de Plata* que derivan en la creación de tres revistas, *Nadie parecía* (dirigida por Lezama), *Clavileño* (dirigida por un comité de dirección dentro de los cuales se contaban Gastón Baquero y Cintio Vitier) y *Poeta* (dirigida por Piñera); ese mismo año publica en edición de autor el largo poema *La isla en peso*, «donde profundiza su propia visión de la insularidad y de lo cubano pensado, más en la tradición de Julián del Casal que en la de Martí, como maldición...» (Cristófani Barreto & Gianera & Saimolovich 1999: 51: 10). Este último, según el autor, da pie a las sucesivas rupturas que operaría Virgilio, desde su exilio argentino, la escisión de *Ciclón* y posteriormente *Lunes* (Santí 2002: 79-92).

garantizaba la independencia y el carácter insubordinado de la literatura, excedía el modelo de la ficción piñeriana. La libertad del lector que ambos postulaban se alejaba en las formas de su realización. El sustrato «dramático» de la textualidad del cubano se distanciaba de la asepsia detectivesca y rígidamente anclada en la «cientificidad» de las pistas borgeanas. La libertad, para Piñera, se logra luego de provocar la expulsión, por la vía terapéutica de la ficción narrativa, de ese fondo trágico de la existencia humana. Una lucha, además, que sólo se lleva a cabo en la literatura. Así, su estética no puede ser asimilada por el origenismo por la deuda que ella acusa con la tradición que lo aproxima a Sartre y Camus, reinventada por Piñera en la simulación de la «frigidez» (véase Barreto 1995) del narrador, en abierta oposición a la lucidez y a la hiperactividad del narrador borgeano. De manera que Piñera, precariamente unido a los dos sistemas, fractura el canon de ambos. Las concepciones nucleares del hecho literario (narrador-lector-texto) fisuran ambos sistemas: se aleja del idealismo origenista, se aleja del mero juego experimental del sistema argentino y se ubica a medio camino entre ambos: en la frígida acción del sujeto, donde la literatura «se hace» a sí misma, y en ese ejercicio forja, desde el infierno, un tipo de libertad, como conquista de la condición de posibilidad del yo.

Por otra parte, Santí afirma al respecto: «No creo equivocarme al afirmar que –salvando las distancias, desde luego–, *Sur* representó para Piñera un avatar rioplatense (y desde luego secular) de *Espuela de Plata* y *Orígenes*, al menos desde el punto de vista de su actitud ante la cultura y el lenguaje» (Santí 2002: 87).

Ese «avatar secular» no implica, en mi perspectiva, solamente el desplazamiento de la trascendencia de la retórica origenista hacia un tipo de inmanencia que *Sur* parece avalar; implica también un carácter más formativo de su específica identidad como escritor, fundamentalmente, de ficción. En verdad, la lectura siempre crítica de *Sur* que ejerció el cubano debió haberlo conducido al encuentro-desencuentro con un tipo de publicación en la que se libraba una batalla cultural cuyos efectos excedían al campo literario. Las revistas origenistas estaban mucho más centradas en «lo literario». Si bien *Sur*, como *Orígenes*, ofrece desde diferentes paradigmas el esfuerzo por la autonomización de la literatura, la revista argentina presentaba además otros vectores del discurso social. Creo que el impacto acusado primariamente por Piñera –y que comenta en sus cartas– respecto de una articulación y diversificación intelectual no encontrada en La Habana permite comprender que para él *Sur* no era solamente un avatar rioplatense, sino la modulación de su *deseo de ruptura* con cierto provincialismo que mostraba su ciudad. Lo cual no excluía la ácida percepción de un campo cooptado por la colonización cultural de las metrópolis, y –paradójicamente– en ese sentido mucho más «dependiente».

De modo paralelo al gesto ácidamente crítico, Piñera modeliza una especie de peregrinaje incansable al santuario *Sur*. En sus cartas da testimonio de ese deseo casi imposible de acercarse a los escritores consagrados de la revista. Las promesas permanentes a Lezama dan cuenta de esa casi infructuosa búsqueda de colaboraciones:

> Además había pedido a Sábato un ensayo para *Orígenes*. Él enseguida me lo prometió y me dijo que ustedes le habían escrito hace algún tiempo solicitando su colaboración [...] Ayer me dijo que en unos veinte días me entregará el ensayo –un fragmento de un estudio mayor sobre Leonardo–. También me dará un artículo de Francisco Romero y lo mismo de su hermano José Luis Romero –hombre este muy inteligente en su materia– Historia de las ideas. (Lezama 1993: 277)

La correspondencia muestra las modulaciones del deseo de Piñera por responder al mandato lezamiano y el carácter esquivo de esa conquista. La reiterada promesa de colaboraciones muestra el escaso interés que para los intelectuales argentinos representaba el hecho de ser publicados en una revista que circulaba con enormes dificultades en el sur, que por lo tanto se conocía poco, y que además pertenecía a un sistema literario más periférico que el argentino.

En otra carta del 22 de diciembre de 1946, Piñera escribe: «Al fin me llegó hace un mes el número otoñal de *Orígenes*. Muy bueno, y no me explico por qué suprimieron la pequeña noticia sobre Gombrowicz, con haber suprimido mi nombre, bastaba» (Lezama 1993: 278). Y en la misma misiva, agrega: «Publiqué en *Anales de Buenos Aires* que dirige Borges un cuento titulado "El insomnio", y te envío este artículo mío aparecido hoy el suplemento literario de *La Nación*».

La palabra literaria de Piñera, entonces, configura un espacio de fuga de ambos sistemas. Si la literatura, en su modulación más canónica –Borges, Bioy, pero también Macedonio, Sábato y Mallea– padecen del exceso formal que conduce a una falsificación de la literatura –es decir, a un desplazamiento de su foco creativo–, lo que Piñera opera es un cuestionamiento al propio sistema de canonización inscrito también en una teleología nacional[30]. Al mismo tiempo,

---

[30] Discrepo en este punto con la muy interesante y aguda lectura de Rojas en la que plantea que el canon propuesto por Borges no supone teleología alguna. A mi juicio, su escritura conlleva un modo de construir la Patria, aunque no se sustente en una teleología de carácter político sino en una teleología de carácter formal. Por ejemplo, el número de *Sur* que publica el Debate sobre Moral y Literatura (Calomarde 2004) expone ese intrincado vínculo, donde

echa a rodar en el campo argentino un diagnóstico impugnador del sistema literario cubano, precisamente en la fecha de una efeméride sinecdótica que colocaba a los origenistas ante el desafío histórico de la prueba de una coherencia ética. El vacío que describe Piñera no es sino el espacio de un margen que expone los trazos de una relación inviable con el estado corrupto de la República, un entredicho textual sobre los vínculos entre la ciudad letrada y el Estado (véase Rama 1984) en la literatura latinoamericana. Si el margen aparece en la estética y en la cultura origenista como el único espacio posible para salvaguardar una creación capaz de encarnar la historicidad nacional, y para García Vega la relación con el Cincuentenario echa por tierra esa hipótesis poética (García Vega 1952), para el otro «origenista disidente» el tono y el momento de su cuestionamiento no pueden sino alumbrar una zona del debate y de la incipiente ruptura que ya está modelizando en Buenos Aires: la de Lezama y Rodríguez Feo, con Piñera silencioso primero y verborrágico más tarde, en *Ciclón* y *Lunes*[31].

Para llegar a Borges (o la cita imposible Borges, Leonor y Piñera)

Entrevistado por Pablo Gianera, Alejandro Russovich, amigo de Piñera, señala dos cuestiones importantes: una, la necesidad de incluir a Piñera como escritor argentino, atendiendo a la idea de Piglia de hacer lo propio con Gombrowicz, porque según dice «escribió buena parte de su obra estando acá, e incluso en relación con el entorno argentino. Participó muy intensamente en la vida nacional y juzgó los fenómenos culturales y espirituales con mucha agudeza» (Gianera 1999: 22). La otra, una idea heterodoxa de un «escritor-lector sin libros», que cultivó principalmente la cultura oral de los cafés y las reuniones con amigos, como un modo de poner en escena su revulsivo principio desmitificador de las capillas literarias.

A pesar de la precariedad de las condiciones en que vivió durante esos años en Buenos Aires, como becario y empleado del Consulado cubano, y de las condiciones de extrema pobreza que manifiestan sus cartas, agudizadas después de su renuncia, Piñera tuvo una escasa articulación con los circuitos hegemónicos de la cultura argentina pero una intensa relación con muchos escritores,

---

la preocupación que recorre el debate –no solamente borgeana– se define en términos de cómo construir una literatura nacional.

[31] Me refiero a la enorme cantidad de contribuciones que produce en estos dos artefactos.

entre ellos Juan José Hernández, quien señala su carácter de gran lector, «particularmente de poesía», y una forma especial de la «cortesanía cubana» que se opone a la visión de otros escritores que cimentaron su fama de «loca». Según Hernández, «la imagen de "loca" que difundieron es una canallada de la que participó también Cabrera Infante. Virgilio era como un caballero del siglo XVIII, lleno de sutilezas y reticencias para hablar» (1999: 51: 5).

Años más tarde, cuando el poeta de *Las furias* se había alejado de Lezama y de *Orígenes*, comenta en carta a Rodríguez Feo:

> Por intermedio de Graziella he sabido el último... George empezará un ensayo sobre Ortega mañana... (Graziella pregunta: pero señora ¿No cree usted que Borges no querrá escribir sobre Ortega habiéndolo ya hecho para *Sur*? Respuesta de la Señora: ¡Eso no es cierto, querida: Georgie no ha escrito nada para *Sur*, su compromiso es para *Ciclón* y él tiene mucho gusto en hacerlo. Pausa. Además, no se trata de si le gusta o no le gusta. Para él es una obligación sagrada pues ha empeñado su palabra a Virgilio Piñera. Graziella: señora, pero me consta que Rodríguez está demorando el número de *Ciclón*. Señora: que no se apure, en estos días tendrá el ensayo). (Piñera 1956: 74)

Mientras Virgilio le relata el escamoteo de la publicación de los textos de Borges, las «traductoras» modelizan el diálogo. Como un efecto descentrado del diálogo, Borges publicaría la nota sobre Ortega en *Ciclón*; Piñera, por su parte, no publica en esos años en *Sur*, pero sí en *Anales de Buenos Aires*. Como sabemos, solamente diez años más tarde aparecería en *Sur* un relato del cubano, «El enemigo» (Piñera 1955: 236: 52-57). Lo curioso de ese circuito resulta del hecho de que es gracias al operativo lector de Borges-Leonor que aparecen en 1947 sus relatos «En el insomnio» y «El señor ministro», publicados en la revista que dirigía Borges.

La carta de Piñera, que mediatiza un diálogo entre Leonor Acevedo y Graziella Peyrou, encierra una mentira a medias. Borges sí había escrito para *Sur* sobre Ortega, aunque lo hubiera hecho en el contexto de una encuesta que promovió la revista bajo el título de «Moral y literatura» en el año 1945, y nunca haya aparecido el nombre de Ortega –por las razones que ya he expuesto–. En el desarrollo de Borges, como un efecto no deseado de la escritura, se filtra la traducción-traición posterior de su madre. La oblicua referencia en aquella polémica, de la que participaron casi todos los escritores vinculados a *Sur*, apuntaba a llevar a cabo un debate de carácter estético respecto de cuáles eran los modelos literarios que la revista debía promover. La subrepticia referencia a

Ortega instala el otro momento del diálogo argentino-cubano mediatizado por el «aguafiestas» y revela los aspectos menos visibles del contacto: las mujeres de Borges como facilitadoras y gestoras del tan deseado contacto.

Le dice a Rodríguez Feo en carta noviembre de 1955:

> Estoy tomando posiciones y haciendo contactos. Por de pronto tomaré el té con Borges y su mamá, mañana a las diez. Ella está enloquecida con el abanico que ya Graziella se encargó de describirle punto por punto [...] también mañana tengo cita con Victoria y Bianco a las cuatro de la tarde. Allí dejaré el otro abanico. (26)

Después de más de diez años en la capital porteña, Piñera cambia la estrategia. El «gesto adulador» de acercarle regalos a Leonor Acevedo como umbral autorizador de su hijo coloca al cubano en la antesala del éxito. Ha aprendido a reconocer el circuito íntimo que le permitirá llegar de manera directa al escritor más célebre de Argentina, y por su intermedio a la publicación que lo había promovido. Solamente que ahora el circuito se había desplazado de *Orígenes* a *Ciclón* y el mentor del contacto ya no era Lezama, sino Rodríguez Feo.

En su ensayo «Lecturas cubanas de Borges», Jorge Fornet plantea la hipótesis de que la «universalización» de Borges en el campo literario cubano supondría un doble efecto: por una parte, la apertura de la dicotomía Lezama-Guillén (o barroquismo-cultura afrocubana) que cerraba la discusión del canon nacional hacia una zona distinta de la literatura insular. Por otra, y como su efecto, se pregunta el autor «si la aparición de las *Páginas escogidas* de Borges no contribuyó a revalorizar, dentro de la propia Cuba, las obras de dos excelentes escritores de resonancias borgianas –Piñera y Eliseo Diego» (Fornet 2006: 37). Se refiere aquí a la antología prologada por Fernández Retamar para la colección de Clásicos de la Literatura Latinoamericana de Casa de las Américas en 1988, luego de su revisión de la célebre y continental lectura que había efectuado sobre la obra del argentino en su trabajo del 1971.

Casi dos décadas después, para una edición autorizada por el propio Borges al autor de *Calibán*, el texto rehabilita la serie que ya había iniciado *Lunes*, cuyo foco ya no sería la consideración de «colonial» del primer Retamar, sino la de «el más grande prosista que le ha ocurrido al español desde Quevedo» (Fornet 2006: 35). Lo que a mi juicio resulta altamente productivo de este trabajo es la operación de revisión del canon Borges en el contexto cubano como un modo de rehabilitación de las estéticas negadas y desplazadas dentro del origenismo –pero también dentro del paradigma nacional–, y principalmente de la obra de Piñera. Si hacer legible a Borges dentro del sistema literario de la isla implicaba «traducir» también a los mismos cubanos a través de aquellas «resonancias borgianas» (Fornet 2006: 36), es preciso preguntarse cuál es el tipo de deuda que deben tributar esos escritores, cuál es el carácter específico de ese préstamo-contacto o traducción que exponen sus escrituras. Y simultáneamente, cabría averiguar sobre su anverso: qué lectura de los textos de Piñera germinó en una zona de la literatura argentina, en ese banquete «canibalesco-calibanesco» que reapropia y resignifica trasformando al otro en su propio multiforme y heteróclito cuerpo.

Bianco, lector de Piñera

De la errática búsqueda argentina de Piñera, emerge la que, sin duda, será su credencial introductoria a la revista: la amistad con Bianco, mediada por Rodríguez Feo. No serán, entonces, ni Borges ni Sábato quienes introduzcan a Piñera en *Sur*, sino la relación entre aquellas dos figuras. Y no será, en rigor de verdad, una relación entre *Sur* y *Orígenes* sino entre *Sur* y *Ciclón*, aunque este encuentro no pueda ser entendido sino como el resultado diferido y excéntrico de un doble derrotero: el de la trayectoria porteña de Piñera (sus fracasos y sus logros) y el de la trayectoria de cada publicación en su campo cultural (la pelea de Lezama y Rodríguez Feo que finalmente hace germinar a *Ciclón* y con ella, paradójicamente, la aparición de algunas de las figuras tan deseadas por el origenismo, ya no en la revista del 44, sino en la de Rodríguez Feo y Piñera).

El mismo Bianco señala esa ruta:

> Borges, en 1947, fue el primero en publicar en la Argentina un cuento de Piñera. Yo faltaba en el país desde hacía casi un año; a mi vuelta en 1948, leí *El señor ministro* de Piñera, ojeando la colección de aquella revista dirigida por Borges que tuvieron la gentileza de mandarme [...] No conocía a Piñera escritor, aunque había visto su nombre en los sumarios de publicaciones cubanas; ocho años después cuando tuve oportunidad de conocerlo personalmente, era ya un admirador de su obra literaria. (Bianco 1970: 15)

Curiosamente, avanzadas algunas líneas, precisa los lugares por donde circulaba y llegaba hasta él, lector, la obra de Piñera: «[...] incluidos en las entregas de dos excelentes revistas que durante quince años aparecieron en Cuba gracias al esfuerzo y la generosidad de José Rodríguez Feo: *Orígenes* y *Ciclón*» (Bianco 1970: 15).

La absoluta omisión del nombre de Lezama del espacio de la publicación resulta al menos escandalosa –si no malintencionada– si se piensa en su condición institucional de secretario de redacción, que conocía al dedillo la cocina de una publicación periódica conjunta y de la tarea de equipo requerida por una codirección como la que existía en *Orígenes*. Muestra, además, no solamente su cercanía con Rodríguez Feo, sino su verdadero vínculo con la cultura cubana –y con Piñera– a través del «escolar de Harvard», y por ende de una zona de *Sur* con la literatura cubana.

Si no reconoce la relación origenista de Lezama y Piñera, sí ubica al primero en el espacio de barroquismo cubano, con lo cual contribuye a abonar la hipótesis de Fornet: el *canon cubensis*, aguijoneado en la dialéctica especular de lo barroco y la afrocubanía, hace impenetrables otras escrituras que puedan descentrarlo. Cuando Bianco expone los episodios de aquel devenir y una lectura argentina de la obra ficcional del autor de *La carne de René*, curiosamente recoge la tradición crítica de la isla para fijarlo en el canon del barroco y reconocerle entonces a esa literatura, tácitamente, la deuda continental. Bianco desconoce que su operación legitimadora –hacer a Virgilio parte de un sistema nacional que habilite su traducción literaria en el extremo continental– deja trasuntar levemente ese imposible prerrequisito: Virgilio descentraba y descolocaba hasta la misma heterogeneidad barroca de sus insignes contemporáneos. En el primer párrafo de su «Prólogo» señala: «Mucho se ha hablado en los últimos tiempos, a propósito de Alejo Carpentier y de José Lezama Lima, del predominio del barroco en la moderna literatura cubana. Virgilio Piñera no es menos barroco que sus dos compatriotas» (Bianco 1970: 8).

El no ser «menos barroco» no equivale a afirmar una perfecta legibilidad dentro de ese marco; más bien diría que opera como su opuesto, al mostrar que aun cuando podría ser leído en cierta zona de proximidad con una determinada noción del barroquismo, Piñera excede ese tipo de modernidad. Ahora bien, el barroquismo al que vincula al cubano, a diferencia de sus predecesores, no se define por el lenguaje ni por el estilo, sino por el tipo de acción que construye. En primer lugar porque los personajes pertenecen al espacio de los marginados sociales y operan en el sistema bajo una lógica adversa, que parece acatar, subordinarse, a las reglas, aunque en verdad se rebelan contra ellas al oponer sus íntimas convicciones, su «malicia», como contrarrelato de la desnudez y del despojo, al modo del sinsentido del mundo. Como señala Bianco: «Observan con malicia el mundo en que viven –un escenario escueto, un poco desmantelado–. Y no se dejan engañar por su apariencia tranquilizadora» (Bianco 1970: 8). En segundo lugar, esa mezcla de civilidad e independencia opera, en verdad, como un foco alternativo, individual y adverso, y en tal sentido, antisocial, que desnuda los límites del juego. Más singular que social, la tensión hace explícita la parcialidad excluida del sistema, su lógica inasimilable y subordinada. Es esa proyección de lo singular por sobre el sistema de convenciones que rige el mundo lo que demarca el territorio de la ficción barroca leída por Bianco en los cuentos de Piñera, a la manera de una «antropofagia reversiva» y *sui generis* porque «transforman sus pestilencias en el olor de las viandas que apetecen, o su ceguera en un jovial Miércoles de ceniza» (Bianco 1970: 8).

Si la enfermedad de este mundo que escribe Piñera, según Bianco, se instituye como la patología de la cordura, la «antropofagia reversiva» formula una contra-lógica hecha de absurdo, incomunicación y anarquía. Ese barroco no es producto de un proceso de verosimilización de la fantasía, sino por el contrario es la ficcionalización de las propias visiones del sujeto histórico Piñera: «Detrás de sus fábulas irreverentes o lastimeras, percibimos el miedo, el asombro, la curiosidad, la fascinación que le causan las desventuras humanas» (Bianco 1970: 9).

Para el secretario de *Sur*, ese barroco se arma en la puja con el límite del canon, como una escritura de borde, que juega con el límite pero no lo traspasa: una libertad que se construye de vértigo, en punto máximo de la frontera de la libertad y sujeción definitiva, en la frontera donde la lucha por la primera puede llevarlo a perderla de modo definitivo. Este juego de los límites es lo que ordena su narrativa sobre la caricatura y el humor, un humor situado en la intelectualización de la experiencia, que asume la tragedia de la finitud y la caducidad del tiempo, las ruinas de sí mismo y de las cosas. Entonces, la narrativa del cubano –que ingresa al sistema argentino– se lee en la estela de una ficción que opera la desfiguración metafórica y humorística del yo y su trasfiguración paródica y monstruosa. Para esta exposición, Bianco apela al magisterio de Borges cuando arma una genealogía barroca de la caricatura y del humor: «Yo diría que el barroco –ha escrito Borges– es aquél estilo que deliberadamente agota (o quiere agotar) sus posibilidades y que linda con sus propia "caricatura"». Y agrega, «El barroquismo es intelectual y Bernard Shaw ha declarado que toda labor intelectual es humorística» (Bianco 1970: 9).

Humor-barroquismo-intelectualización constituyen la tríada con la que Bianco pretende adscribir la obra de su amigo Piñera a la literatura argentina, usando el pasaporte de las ideas borgeanas pero descentrando, también, el canon del barroco cubano. Como literatura de borde, entre la máxima seriedad y la caricatura, entre el límite último y la conquista de la libertad, la operación de Bianco lo desplaza del modelo del barroco cubano y lo resitúa en el contexto del debate argentino. La nota también deja entrever la rareza de su obra, su carácter excéntrico, corrido del canon de la isla y del de la ficción rioplatense, que de manera insistente pone a funcionar su escritura. La peculiar factura de ese modelo narrativo, díscolo e individual, puede ser, sin embargo, pensada en la serie de alternativas de aquellos escritos que no buscaron la subordinación sino la ruptura. A propósito, Laddaga propone la serie de «familia»[32] para integrar a tres escritores «raros» de la literatura latinoamericana, curiosamente vinculados a *Sur*: Piñera, Wilcock y Felisberto Hernández.

En verdad, Bianco parece acercarlo a la matriz macedoniana, negociando también con Borges, a propósito de un concepto de humor que desafía los límites textuales, genéricos y lingüísticos. En tal sentido, el texto coloca la narrativa del cubano en la tensión entre trascendencia y fracaso, haciendo uso de una forma del relato circular que replantea la lógica causa-efecto del canon tradicional y prescinde de la anécdota. Ahora bien, la función de arquetipos que atribuye a los personajes de Piñera funciona al modo de un reflejo deforme de la totalidad platónica perdida, arquetipo de la incomunicación y la cosificación del hombre moderno, bajo cuya peripecia insólita y trivial pervive la nostalgia de un orden que se filtra en el desconocimiento de su designio. Señala Bianco:

> Los hombres ignoran su designio o lo compadecen. Pero la incomprensión misma de los hombres les da la medida de su libertad. Lo miran y no lo ven, vaciados de toda connotación subjetiva, impenetrables, enigmáticos, existen y lo obseden a igual título que las cosas, sobre las cuales ejerce sin violencia su *libido dominandi*. (Bianco 1970: 13)

Como observamos, Bianco trabaja la obra de Piñera partiendo de una relectura del barroco antillano pero desplazándola del modelo instituido (Lezama-Carpentier), al modo de una especie de «barroco a la argentina». Si en el fondo humano persiste toda la tensión que aporta el barroco a la literatura de su tiempo —por vía de la contradicción, el absurdo, la caricatura, la escritura de frontera— Bianco negocia también con la tradición argentina de *Sur*, releyendo el barroco a partir de Borges y, en definitiva, suscribiendo el trabajo con los procedimientos narrativos tal como venía experimentando la constelación Borges: la estructura circular —*Las ruinas circulares* (1944), de Borges—, los per-

---

[32] «Wilcock, Piñera y Hernández forman, en este sentido, una "familia": un conjunto no vinculado quizá por un rasgo común, sino por el encadenamiento de diversas semejanzas que pueden componerse en una serie "como torcer una trenza tejemos fibra sobre fibra"» (Laddaga 2000: 10).

sonajes como espectros de una totalidad perdida –*La invención de Morel* (1940), de Bioy–, el personaje como arquetipo –*El Sur* (1944), de Borges–. Aunque también con el espacio de la praxis intelectual concebida desde el humor y el absurdo, en un paradigma que lo aproxima al modelo sustitutivo pero también vigente de Macedonio –y de la narrativa de Hernández que actualiza *Sur*[33]. La mediación del barroco, en la palabra una vez más borgeana, hace interpenetrar problemáticamente las categorías básicas del debate estético. Si el barroco es siempre intelectual y toda actividad intelectual humorística, entonces no solamente el intelectual escritor argentino o antillano negocia necesariamente con esa zona de su praxis –hecha de exceso, contradicción, paradoja– sino que la escritura linda con su propio vacío.

De modo paradójico, los dos operativos de recolocación de Piñera –el cubano y el argentino– hacen interceder la obra de Borges. En el caso insular, la primera rehabilitación posrrevolucionaria de Borges –suspendida por el avatar político de sus declaraciones y también por giro que implica el 61 en las políticas culturales de la isla– parece haber permitido diseminar la antinomia Lezama-Guillén hacia una proliferación de escrituras que trabajaban el problema de la identidad desde diversos presupuestos. Entre ellas la de Piñera, que aun cuando negocia con ambos cánones, difícilmente se deja asimilar a alguno de ellos. La posibilidad de pensar el modelo policial, la lógica rigurosa de la ficción y una escritura condensada y despojada que han abierto las lecturas de *Ciclón* y *Lunes*[34] sobre Borges –y *Casa de las Américas* y Fernández Retamar más tarde– parecen autorizar «otro» modelo para la literatura insular. Paralelamente, si seguimos la lógica de Bianco y la emergencia de ripiosos bordes en el canon del sur, no será entonces la mesura y la desnudez el atributo que permitirá leer a Piñera y con él a otros escritores del mismo sistema, sino su cercanía a las escrituras excéntricas de Macedonio, de Gombrowicz, inclusive de Wilcock o de Felisberto Hernández, como lo muestra Laddaga (2000: 13). Una excesividad de

---

[33] Me refiero a la inscripción un tanto problemática pero ostensible del escritor uruguayo en las páginas de *Sur*. Su presencia en términos de efectos estéticos sobre la narrativa del período opera como un sesgo crítico sobre la potestad del relato como género capaz de ser definido rigurosamente.

[34] Con el cierre de *Lunes* en 1961 y la noticia pública del apoyo que dio Borges a la invasión estadounidense a la isla en ese año, se suspende la lectura borgeana para los cubanos. Recordemos además que Borges había publicado en dos ocasiones en *Ciclón*, y luego en *Lunes* publica dos textos narrativos –«El sur» y «La duración del infierno»– y varios poemas (en el número 24, de agosto de 1959). Este ciclo solamente se invierte casi tres décadas más tarde, cuando Retamar introduce nuevamente a Borges a través de sus *Páginas escogidas* (Borges 1988).

otro orden, que se nutre de la relación barroquismo-humorismo-intelectualismo postulada por el autor para Macedonio y que Bianco traduce para Piñera. Curiosa y caprichosa operación canonizadora, que más allá de su apariencia de azar se encuentra profundamente imbricada en el acaecer regional, local y en la microhistoria del sistema literario.

La experiencia de sus «revistitas».
Una lectura al revés de Orígenes y Sur

> A Virgilio le fascinaba esa cosa esperpéntica
>
> (Hernández 1999: 5)

En el año 1947, Piñera es invitado a leer un trabajo en Radio Nacional sobre su defensa de *Ferdydurke*. Allí afirma:

> Nosotras las naciones menores, debemos dejar la tutela de París y tratar de comprender directamente. *Ferdydurke* nos abre el camino para conseguir la independencia, la soberanía del espíritu, frente a las culturas mayores que nos convierten en eternos alumnos. (Anderson 2006: 59)

No voy a detenerme a estudiar la relación de Piñera con el «ferdydurkismo» porque excede los objetivos de este libro[1]; solamente pretendo señalar su experiencia con el lenguaje que profundizó, a través de los procedimientos traductores, la conciencia en torno a los modos en que opera la mediación del lenguaje literario entre sistemas culturales con escasa legitimación en la economía global de la «república mundial de las letras[2]» (Casanova 2001: 23).

---

[1] El estudio de Piglia (1987) aborda lúcidamente este aspecto.

[2] Casanova plantea dos cuestiones de productivas consecuencias para mis reflexiones. En primer lugar, historiza la trama de las relaciones literarias en el contexto de las luchas por el poder y la legitimidad que corroen los valores intrínsecos tradicionales de la «literariedad» y la «nacionalidad» de la literatura: «La historia (al igual que la economía) de la literatura, tal como entendemos aquí es [...] la historia de las rivalidades que tienen a la literatura por objeto y que han creado –a fuerza de negativas, de manifiestos, de resistencia, de revoluciones específicas, de nuevos caminos, de movimientos literarios– la literatura mundial» (Casanova 2001: 25). Por otra parte, señala también la enorme importancia que, en esa economía, adquieren los textos y discursividades de las literaturas latinoamericanas, ya que por su carácter periférico asumen de manera dramática la conciencia acerca de su posición y del poder que otorga el hecho de pertenecer a esos móviles centros: «El carácter irremediable y la violencia de la escisión entre

Esa praxis cambió, en alguna medida, su relación con la literatura argentina en dos dimensiones básicas. Por una parte, viabilizó una zona más profunda de la crítica a las literaturas periféricas a las que pertenecían tanto la cubana como la argentina en su relación hiperdependiente de las metrópolis; y por otra, articuló una zona de su cuentística más orientada al «horror de la encarnación», que si bien no abandona el trabajo centrado en los mecanismos de producción textual de ese horror, cambia en alguna medida el tono de sus efectos –la solución dramática– y también la modulación del lenguaje, tributario en cierta forma de la experiencia «traductora»[3]. Vale decir, «encarnación» (versus la encarnación originista de la imago poética en la historia) como desalojo de la abstracción y de la «literariedad», encarnación en tanto que asunción de la precariedad cuerpo-texto en el escenario de luchas de poder donde la entidad autoral es un «producido» de carnadura intertextual. Esta experiencia hizo posible *La carne de René* y profundizó el hiato con la constelación Borges. Como he venido señalando, la relación de la escritura piñeriana con una zona de la literatura argentina liderada por Borges –pero secundada por Macedonio y Obieta– está testimoniada sigilosamente en ese cuerpo a través de una tensión entre cercanía y distanciamiento. Los modos en que la literatura rioplatense del escritor antillano expurga las distancias y los recorridos dispares son el centro de mi pregunta[4].

En relación a sus cuentos, a pesar de que el propio Piñera ha afirmado que la mayoría de ellos se escribieron antes de su llegada a Buenos Aires, entre las condiciones de producción y la efectiva circulación de esos textos media no solamente el acto de la reescritura sino también la iniciación lectora de ese texto, que inevitablemente debe comprenderse en el interior del sistema de lecturas argentinas, y de uno de sus productos estelares: las «revistitas» (más justo sería designarlas con el epíteto de parodias panfletarias) *Aurora* y *Victrola*, editadas en 1947 como parte de un juego hiperliterario entre el polaco

---

mundo literario legítimo y sus arrabales sólo son perceptibles para los escritores de las periferias que, teniendo que luchar muy concretamente para «encontrar la puerta de entrada», como dice Octavio Paz, y para hacerse conocer por él (o los) centro(s), son más lúcidos sobre la naturaleza y la forma de las relaciones de fuerza literaria» (Casanova 2001: 65).

[3] Véase Riccio 1996: 64.

[4] Anderson ha señalado esa proximidad entre las visiones de Piñera y Borges –aún a través de la crítica de tantálico que le había propinado el cubano– cuando afirma: «It may come as a surprise that Borges was not upset by Piñera's frank and somewhat unfavorable judgment of his writing, but we should recall that the two authors had much in common when it came to their unorthodox approaches to literature and culture» (Anderson 2006: 53).

y el cubano. Que Piñera le haya enviado al propio Lezama sendos ejemplares prueba la importancia de esta aventura. Resulta curioso, también, señalar que la «aventura Piñera-Gombrowicz» se produce en el punto máximo de la consagración nacional de Borges y en los albores de la instauración de *Orígenes* en una provisoria visibilidad en la escena cubana[5], que no excluía aunque sí relativizaba –como ya he señalado en páginas anteriores– la función de «margen» que había sostenido como parte ineludible de su moral literaria. De modo tal que es posible concebir esa experiencia no solamente como una parte de la obra literaria de cada autor, sino, fundamentalmente, como una lectura fuera de foco de las dos revistas que enmarcaban la disputa: *Sur* y *Orígenes*.

Las dos revistas, hechas de alguna manera en colaboración[6], como lo prueban las mismas palabras de Piñera, configuran un tono unívoco y de una manera particular de construir el diálogo entre los dos escritores descentrados, extranjeros y pertenecientes a sistemas literarios periféricos que buscaban entablar una manera de circulación argentina. Independientemente de que Piñera haya sido el efectivo autor de la segunda, *Victrola*, el gesto mismo de su autor de no definirse como tal[7] prueba que habían sido concebidas como parte del trabajo colectivo iniciado por el *ferdydurkismo* y que Gombrowicz y Piñera buscaban potenciar[8].

---

[5] Ya he señalado, siguiendo a Salgado, que el año 1952 constituye el punto de mayor visibilidad origenista, encuadrado en la premiación de algunos de sus miembros y en la publicación de la célebre antología de Vitier, *Antología de la poesía cubana*, que de cierto modo cierra el ciclo abierto cuatro años antes por *Diez poetas cubanos* (Salgado 2004: 168).

[6] El amigo argentino de Virgilio, Alejandro Russovich, comenta que «Gombrowicz escribió una revista que era como una burla a las revistas argentinas, se llamaba *Aurora*, revista de la resistencia; nos consultaba a Virgilio y a mí sobre algunas frases que quería poner en la revista, entonces Virgilio sin que Gombrowicz supiera nada creó una revista análoga que se llamaba *Victrola*, revista de la insistencia» (Gianera 1999: 51: 22).

[7] Las referencias a ambas revistas se encuentran encabezadas por el nombre de cada publicación, y no por la del autor tal como ha sido el criterio utilizado en este trabajo, por el hecho de que ellas lo eluden de modo deliberado. La omisión no solamente hace ostensible esta actitud anómala, «panfletaria» y anónima de cada uno de los textos frente a las operaciones de «auratización» del sujeto escritor –frecuentes en la escena literaria argentina–, sino también su revés de texto «marginal», en tanto sospechoso y plausible de ser sometido al rigor de las «leyes» del campo o de la censura.

[8] Señala el editor en la primera página del dossier de *Diario de Poesía*: «A mediados de 1947 Gombrowicz empezó a urdir junto a Piñera [...] una revista destinada casi íntegramente a burlarse de Victoria Ocampo y su entorno; eligió como título *Aurora*, palabra que se antojaba particularmente ridícula. Sin embargo a poco de andar Piñera decidió hacer su propia revista, *Victrola*, que preparó en secreto y editó justo un día después de la salida de *Aurora*» (1999: 51: 7).

La idea de separar las autorías de una y otra, aunque ajustada a lo señalado por ambos autores, no se sostiene en la lógica de los panfletos por dos razones fundamentales: no solamente porque ninguno de ellos aparece con firma, sino porque ambos fijan el mismo centro editor en el barrio porteño de Once y reproducen casi idéntica tipografía, formato, diseño, y temática; y porque –además– las condiciones de enunciación del texto permite unirlas más que distanciarlas: fueron publicadas con un día de diferencia, lo que posibilita suponer un trabajo en colaboración, aunque haya sido diseñado en el enunciado como un juego paralelo que le hacía Piñera a la escritura del polaco. Por otro lado, el hecho –ya señalado– de que el mismo Piñera, cuando envía las plaquetas a Lezama, no discrimina nombres, a la manera de una afirmación de tácita y duplicada autoría. Le dice Piñera a Lezama en carta de noviembre de 1947: «Te incluyo esas dos revistitas: ataques a *Sur* y a su grupo, a los poetas, a los *connaisseurs*, a los muy cultos, etcétera. Estamos dando batalla» (Lezama 1993: 280). La corta pero categórica frase sirve para indicarnos dos claves en su lectura: una, el hecho de que ambas eran parte de una activa contienda que ambos –Piñera y el conde apócrifo– pretendían librar dentro de la literatura argentina; la segunda, y no menos relevante, es que consideraban su experimento el fruto de un mismo esfuerzo: el plural de la enunciación está señalando que para el cubano no existían distancias, ambas eran el producto de una creación de a dos.

La carta a Lezama avanza en las críticas a la cultura falsificadora de la revista argentina y en otras más personalizadas a Victoria. Paralelamente, lleva agua para su propio molino, indicando –en disonancia con su crítica a las modas– que «el existencialismo está haciendo furor acá» (Lezama 1993: 280). Independientemente de la formulación concreta a la que alude Russovich, la estrecha relación entre el presidente del diletante comité traductor de *Ferdydurke* y el conde apócrifo está puesta de manifiesto no solamente en las cartas de ambos y en las notas (que en esos años escribe para *Orígenes*) sino también en la estética y el lenguaje común que ambas expresan.

Las revistas ponen en escena algunas cuestiones centrales. En primer lugar, la relación entre ficción y cultura popular, a través de una serie de «guiños» dirigidos al lector «otro» de la literatura, relación que luego se verifica en sus textos «hiperliterarios». Piñera y su compañero leen la historia del presente de la cultura argentina con el filtro de una *discursividad desjerarquizadora*, hecha sobre el territorio de los diarios, la prensa de divulgación masiva, el radioteatro, la radio, el cine, el teatro del pueblo, los pasquines, los papeles y afiches de los poetas marginales y panfletos, que produce un efecto de ficcionalización de la escritura como trabajo de *escritura centrípeta*, en tanto convoca el movimiento del sentido hacia el centro del hecho literario, parodiando así la escritura autogenerativa, anclada en un sujeto escritor auratizado y puesta a rodar en un campo cuya ley de funcionamiento está regida por la lógica reproductiva y tecnocrática de la era moderna, neocolonial. Pone en escena de este modo dos modelos de escritor y dos nociones de literatura, haciendo pie de algún modo en dos de las principales obsesiones del grupo *Sur*.

Hay un discurso tecnocrático prefigurado en el rol del narrador que confluye con el espacio de la magia. Esa filtración –cercana a *La invención de Morel* (1940) y *El perjurio de la nieve* (1944) de Bioy– parece escenificar la ambigüedad de los límites entre ambas lógicas. En la parodia a la modernidad tecnológica, el ojo se ubica en el plano discursivo para desarticular su apariencia ineluctable, ceñida la lógica de «lo real» porque la realidad no es sino un producto de la maquinaria textual. La lógica con que la «Revista de la Resistencia» articula una serie de secuencias breves parece reproducir la estructura serial del radioteatro, que además de efectista estaba configurada en breves y contundentes episodios y cuyo foco estaba puesto en el tramo final, donde el autor se proponía generar el suspenso para prolongar la escena. El relato del perro, una sinécdoque que Piñera ha usado en muchos de sus relatos para configurar la representación del escritor, reaparece en el texto de «Resistencia» y funciona como un texto autonomizado del contenido de las «notas» a las que supuestamente nomina. A la manera de un discurso dislocado, el relato de los perros remeda la lógica fragmentaria y descontinuada de los radioteatros de la época, un modelo de escritura que sin duda interesaba a ambos escritores.

En la memoria elidida pero presente de las revistas funcionan las duras críticas que recibiera la traducción argentina de la novela de Gombrowicz, particularmente a través de Capdevila, Lida y Sábato, a quienes directamente aluden los textos. La supuesta traducción de la novela en un hiperbólico y descentrado comité constituido por traductores que desconocían uno de los dos códigos sobre los que trataba de traducirse, constituye, además de una experiencia lingüística, un verdadero laboratorio de ficción. Sobre esa traducción ha dicho Piglia: «El *Ferdydurke* argentino de Gombrowicz es uno de los textos más singulares de nuestra literatura […] el español está forzado casi hasta la ruptura, crispado y artificial, parece una lengua futura. Suena en realidad como una combinación (una cruza) de los estilos de Arlt y de Macedonio Fernández» (Piglia 1987: 6).

En oposición a ese estilo, las críticas que se suscitaron desde variados sectores de la inteligencia argentina sobre esa labor «literaria» de la traducción –que suponía un acto de ficcionalización: la escena de los escritores-traductores que desconocían una de las dos lenguas, la del texto o la de la cultura de llegada–, abisman el gesto de traducción, desplazan el trabajo sobre los códigos, cifran –paralelamente– una poética de la escritura ficcional acerca del trabajo sobre la lengua y acerca de las maneras en que la ficción «trabaja» los contenidos de lo real.

Como señala Piñera, apenas publicada la novela traducida cae sobre ella «el fuego graneado de los gramáticos» (Lida y Capdevilla la juzgaron «absolutamente mala») y también de Sábato, quien más tarde, en cambio –ya reconciliado con la traducción– escribiría el prólogo a la edición del 64. Tres intelectuales estrechamente vinculados al universo de *Sur* sentencian la «traducción ficcional», lo que permite en alguna medida entender a «las revistitas» como una «respuesta paródica» y fundamentalista a esa divergencia. Sin embargo, creo más pertinente para el desarrollo de la estética posterior de Piñera el modo en que esta experiencia –traducción y revista– rearticula un sustrato particular que se puede leer en sus ficciones: la experiencia con la lengua literaria hecha sobre el formato del lugar común, la frase corta y efectista con divergentes resonancias, la recuperación de referentes omitidos de la lengua literaria en un operación de «cruza» de razas perrunas, como lo hubiera definido probablemente el mismo Piñera y cercano a lo que Ponte ha denominado «la lengua de Virgilio» (Ponte 2002: 43-53). Pero también otra experiencia que germina en su literatura: la tensa relación que lee en la cultura argentina entre cultura de masas y cultura letrada. Su espacio poético se instala precisamente en el borde de esa fractura, provocando el efecto de disolución de los límites y la contaminación, es decir, la ficcionalización de uno y otro universo. De este modo, la realidad y la escritura, la voz y la letra, la revista literaria y el pasquín callejero, la gran novela y el radioteatro, el catedrático y el bufón se entrelazan generando un espacio para la poética de sus cuentos, que como había señalado Piglia tiene más relación con Arlt y Macedonio que con el modelo ficcional consagrado en los cuarenta, aunque sin dejar de señalar un fondo borgeano en la concepción de la ficción.

La irreverente traducción no solamente escenifica el dislocamiento de ciertas zonas de la literatura que se resisten a ser subsumidas en los límites de lo nacional y el revés metafórico que acecha la tarea del traductor operando con literatura, sino que el concepto específico del acto traductor –tal como se pone en juego en el comité del ferdydurkismo y cuya condena por los escritores de *Sur* activa el dispositivo de los pasquines–, metaforiza una idea de literatura de frontera que Piñera aporta a ambos sistemas: si la traducción abisma los códigos lingüísticos y ficcionaliza el acto comunicativo, la literatura a la que da lugar se independiza casi radicalmente de los consensos –lingüísticos, culturales, ideológicos– y sustituye el saber previo, la condición de *homo sapiens* del escritor por la de *homo ludens*, invirtiendo la parábola literaria: no se trata de un sujeto creador que funda el posible literario, sino de la ficción que crea la subjetividad estético-política.

Esta experiencia, fuertemente fundadora de una retórica que se expone en algunos de sus textos, por ejemplo en *El muñeco* (1946) o, más tarde, en *Pequeñas maniobras* (1963), operará como distanciadora del eje borgeano cifrado en «En el insomnio», en el formato del texto condensado con un sólido trabajo sobre los mecanismos de la verosimilización.

Las dos revistas tuvieron la duración de un solo número. Su retórica y carácter efímero potencian la efectividad del gesto seco y radical, objetivo similar al de *Ciclón* de «borrar a Orígenes de un golpe», como una manera de intervención «revolucionaria», que contenía el gesto efectista de la teatralización del procedimiento. Echan a rodar algo así como una imprecación hiperbólica al lector y no escatiman el gesto paródico, absurdo y hasta *kitsch* del enunciado siempre que logre su objetivo de sorprender y espantar –como en sus ficciones– para llevar finalmente un débil consuelo: la literatura consagra un espanto mayor que el espanto de lo real.

Una lectura cultural desde la periferia

Si se atiende al formato y la disposición gráfica, ambas revistas resultan casi idénticas, inclusive en la formulación del nombre de la publicación, su subtítulo y el sentido al que aluden. La referencia a un nombre femenino –*Aurora-Victrola*–, las reúne, en el caso de la segunda de un modo mucho más explícito. Sendos subtítulos, «revista de la resistencia» y «revista de la insistencia», no sólo hacen explícito ese carácter de contienda única que libraban los dos extranjeros, sino que también la resonancia fonética de los términos elude cualquier subterfugio de una lectura divergente. Ambas, entonces, forman parte de un solo ímpetu, casi al modo de una manera vanguardista de romper con los mecanismos de circulación y de consagración de la cultura.

Los experimentos apuntan a problematizar tres zonas básicas de la praxis cultural. Por un lado, el tipo de subjetividad construida por una esfera de la vida social que ha generado sus propios mecanismos de producción y se autoconsume en una retórica atravesada por la simulación y la actitud intelectual reproductiva que sofoca el acto creador. Por otro lado, los dos textos problematizan el lugar del lector en las condiciones de una «modernidad periférica», que se ha apropiado de los procedimientos de industrialización de la cultura sin lograr su democratización, sino el efecto adverso de fortalecer una cultura de capilla para los sectores letrados cuya voz se configura en la clásica formulación del Profesor, Poeta y Filósofo, mientras hace «circular» una escritura del fragmento sobre mensajes altamente pragmáticos y prescriptivos. Un tercer aspecto pone en cuestión, a la manera de un verdadero arte poético paródico y cursi, una teoría del relato en clave periodística que acaba problematizando nuevamente las relaciones entre enunciado y referencia, método y escritura.

En el primer caso, el tipo de «lector imaginario» que los panfletos modelizan presenta algunas diferencias. Es necesario insistir en el carácter de figuración de ese lector, ya que evidentemente, y como también parecen decirnos los textos, los únicos lectores de este tipo de revista eran los escritores, y casi correspondería hacer una categorización más estricta: los escritores que publicaban en ese medio. Este primer efecto de lectura endogámica, autogenerativa y asfixiante es uno de los tópicos fundamentales que atraviesan la enunciación. Se trata de un lector imaginado al cuadrado, imaginado por su carácter performativo, que alude a una restrictiva entidad receptora de los productos editoriales, e imaginado porque precisamente los textos ponen en escena una retórica extraliteraria, propia de los medios masivos orientados a ese público amorfo que no ingresaba en las modulaciones de las revistas literarias. Aun así, la primera, *Aurora*, simula una retórica y un formato más apegado a un diario de circulación masiva, con noticias, una especie de miscelánea hecha de frases llamativas en sus títulos, clasificados que buscan, compran o venden, combinación de temas livianos y serios, diversidad de géneros, y precedido por un «Manifiesto» que hace emerger la clave vanguardista de su retórica. Como estos textos, los enunciadores procuran despertar al «hipopotámico» lector, que es, insisto, también escritor.

La segunda, *Victrola*, que por su título pareciera disparar dardos más claros a sus oponentes, conserva el carácter casi de una revista cultural, o al menos un formato, un lenguaje típico del «sector culto»: cierta retórica profesoral, acompañada de frases «culturosas», lugares comunes de una clase media con cierta erudición, algún título infaltable en latín, comentarios de libros y conferencias, la palabra de un escritor consagradísmo (Enrique Larreta) y, por supuesto, secciones de cultura francesa en primer término pero también inglesa, además de una sección de lectores que hacen comentarios descentrados de la retórica «metropolitana» de la publicación, desde hipostasiados lugares que en verdad son Neuquén o Mendoza.

«Grabaciones de alta calidad - Escuche su autor favorito - deposite diez centavos»: esta frase constituye una interpelación a un «lector otro», lejos del destinatario concreto de esa experiencia, en un juego paródico con la modelización del lector escritor que es el verdadero receptor de estos experimentos. El nombre remite también a otro lugar común, el de la cultura del peronismo y la nueva estética de los medios masivos, y particularmente al espacio de la radio, que constituyó un vehículo privilegiado de circulación «oficial» durante el período. *Victrola* es, por supuesto, una deformación de «Victoria», pero también la marca del artefacto que se utilizaba para reproducir música, ya anacrónico para los cuarenta. En una década que privilegia el espacio de la radio como vector de un nuevo tipo de democratización, el poeta de *La isla en peso* selecciona la imagen anacrónica y «espectacular» del viejo artefacto. La victrola, como cierto tipo de cultura, solamente es capaz de reproducir.

Ahora bien, la imagen proyecta otro tópico propio de la época con el cual los sectores de la «alta cultura» se vieron interpelados: la emergencia de una oralidad traducida en la retórica de la radio como medio privilegiado, pero también la imagen de «la voz» que constituía una sinécdoque del peronismo, la calle cooptada por distintos sonidos que reinventaban también las tonadas de la migración interna que se apoderaba de la capital. Esta fuerza democratizadora que subyace a la política de la sonoridad ingresa al texto. La presencia clara de la voz difundida con carácter de discurso nacional constituye otra clara referencia a la retórica oficial posterior al 45, y hace emerger otra tensión, la que proviene de la cultura oral y que conflictivamente muestra los bordes no leídos por la escrita. En tal sentido, me parece oportuno recordar la imagen proporcionada por Russovich acerca de Piñera como un escritor sin libros, que los vendía para poder comer y que era por sobre todo «un conversador» –visión que se opone a la que presenta Hernández–.

Piñera ya había hecho hincapié desde su texto del 43 en la antinomia silencio-sonoridad en la configuración del «antillano», el pueblo mudo que soporta un universo de hipersonoridad donde la música, el grito, dominan la escena. Ese tópico de la tensión entre la abrumadora presencia de la actitud de la escucha y la consecuente mudez de esos sujetos aparece reinventado en la página periodística. De modo que el juego Victoria-victrola, condensado en el título de la revista, actualiza la tensión propia de la cultura argentina de los años de exilio piñeriano, y la deconstruye en su aspecto más maniqueo. Una cultura que sobrevalora lo escrito entre el circuito ilustrado de la inteligencia pannancional, la «formación de la élite del futuro» a la que aspiraba la directora, y la «otra cultura» emergente que recoge un repertorio alterno de autores, de sistemas de consagración y de valores culturales dentro de un universo que transgrede la ley de las «república de las letras» (Casanova 2001: 44) y postula el valor de la oralidad, la colectividad como constructo activo que corroe al individualismo creador de *Sur*. La «barbarie» frente a la «civilización»: las viejas antinomias de la cultura argentina capturadas por un cubano y un polaco agregan patetismo a esas fronteras.

La *plaquette* incorpora paródicamente el otro «horror argentino» que la literatura estigmatizó bajo la imagen de los «pies sucios», sinécdoque del horror de la otra argentina que también se refuerza en la oposición entre tío Enrique –pobre, perdedor, alcohólico– y Joven poeta Eugenio. La clara referencia histórica a los cabecitas negras que «se lavaban las patas en las fuentes de plaza de mayo» se resemantiza como una antinomia literaria y cultural a través del espanto burgués al otro y al fenómeno de migración interna argentina, que movilizaba al interior a «apoderarse» de los espacios institucionales del centro capitalino

La segunda cuestión que pretendo señalar en estas «revistitas» se refiere al modo en que ellas leen la construcción del sujeto de la enunciación. Por un lado, emerge –tácitamente– la propia trayectoria de Piñera como hacedor de revistas (*Poeta* y *Orígenes*) y aspirante a convertirse en mediador entre *Orígenes* y *Sur*. De modo que su propia identidad de escritor está marcada por esa estrecha vinculación entre las revistas, que continuará más tarde en las experiencias de *Ciclón* y *Lunes*. En una perfecta relación dialógica, las dos producciones discurren sobre los *habitus* de la *intelligentsia*. Así señala una «nota» de *Aurora*: «A nosotros Francia nos encanta; palabra ¡nos gusta París!». *Victrola* dará mayores precisiones. En el segmento titulado «Mis cuatro amores» el enunciador señala:

> A continuación los enumero siguiendo un riguroso orden alfabético: Uno, la Francia inmortal con Paris, el Eterno. Dos: Inglaterra de Shakespeare, de las Brontë y de Lawrence. Tres: la revista *Sur*. Cuatro: la poesía, los poetas, los libros de versos, las conferencias sobre la esencia y la presencia de la poesía. (*Victrola* 1947: 1)

La cultura letrada es sometida a un radical cuestionamiento, no solamente en la neocolonialidad del gesto lector, sino también de la economía de esa cultura focalizada en la poesía como el género de mayor prestigio y del que se desprendía una red de mecanismos reproductores. La industria cultural, entonces, que se había apoderado de los procedimientos de la producción en serie de la modernización metropolitana, constituye un tipo de modalidad comunicativa que produce un efecto de consumo letrado serial y también monopólico.

Los textos, además, exponen una parodia de la clásica antinomia entre el escritor vate y el escritor comprometido, una dicotomía que, aunque de tono francamente anacrónico, no dejaba de suscitar debates y adhesiones, en un modo de reinvención de la otra oposición que funciona en la base, la de una supuesta división entre cultura «alta» y cultura «baja». La yuxtaposición de planos que ficcionaliza la nota refiere la manera en que el rictus de la cultura central sumerge a la alteridad en una homogeneización que reúne no solamente el rechazo a ese otro, que es también un inferior, sino también su impugnación: «Mi tema es la altura. Sin altura me sofoco. Lo de abajo me repugna, el sótano me da mareos, el subterráneo me apaga, la catatumba me simplifica» (*Victrola* 1947: 1).

Los textos articulan un discurso sobre el sujeto enunciador en las dos modalidades, en la supuesta «objetividad» del letrado que habla desde el lugar del saber y del poder y que aspira a develar, a resolver y a diferenciar y termina postulando el imperio del yo, un yo que por otra parte ha perdido el carácter de sujeto y se ha transformado en objeto de una dominación ideológica. Dice el texto: «A fin de evitar malentendidos pongo en conocimiento del público que yo no soy yo. Yo hace bastante tiempo que dejé de ser yo para ser Marcel Proust» (*Victrola* 1947: 1). Se trata del problema de la subjetividad en contextos culturales coloniales, donde la identidad del sujeto escritural se subsume y desarma en el flujo de influencias y jerarquizaciones que imprime la dinámica del propio campo suponiendo un carácter menos desarrollado, una minusvalía axiológica y antropológica que solamente se puede restaurar en el esfuerzo por aproximarse al «modelo».

En clara continuidad con el «Artículo de fondo» que se publica en la primera página de *Aurora*, el texto alude directamente al campo de la literatura argentina señalando la monotonía de la producción cultural –en oposición a la primera lectura que había hecho el mismo Piñera respecto de aquel campo «diversificado» y dinámico que veía en su primer encuentro con la intelectualidad argentina–, el aburrimiento que predomina en tanto producción en serie, reproducción de modelos y falta de originalidad. El sistema literario argentino funciona como una perfecta fábrica donde se sabe por anticipado qué publicará cada uno, un circuito cerrado que no ofrece ningún interés para el lector «de afuera»:

> ¿Acaso se puede exigir de Capdevila [sic] que sea Capdevilla cuando Capdevilla además de ser Capdevilla es también Doctor y Profesor y Poeta y, por añadidura,

redactor de *La Prensa*? ¿Acaso Larreta puede ser Larreta, así como un diamante es sólo diamante, cuando Larreta tiene que ser un monumento de clásica casticidad? Borges ya se ha vuelto demasiado borgiano y, francamente, Barletta nos resulta demasiado Barletta. (Aurora 1947: 1)

El efecto de repetición de los mecanismos de consagración que de manera tautológica remite al mismo universo de sistemas y valores conduce a una autoreproducción a través de escritores que, perteneciendo a generaciones y a estéticas diferentes, modelizan idénticas representaciones. Colocar a Barletta, a Capdevila, a Borges y a Larreta en el mismo circuito constituye un acto arrojado del editor-enunciador que une lo diverso, lo difícil de asimilar en la red común de la canonicidad. El modernismo castizo de uno, cierto posmodernismo anacrónico de otro y la vertiente del teatro del pueblo puestos en la misma sección junto a un Borges de reciente consagración provoca, en el gesto aplanador de la retórica, una cancelación de todas las vertientes que circulaban en la literatura argentina. Esa presencia avasalladora de los modelos anula la posibilidad de crear una auténtica obra. En la nota se señala además que el inculto vendedor de revistas tiene más autonomía, originalidad y belleza que las revistas que vende y sus productores. La supresión de las mayúsculas por la que aboga remite a la desauratización de los grandes «mitemas» de la intelectualidad expresados en la filosofía, la literatura el arte, la filología; París, por esa razón, parodia el lugar de enunciación literaria: «Mi tema es la altura». El movimiento corrosivo de las legitimidades y las ascendencias de la «familia» de escritores consagrados aparece en *Victrola* referido al hispanismo afrancesado de la élite cultural, cuyo epítome encarna el muy visible Enrique Larreta: «Soy español, sí señor, de sangre y de idioma, pero no de nacimiento. Mi formación intelectual, como la de casi todos los escritores rioplatenses, tiene su buena parte de cultura francesa» (*Victrola* 1947: 3).

Victrola alude a *Aurora* en una paródica polémica que profundiza el tono de la crítica, pero que se encamina también a cuestionar el tipo de cultura polémica de carácter cerrado y autorreferencial al que remiten las literarias. *Sur*, ya sabemos, cimentó una *cultura polémica* a través de la convocatoria a escritores y hombres de la cultura a participar en el debate acerca de los grandes temas que consideraba centrales en su tiempo. Además cultivó otro tipo de polémicas, más silenciosas, entabladas en cartas y comentarios sobre artículos escritos por los mismos sujetos que participaban en la sección principal. En el caso de *Orígenes*, esta cultura de la polémica también existió, como ya señalé, sólo que adquirió un carácter más secreto, gobernado por la «cortesanía⁹» que evitó el exceso, el trato descortés o la opinión intencionada. Sobre esta categoría, señala Ponte: «[...] dentro del grupo *Orígenes* existe esta forma, más espíritu que letra, definitivamente espíritu de *Orígenes*, que es la cortesanía. Esa cortesanía desplegada en el ceremonial y que podemos emparejar a las mejores páginas del grupo» (Ponte 2002: 87). Sin embargo, será precisamente una divergencia por el «tono» desconsiderado –y transgresor de la «cortesanía» origenista– lo que provoque su fractura y cierre. Es entonces a este ritual autorreferencial de las revistas al que se dirige la crítica.

En la revista *Aurora*, a través de la estructura de una noticia o de un texto narrativo, el conjunto se dirige a parodiar la actitud disciplinar de los escritores argentinos, haciendo foco en la presencia de dos maestros franceses que llegan a Buenos Aires, una «Nueva Florencia» donde dictar sus conferencias. El discípulo que sobresale, por supuesto, es Borges, quien ha sido «consagrado» por la voz del maestro francés: «El maestro fue muy bondadoso y dio una buena calificación a Borges» (*Aurora* 1947: 4). El uso paródico de las mayúsculas retoma cierta afectación modernista que en verdad se dirige a cuestionar el modo de la literatura como «copia». Al cuestionar paródicamente el uso de la idealización y la contaminación física por la obsesiva presencia del «maestro», hace hincapié en uno de los desajustes que Piñera lee en literatura argentina: el tantalismo, es decir, cierta afectación retórica que no permite una «verdadera expresión» o su equivalente, una verdadera escritura. La exacerbación de la lectura disciplinar de la *intelligentsia* argentina desubica la posibilidad de una literatura. Señala el fantasmático editor: «A pesar de los elevados discursos sobre la Ciudad Luz y el inmortal corazón de Francia, el asunto nos parece muy poco espiritual. Notamos acá un rasgo de insano sensualismo» (*Aurora* 1947: 3).

A continuación, la nota anuncia que para fustigar tanto oficialismo prepara un «sencillo espectáculo» consistente en el acto de una obra teatral. Si vinculamos estas configuraciones al recorrido intelectual, advertimos una actitud autorreferencial: Piñera está leyendo su propia trayectoria de poeta-narrador y posteriormente dramaturgo.

La escena, que lleva por título «El banquete» (¿el banquete origenista?). repite una típica escena origenista: un orador y el público. La absurda presencia de un orador que mientras habla en francés va enunciando su proceso de des-

---

[9] Una categoría que los origenistas cultivaron con esmerada prolijidad y que se estructuró a partir del valor fundamental de la amistad, que permitía suturar distancias y rencores, el respeto por la sensibilidad expandida de los poetas-artistas (recordemos que la concepción de la literatura para el origenismo encierra un fuerte contenido transdisciplinario) y el valor ritual del ceremonial, que permitía a los escritores adquirir esa entidad, la conversación.

nudamiento, muestra al público, asombrado y extático, su «bacanal despojo», y pone en escena la tensión entre la cultura como artificio e impostación, moda, copia, y la idea de literatura como despojo y desnudez, trabajada sobre el cuerpo, símil de la escritura. El maestro esconde detrás de su retórica el gesto de ir hacia sí, y el público discipular no puede soportar el acto de sinceramiento. El problema, parecen decirnos los editores, no está en lo que se copia sino en la actitud de la copia, en usar los modelos para ocultar su propia corporeidad, la monstruosa realidad del cuerpo de su escritura.

La nota que lleva por título «Perros ordinarios sin raza para un acuario» plantea el dislocamiento del lector frente a un texto que presupone ciertas competencias y motivaciones a partir de una noción «ideal» del acto de leer. Ese desconcierto se orienta a parodiar el criterio del gusto que esgrimía con esmero la revista argentina, al modo de una «mentocracia del espíritu», en tanto trazaba rígidas fronteras bajo una categoría jamás precisada. Esa es la actitud que descubre en Ocampo y que conduce a la crítica de los dos extranjeros: «Antes de cruzar las espadas con la Suma sacerdotisa del culto inmaduro de la Madurez, Victoria Ocampo, que nos sea permitido tributarle un cortés saludo». Lo que el periódico se dedica a señalar es que Ocampo es el epítome de la actitud falsificadora ante la cultura, su impostado americanismo y el sofocamiento de la palabra a través de la presencia del «otro» hiperbolizado, que acaba por deglutir la especificidad de una perspectiva americana. Dicen los editores, anunciando su propia opinión y lo que se debe leer: «Vedla como se esquiva, se aniquila, se inmaduriza ante Valery» para luego añadir, en una paródica cita de Victoria: «¡Valery me había deslumbrado y sofocado!» o «¡Qué oportunidad inaudita para una sudamericana –cactus en maceta– que cree en la literatura religiosamente!» (*Aurora* 1947: 2).

En la nota titulada «Se busca un perro grande para achicarlo», una voz supratextual se dirige a la niña Victoria instándola a obedecer únicamente a la religión. En un discurso pseudo-bíblico, al convocar al lector a abandonar los paradigmas impuestos e instaurar otro punto de vista –«Levántate y mira a tu alrededor con más serenidad» (*Aurora* 1947: 3)–, postula un aparente juicio del comité redactor acerca de la relatividad de los lugares comunes de la madurez e inmadurez como tópicos respectivamente adheridos a lo europeo y lo americano. En un falso discurso de política intercontinental postula la necesidad de superar el discurso de la madurez, la hipótesis de una historia estructurada a partir de una vía de superación de las culturas que, por distintos caminos, habían postulado Spengler y Hegel, y de centrarse en su propia realidad.

La tercera dimensión que se textualiza es una reflexión acerca de las políticas lingüísticas en la literatura. El humor desembozado, carente de cualquier sutileza, permite pensar estas producciones como «esperpénticas» a la manera de Hernández, una especie de carnavalización lingüística (la mixtura anárquica y paródica de los tres códigos principales de la tradición literaria occidental: el latín, el inglés y el francés) dada a través de la incesante deformación y el efecto de suspensión del sentido. Es ese «efecto del absurdo» el que distancia en algún sentido la experiencia común de la traducción de *Ferdydurke*. El «laboratorio lingüístico» de esas fantasmagorías eran las conversaciones hilarantes entre un comité de traductores «ficcionalizados», para quienes traducir del polaco al español la novela llevaba implícita la idea de que existe una lengua «literaria», metafórica, más allá de los códigos lingüísticos que permiten la comunicación, y que esa lengua se hace en la boca de la gente, en la descomposición del signo y la creación de nuevos referentes. Por eso Piñera, que no sabía polaco, era el presidente del comité traductor, traduciendo fonéticamente a un español «esperpéntico[10]». Y creando así para su literatura –una literatura hecha en la fisura de *Orígenes* y *Sur*– una lengua propia.

La escritura autoconsumida

La experiencia de las *plaquettes* propone a través de una lectura dialógica dos categorías relevantes para acceder a la ficción piñeriana: una noción de narrador estéril, autoconsumido en la pura carnalidad de una escritura que provoca el efecto de hacerse a sí misma y que, en tal sentido, descentra la conciencia narrativa como materia prima del relato. Según Cristófani Barreto, la escritura piñeriana trabaja sobre la idea de una ficción montada a partir de la negación de sus principios instituyentes, como un tipo de frialdad que se configura no sólo a través de exponer los hechos puros, sino básicamente «se rehúsan a probar nuevamente el erotismo retórico, en la acepción que Sarduy le da al término, porque han conquistado la denotación. Su narrador ha dejado de decir, ha silenciado, se ha hecho frígido» (Barreto 1999: 20). En segundo término, esa misma maquinaria propende a una noción de escritura que abisma la «Teleología Insular» del origenismo en tanto carece de una épica que pueda

---

[10] Una experiencia traductora muy criticada, por otra parte, por los filólogos y escritores de la época. Por ejemplo Sábato, Amado Alonso, Capdevilla. Las «revistitas» en un punto se dejan leer en la estela de una respuesta «literaria» a esas expresiones «regulativas».

inscribirse en el *telos nacional* de un repertorio de textos fundacionales, y se instaura como maquinaria autogenerativa que no representa, no funciona, en la lógica del «como si», sino que escribe la monstruosidad de la vida y al hacerlo –como una consecuencia segunda– provoca la liberación del *pathos*. En este sentido, hablo de escritura autoconsumida, inmanente en tanto problematiza la posibilidad de representación del mundo por medio de la literatura, razón por la cual niega los modelos pretéritos y contemporáneos y figurativiza un relato sin categorías.

En este juego hiperliterario se recorren diversos géneros: la novela, el teatro, la poesía, la crítica. La novela del Comité titulada «Gusto y disgusto» tiene como protagonista a un joven poeta parado frente a la pizzería «Las Cuartetas», a quien se le acerca un «ser HORROROSO» (*Aurora* 1947: 4), voraz, goloso, saltando y chillando como un animal. La figura del «chupamedias» sirve para aludir a la actitud intelectual. La conjunción «pies sucios», con su inmediata frase «¿Quieres ir al teatro?», debe leerse en la clave que proporciona la nota inmediatamente posterior bajo el encabezamiento «Palabra final», donde alude a Barletta y su «teatro del pueblo». La referencia a los pies sucios hace resonar el lugar común –material valioso del que Virgilio Piñera hacía sus cuentos– de los años cuarenta sobre «los negros que se lavaban las patas en las fuentes del Congreso», en alusión a los nuevos sectores que interrogaban el lugar de la cultura y sus circuitos. Los editores perciben esa zona «del malestar de la cultura» y en los dos gestos principales de la cultura argentina de la época sintetiza «la cultura de *Sur*», «la cultura del teatro del pueblo» y los somete a la misma interrogación y parodización. La obra teatral, recordemos, se titula «El banquete». Hay un orador que habla en francés frente a un público que no entiende nada, mientras se va quitando la ropa luego de cada enunciación hasta quedar desnudo frente al espanto del público que abandona la sala: la soledad, la retirada del público, la actitud excéntrica del artista.

Un relato relativamente autónomo del perro, que da título a cada nota de la revista y a la que en verdad no titula –más bien su función es la de hacer una referencia sesgada–, nunca cumple la función que le es propia. En estos segmentos de la revista se presenta la idea del microrrelato configurada a través de la ficción corta y condensada, como en el caso de «En el Insomnio», que tematiza el desarrollo de la acción (posibilidad o imposibilidad de ficcionalizar) y centra la potencia narrativa en el puro desenlace de la resolución, eludiendo la ortodoxia del género. Además, la revista trabaja con las nociones de la copia y la cita de la estética borgeana, la erudición y el plagio, como estrategias ficcionales propias de la cultura libresca que representaba Borges y una parte de

Sur: «Cuando te digan algo nunca digas eso ya fue dicho. Es de pésimo gusto y denota mentalidad de foxterrier de moda con afanes de erudición y una sed incurable de una originalidad enfermiza» (*Aurora* 1947: 4). Por demás, desarticula el mito del rigor borgeano a través de la idea de que el sujeto escritor puede proveer a su texto de una estructura perfecta, al tiempo que autonomiza el relato del control del narrador y crea un discurso que se escribe a sí mismo. Se borra, así, el sujeto de la enunciación.

Lo que le sucede al escritor Hipólito Alonso Pereiro —un personaje que remeda los *habitus* del sector recientemente hegemónico dentro de la narrativa argentina— es que la excesiva responsabilidad ante el Método, el respeto a rajatablas por la lógica prefijada, lo conduce a un relato sin texto, arrojado al puro devenir. La tríada Método, Lógica y Responsabilidad aparecen parodiadas en el texto a través del metarrelato de un escritor que mientras escribe su novela expone sus propias técnicas (Borges, Cortázar). La primera división entre la palabra del narrador que cuenta la escena de la escritura y el texto de la novela, aunque al principio claramente diferenciado por el tipo de letra y el uso de mayúsculas, paulatinamente se va desdibujando, en un efecto que produce la disolución del sujeto que se transforma en objeto del relato: «Estaba escribiendo a máquina la primera frase de su novela: "EL MUCAMO PREGUNTÓ A MATILDE SI HABÍA ORDENADO LLAMAR EL COCHE Y ELLA QUISO CONTESTARLE PERO… mas en vez de pero por un simple error salió PERRO» (*Aurora* 1947: 4).

Mezclado con opiniones del narrador, el relato va cobrando autonomía y no sólo conformando una escritura otra sino, además, radicalmente absurda y dislocada. Los tópicos de la ética literaria y del aura del escritor resultan socavados en un sentido clave. La tradición había instaurado un paradigma que atribuía a la alta misión de la escritura la construcción de una teleología política o literaria. Para Lezama, la poesía transita hacia la novela en la parábola de la encarnación del sentido histórico, antropológico y cultural de la insularidad; para Borges, que en sus textos forjó una teleología literaria, el más serio de los juegos —«pero juego al fin», dirá—, que es la literatura, se reescribe, se relee en un círculo infinito de posibilidades donde por azar alguien lee y otro escribe. Ahora bien, ese azar se encuentra regido por una lógica —un orden— textual, casi inmanente, que regula las relaciones, los sentidos y las metáforas.

En textos como el que nos ocupa, en cambio, la descolocación del lenguaje, en la suma de malentendidos de los personajes, hace que la narración subsuma al enunciador y trastoque la función del «sujeto de» en «sujeto a». La escritura se emancipa de la voluntad autoral, el lenguaje se disloca regido por su propio impulso, que tiende a abolir el utopismo creador, la ética y la teleología literaria. El discurrir de la narración avanza hacia el caos: pero muta en perro, perro en perra, perra en pera, fruta en bruta, muerda en muera, para acabar en el sinsentido: «ME MUERDA (infeliz era «MUERA»)– ¿MORDERTE? ¡CON PUSTO! INFAME, SOS COCO! ¡LA COCA COLA ES USTED!» (*Aurora* 1947: 5).

En conclusión, las *plaquettes* constituyen la más radical apuesta piñeriana a la ruptura con los cánones precedentes y con los modelos culturales que representaban tanto los origenistas como los hombres de *Sur*. Es verdad que en los intersticios de ambos sistemas se forja artesanalmente la poética de los *Cuentos fríos*, la poética narrativa de Virgilio Piñera que no excluye la ambigüedad del gesto religador entramado de manera tensa entre una apasionada lectura de las tradiciones y la búsqueda de una encarnación personal. Desde las notas, las exposiciones y los ensayos hasta la experiencia paródica de estos últimos textos, Piñera ha ido forjando un diálogo intenso con sistemas culturales y poéticas individuales. En tanto conjunto, pueden leerse como los borradores de su escritura ficcional y el testimonio de múltiples desplazamientos, rupturas y religaciones.

IV.

LA FICCIÓN SIN LÍMITES

> Los escribí en el balcón de mi casa de Gervasio 122 esquina Ánima. Me levantaba a las seis, ponía mi sillón en el balcón y a escribir *Cuentos fríos* [...] José Rodríguez Feo y yo estábamos en Buenos Aires intentando encontrar un título (el libro saldría inminentemente por la editorial Losada), cuando Pepe me dijo «¿No te gusta como título *Cuentos fríos*?». Me encantó y ese fue el título.
>
> Virgilio Piñera (en Pérez León 2002: 108)

Las palabras de Virgilio Piñera en el exergo nos colocan en la doble ruta de sus cuentos. Por una parte, su carácter «cubano» entendido como el tipo de escritura que modela un sujeto construido en un sistema de referencias geoculturales; por otra, su carácter dislocado y fronterizo en tanto que se constituye como una escritura actualizada –dramatizada– en un espacio alterno –el de la literatura argentina– que somete el texto a un flujo de préstamos, contactos e hibridaciones, fuertemente cuestionador de ese carácter «nacional». Entonces, ¿cómo pensar la escritura ficcional en esa red de fidelidades y traiciones en las que la inscribe el sujeto enunciador al localizar con precisión el lugar de creación los relatos, y deslocalizar sus modos de circulación, es decir, el avatar de la edición, publicación y recepción porteña de los *Cuentos fríos*?

Veamos cómo funciona la estrategia de deslocalización. Si se considera que el mismo gesto capital de «nominar» el texto traza una ambigua zona de liminaridad, podríamos hipotetizar su carácter de *acto híbrido* en la medida en que lo somete al designio de la doble alteridad, la del sujeto «otro» (Rodríguez Feo), que sustituye la voz autoral en el instante del «dar nombre», y la del espacio «otro»: esa escena dialógica se produce en el extremo sur continental, en apariencia al menos el punto más radicalmente ajeno a la sensibilidad geocultural insular. Contradiciendo la afirmación del mismo autor, quien ante la pregunta por la nacionalidad de sus cuentos afirma con contundencia su «cubanía», el acto de ceder la voz para dar nombre, en un ritual que se lleva a cabo entre dos cubanos caminando por Buenos Aires, pone en escena el descentramiento. El «bautismo» yuxtapone diferentes estratos de su condición híbrida: fuera de su propio contexto, los cuentos encuentran título en el sur, a través de un acto de negociación de sentidos entre un yo y otro; el texto completo se edita en Buenos Aires, y su primera recepción se lleva a cabo en el campo cultural argentino. Esto es, al trazar ese mapa, el autor proporciona un señuelo que sirve para inscribir su escritura en el espacio cultural del tránsito entre las fronteras borrosas de las literaturas latinoamericanas, y para registrarlas en un tipo de pulsión religadora que al tiempo que zurce (hipotéticamente) las distancias, señala el carácter problemático y precario del gesto.

Descentramientos, religaciones y diásporas en la ficción piñeriana

Como se ha seguido en páginas anteriores, es probable que entre los primeros contactos del cubano con escritores argentinos −a principios de los años cuarenta[1]− y la edición porteña de Losada, casi diez años después del inicio del avatar argentino de Piñera, haya operado una *zona de desplazamiento*, tanto en lo que respecta a su propia adscripción ficcional a los sistemas literarios y a las constelaciones a las que se vincula de modo laxo y polémico, como al repertorio metafórico de autores y textos a los que relee en su narrativa. El operativo de defensa pública en torno a la novela del polaco y la posterior traducción de Piñera −presidente del desopilante comité−, tanto como la aventura de sus «revistitas», que remata en 1952 la edición argentina de *La carne de René*, conforman una urdimbre textual que expone el relato del consumo (capitalista) entendido en tanto que síntoma de la fisura que la ficción inscribe en los sistemas de referencias −tanto de *Orígenes* como de *Sur*−, al operar un distanciamiento respecto de la estética que comenzaba a abrirse a través de «En el insomnio» y «El señor ministro», y al optar por

---

[1] Señala Espinosa que Zambrano envía a Bianco en 1941 un texto de Piñera, agregando sobre él en una epístola de presentación: «uno de los jóvenes de mayor interés intelectual y literario en Cuba y de todos los países que he visitado» (Espinosa 2003: 133).

una retórica «estéril», antítesis de la sobreabundancia discursiva y metafórica del origenismo.

Ahora bien, la experiencia de Piñera en Buenos Aires, sus doce años de «destierro», pobreza, abandono, promiscuidad y marginalidad[2] no pudieron sino haber contribuido a crear determinadas condiciones para su escritura. La circulación del cubano por los márgenes y los provisorios centros de la literatura argentina: su amistad con Obieta-Fernández, el deseado y esquivo acercamiento a Borges, su ingreso a *Anales de Buenos Aires*, la tarea de traductor de *Ferdydurke* porteño, la batalla contra *Sur* desplegada en sus pasquines, la amistad con Bianco y Rodríguez Feo constituyen los hitos de un periplo vital y textual que puede ser interrogado desde la red de escrituras que ordenan la poética piñeriana en Argentina. Ese periplo es el que procuro leer desde los relatos publicados en *Anales de Buenos Aires* hasta los cuatro relatos que publica entre 1955 y 1956 en la revista de Ocampo, intentado explicar la secuencia y también el hiato. Aunque no los incluyo en mi análisis, la serie podría incluir también su novela «argentina» *La Carne de René* (1952) y el último de sus cuentos aparecido en *Sur*, «La gran escalera del Palacio Legislativo» (Piñera 1958: 251: 25-27), ya que se inscriben, a mi juicio, en este telón de fondo de tensiones político-literarias[3]. Sin embargo, los publicados en *Anales* y las revistitas de Piñera-Gombrowicz pueden leerse como parte indisociable del tejido *Sur*, ya que integran la discursividad[4] que se opera en las páginas de la publicación de Ocampo, y en esa línea releen al origenismo desde la trayectoria literaria de su «mediador».

Hay también otro presupuesto que subyace al desplazamiento de Piñera-poeta origenista al narrador que abrevaría –como ya planteé– en *Sur*. Este efecto «epigonal» de la narrativa piñeriana –que se configura como una larga borradura de su nombre en la trayectoria argentina– se halla inscrito en una dinámica de elusión y visibilidad –después de 1955– que obedece a razones

---

[2] Narrados por el propio Piñera en «La vida entera» (Piñera 1999: 51: 8).

[3] No los incluyo sobre todo por razones metodológicas de coherencia en la construcción del corpus. El cuento excede el marco temporal de mi recorte (se publica en 1958), mientras que la novela no pertenecería estrictamente al circuito de las revistas, aun cuando entre estos textos, los dos cuentos publicados en *Anales* y los otros cuatro que en 1955 y 1956 aparecen en *Sur* puedan encontrarse interesantes canales de diálogo.

[4] Comparto con King el concepto de que *Anales de Buenos Aires* en alguna medida constituyó un brazo de *Sur*, el brazo más «literario» (King 1998: 85). Además –como ya he explicado– el mismo Piñera en carta a Lezama afirma la importancia capital que– para la forja de su retórica– constituyó esa experiencia editorial. Además, alude a su posición respecto de los programas que se gestaban en aquella (Lezama Lima 1993: 280).

de recambio de los paradigmas estéticos y que se vincula necesariamente al proceso de desarrollo de cada publicación (recambios generacionales, sistemas de consagración, política de publicación de autores extranjeros y nacionales, entre otros). El explícito interés «narrativo» de Piñera, la atención por el existencialismo, el desprecio por las lectura «colonizadas» de *Sur* configuran tres hitos capitales del alejamiento de Piñera de ambos programas. Esa distancia la explicita sintéticamente el propio Piñera en una carta a Lezama Lima desde Buenos Aires, en la que sentencia:

> Acá dieron *Jeanne d'Arc au bucher*, texto de Claudel y música de Honneger. Oratorio. Malo. Música sin mayor importancia. Aparatosidad claudeliana, que ya es fraudeliana, viene de fraude y no aguanto esos ristobalcolonsucesivosquesonlosdramasdeclaudel [sic]. Sí, el existencialismo hace furor acá. [...] Apareció el número de *Sur* dedicado a las letras inglesas. Mucho ruido y pocas nueces. (Lezama Lima 1993: 280)

Es preciso señalar, además, un tercer argumento —aunque muy vinculado a los dos primeros— referido a la «red textual» que Piñera logra urdir en la tensión entre su vivencia ambigua en las dos capitales, su pertenencia precaria y disidente del origenismo y posteriormente a *Ciclón*, además de su inestable relación con la publicación argentina a la que se vio ligado por sucesivos rechazos (recordemos su «Nota sobre literatura argentina» publicada en *Orígenes*, la crítica feroz de los pasquines, pero también su deseo manifiesto en cartas a Lezama y Rodríguez Feo por acercarse a algunos miembros estelares de la revista y el supuesto rechazo del cuento «El muñeco», de 1946).

Entre todos esos circuitos, uno de ellos posee especial relevancia: su tardío acercamiento a Rodríguez Feo, ya que a pesar de la coincidencia de ambos en la revista de Lezama, no parece haber existido un verdadero vínculo antes de 1955. Este providencial encuentro hace que el primero[5] se convierta no sólo en el «agente literario» que lo acercaría al secretario de *Sur*, sino también en uno de sus más lúcidos críticos y en un agente «divulgador» de su estética.

---

[5] El mismo Arrufat ha abonado esta hipótesis al afirmar que la relación entre ambos recién se produce después de la ruptura Lezama-Rodríguez Feo en 1954: «Entonces buscó a Virgilio Piñera, el disidente de *Orígenes*, que acababa de volver de la Argentina para pasar una corta temporada en La Habana. Estos hombres apenas se conocían. Rodríguez Feo había codirigido con Lezama la revista que acababa de separarse, sufragando además sus costos de impresión y los de la editorial anexa, y se mantuvo todos estos años distante de Piñera, por considerarlo «arisco» y de maneras agresivas y trato difícil» (Arrufat 2002: 9).

Más tarde, y casi de manera paradójica, Rodríguez Feo configuraría la visión del «otro cubano» –otro respecto de la posición origenista– en la órbita que le interesaba particularmente a *Lunes*, la de la relación entre la literatura y los procesos históricos. De este modo el «agente millonario» de la literatura cubana diseña un aparato que permitiría entender la función de «lo fantástico» que asedia la escritura piñeriana como un efecto, no de la literatura –siempre histórica–, sino de la irracionalidad de lo real. En esta línea, el delirio –el principal insumo fantástico de esta narrativa– no se diseña para Rodríguez Feo como una figuración, vale decir, como un artificio retórico que ordena la referencia, sino en términos de una contaminación proveniente de una historia tan inverosímil como monstruosa y, precisamente por eso, mucho más fantástica que cualquier delirio literario.

Sostiene Rodríguez Feo años más tarde, intentando explicar la escritura piñeriana: «las cosas que ocurrieron desde el gobierno de Machado [que es el momento en que se afirma intelectualmente Piñera], hasta la revolución del primero de enero, no podían presentarle un esquema racional. La historia íntima de ese acontecer pertenece más bien al mundo de la demencia» (Rodríguez Feo 1960: 3).

Sin duda, este sintagma reenvía a un sistema poético de enorme visibilidad en *Sur*, que a través de la producción borgeana, en su concepción de la historia argentina en clave de «fábula», de «número de music hall», provee de una red metafórica que se condensa en el número 237 de 1955, donde ya no sólo Borges, sino también otros intelectuales[6] lo refuerzan. Lo irreal, lo monstruoso, lo irracional no proviene de la literatura sino de la historia. Una monstruosidad que en ocasiones sirve a la literatura como poder de «ordenar», bajo una retórica aparentemente ficticia, una justicia de la cual la historia ha privado al sujeto. Tal es el caso de Emma Zunz, la joven obrera, desclasada, desheredada, innominada, cuya violación de identidad (nombre, familia, patria, religión) solamente puede ser restaurada por la yuxtaposición de otra violación que permita un castigo, una justicia irrefutable que la historia no

---

[6] Entre ellos destaca la visión de Ocampo en ese mismo número. Mientras relata sus experiencias en la cárcel de Buen Pastor, focaliza el deber ético de la escritura a través de la necesidad de pensar la labor de los intelectuales escritores como portavoces de una verdad que la historia de los pueblos suele silenciar, violar o invertir. En uno de sus párrafos señala: «La tarea de conducir al mayor número posibles de hombres "al reconocimiento, no sólo en palabras, sino también en actos, de la importancia fundamental de eso que prima sobre todo y que sin embargo es constantemente olvidado: la verdad" es una tarea que nos incumbe» (Ocampo 1955: 237: 8).

proveerá, y en cambio puede asegurar la ficción (una mentira verdadera): «La historia era increíble, en efecto, pero se impuso a todos porque sustancialmente era cierta. Verdadero era el tono de Emma Zunz, verdadero el pudor, verdadero el odio. Verdadero también era el ultraje que había padecido; sólo eran falsas las circunstancias, la hora y uno o dos nombres propios» (Borges 1948: 167: 19).

Se trata de una construcción cercana también a la que Borges expone en «L'illusion comique»: «Hubo así dos historias: una, de índole criminal, hecha de cárceles, torturas, prostituciones, robos, muertes e incendios; otra, de carácter escénico, hecha de necedades y fábulas para consumo de los patanes» (Borges 1955: 237: 9-10). Esa doble historia de monstruosidad y falsedad sobreimprime en la ficción literaria otro *telos* cifrado en una ética de la escritura que, sin dejar de ser ambigua, aproxima a otra justicia, y a alguna parte de la verdad clausurada por la historia política.

En 1955, Virgilio había publicado por primera vez en *Sur*[7] –el cuento «El enemigo» (Piñera 1955: 236: 52-57)–, en un «feliz encuentro» entre el largamente esperado texto de Borges para *Ciclón* sobre Ortega y la ficción de Piñera. Más tarde, en el número 242 de *Sur*, de 1956, aparecen por fin tres relatos de Piñera: «La carne», «La caída» y «El infierno»; en el número posterior al homenaje a Ortega, se publica también un relato de Rodríguez Tomeu[8], precedido por una nota de Rodríguez Feo sobre Whitman[9]. Todos ellos figuran en el cuerpo principal de la revista. ¿Qué ha sucedido? ¿Qué ha generado esta emergencia cubana originista, cuando antes la revista no se había ocupado de esta literatura y las únicas referencias a la literatura cubana habían sido un poema de Ballagas, «Elegía» (Ballagas 1940: 65: 75-76) y, años más tarde –concluido el periplo que expongo–, dos textos ensayísticos: uno de Carpentier, «La actualidad cultural de Cuba» (Carpentier 1965: 293: 61-67), y otro de Humberto Piñera Lera, «Cultura y revolución en Cuba», en el mismo

---

[7] Resulta interesante observar que Rodríguez Feo señala que en 1940 el cuento «El conflicto» fue enviado, sin éxito, a la revista *Sur* por el propio Piñera, quien, en cambio ubica su escritura en 1942 (Piñera 2002: 110). Con respecto a ese cuento, algunos han señalado su adscripción borgeana en términos de «influencia» (me refiero a la nota de Portuondo en *Cuadernos Americanos*), un concepto que deliberadamente evito aquí, reemplazándolo, en todo caso, por el de «reescritura», porque supone una conciencia discursiva y una actividad creadora y dialógica entre la inevitable interdiscursividad literaria.

[8] Me refiero a «El bondadoso ministro» aparecido en el número 243 de noviembre diciembre de 1956 (Rodriguez Tomeu 1956: 243: 62-65).

[9] El título de la nota es «Walt Whitman y la literatura» (Rodríguez Feo 1956: 239: 13-24).

número, como un epifenómeno tardío de la exposición pos-revolucionaria de la isla? A pesar de que –como dijimos– Henríquez Ureña, que era casi cubano por adopción, había integrado el Comité de colaboradores de la revista desde sus inicios y estaba unido a Borges por una particular amistad –que no excluía la critica honesta pero taxativa del dominicano[10]– y guardaba profundos y permanentes contactos con muchos intelectuales antillanos, estos repertorios habían sido sistemáticamente eludidos. Sin embargo, es esta la red que permite pensar el ingreso de Piñera a *Sur*: Henríquez Ureña, Borges, Rodríguez Feo, pero también Bianco, cuya reciente amistad data de 1955, después de la llegada de Rodríguez Feo a Buenos Aires.

¿Qué ha pasado entonces en *Orígenes* y en *Sur*? En carta a Rodríguez Feo, fechada el 10 de septiembre de 1956, Piñera le comenta la ruta exitosa de sus cuentos en *Sur* y su relación con tres figuras fundamentales de la revista argentina: Murena, Mastronardi y Bianco. En tono de infidencia, sostiene:

> Hablando el otro día en la propia redacción de *Sur* me dijo [se refiere a Bianco] que Murena estaba «sorprendido y deslumbrado» con mis cuentos y que me pedía, por intermedio de Bianco, un cuento para publicarlo en el suplemento literario *Crítica*, del cual es, junto con Wilcox [sic], el jefe [...] Entonces Bianco añadió: mirá che, se lo vas a dar pero eso sí, después que aparezcan tus cuentos en *Sur*. Se quedó un momento pensativo y me dijo exabrupto: –Bueno qué mierda, te lo voy a decir–. Yo me quedé como Niobe. Él prosiguió: –¿Sabés porqué no salió tu libro en *Sur* en dos meses? Pues se lo debés al pelotudo de Murena. Le dijo a Bixio, cuando este le preguntó por el libro: – Mirá lo que vas a hacer Bixio. Piñera es un desconocido, a lo mejor el libro es malo, pero puede ser un capricho de Bianco. (Piñera 1999: 3).

La epístola pretende informar acerca del disenso entre dos figuras protagónicas, Bianco y Murena, que para 1956 ocupaban lugares de enorme visibilidad en las páginas de *Sur*. El «capricho Bianco» aparece relativizado en la lectura del cubano, a la luz no solamente de la triple publicación sino del interés que ella ha despertado en los argentinos luego de su efectiva lectura. La frase de la carta continúa de la siguiente y categórica manera: «Pero hay más: le preguntó. Pero vos ¿lo habés [sic] leído? –No –dijo Murena. Pero da lo mismo» (Piñera 1999: 3). Si da lo mismo, con lectura o sin ella, esto implica invalidar el juicio del otro escritor rebelde, que pese a su fama de incómodo, evidentemente representaba una voz con enorme capacidad de intervención. Y su influjo

---

[10] Véase cartas a Rodríguez Feo (Pérez León 1995).

no solamente incidía en lo que se publicaba en la revista, sino también en la editorial del mismo nombre, a cuya reticencia o tardanza en publicarlo hace alusión la referencia epistolar.

El conjunto de la operaciones que produce el escritor para rechazar la inclusión de su escritura en los dos potenciales circuitos a los que lo ligaban sus trayectorias estéticas y vitales no logra eludir, sin embargo, la ambiguedad del gesto. Es cierto que «Piñera está neste deserto exatamente por não desejar, nem em seu interior, nem a sua volta, qualquer reminiscência do *centro*» (Cristófani Barreto 1996: 19); no obstante, la persistencia en el intento por incorporar alguno de sus cuentos en la famosa publicación argentina desnuda un carácter inestable en sus posiciones. Si aceptamos el «cuento» de Piñera de que luego de aquella publicación los dos hombres (Murena y Bixio), «casi me lamen los pies», la respuesta indiferente e irónica del cubano no puede sino continuar redoblando el desafío de ser publicado en la prestigiosa editorial argentina. La hipérbole hace gala, además, del típico gesto piñeriano de petardista y cuestionador de las hegemonías, un rechazo ambiguo que encierra cierto anhelo por la capacidad de utilizar para sí esos espacios a los que repele y fisura:

> Ayer me dijo Bixio: pero Piñera, usted es un gran artista, yo no conozco nada que se parezca a sus cuentos. Le contesté: Por favor, Bixio, son unos cuentitos de nada, mire valían tan poco que tenían que esperar a mayo del año siguiente para publicarse. Me ha pedido formalmente la novela para *Sur*. Nos haremos rogar. (Piñera 1999: 4)

La carta informa sobre el lugar que, después de una década de vida porteña, Piñera ocupaba entre los escritores de *Sur*. La cercanía con Bianco, principalmente, y cierta «desconfianza» que parecía provenir del contacto con Murena, muestra una improbable visibilidad del cubano en el contexto argentino, en el que si bien Losada había publicado sus *Cuentos fríos* y la novela del 52, la «aventurita gombrowicziana» lo desubicaría de la estirpe de amigos.

La visita de Rodríguez Feo a Buenos Aires se produce dos años después de la pelea con Lezama, y después de la aparición de *Ciclón*. Un nuevo ciclo se abría entonces en la literatura cubana, que culminaría en el proceso del 59. La pelea entre los directores no tuvo sólo las consecuencias ya conocidas, sino que también se expandió y reprodujo entre los asiduos seguidores de la revista a través de un proceso de realineamiento que incluyó no solamente a los cubanos. Estos efectos pueden observarse en que los escritores cubanos –en su mayoría– optaron por la versión de Lezama, y que Rodríguez

Feo se quedó con el repertorio exterior, particularmente el recorte de los argentinos, los españoles del 27 y el universo anglófono. Lezama se replegó en los propios[11].

Paralelamente, *Sur* va a iniciar una etapa de debilitamiento y repetición a partir de finales de 1955. No van a generarse políticas nuevas, más bien va a comenzar a replegarse en el capital simbólico acumulado principalmente en la década que estaba llegando a su fin. A pesar de que una zona de los nuevos críticos operará temporalmente, otra publicación –*Contorno*– convoca a la intelectualidad con un poder que *Sur* ya no tendría. El éxodo también la ha debilitado, como en el caso de la cubana. Aun así, estas características globales no alcanzan a explicar la emergencia del cubano, particularmente con sus textos menos borgeanos como «La carne» o «La caída». Bianco estará operando en el fondo de esa política, y también Rodríguez Feo.

En términos de estética, se puede conjeturar que la poética de Piñera, especialmente la desplegada en «La carne» y «La caída», se aproximaba más a las búsquedas de los escritores que hacían *Contorno*, y esto en dos aspectos básicos: uno, la visión del lenguaje, la proximidad con las formas coloquiales, no en un nuevo tipo de coloquialismo vanguardista sino en una política del lenguaje literario que tendía a provocar su función metadiscursiva; otro, la presencia del repertorio de ideas vinculadas al psicoanálisis, al existencialismo de raíz sartreano –también Merleau Ponty y otros– y kierkegaardeano, que lo aproxima a los «escritores parricidas[12]».

En otros términos, me propongo interrogar la configuración de «El Escriba» (pseudónimo que utiliza Piñera en *Lunes*) en cuanto a la construcción de la subjetividad poético literaria del enunciador de los cuentos en tensión y diálogo con las escrituras del sistema literario latinoamericano, recortado a través de su desplazamiento entre La Habana y Buenos Aires. En segundo lugar, me propongo también indagar el tipo de enunciación narrativa radicalmente excéntrica que postula el cubano interceptando diferentes sistemas filosóficos, estéticos, pero desubicados de su propia lógica. A través de estos circuitos creo

---

[11] Un caso especial lo constituye el de Zambrano, que publicó en ambas revistas.

[12] Ismael Viñas –un ex colaborador de *Sur*, integrante de la joven generación que prometió, en 1951, abrir una zona diferenciada en la revista–, en el segundo número de *Contorno*, y en uno de operativos centrales que lleva a cabo la revista, al recolocar a Arlt en el sistema literario argentino, afirma: «Lejos de todo ejercicio de inteligencia, de toda abstracción de elementos humanos, patéticos o sentimentales, los aceptó, se hundió en ellos, porque así era el hombre, y desde lo particular de él descubrió lo que sentía sobre el universo» (Viñas 2007: 2: 13).

posible formular la pregunta por la clase de parábola que diseñan los cuentos piñerianos[13].

A partir de estas hipótesis, cabría preguntarse cuál es el tipo de desajuste que provoca Piñera en la escritura latinoamericana, en términos de esa visión que Arrufat consideró, en el Prólogo a la edición cubana de sus *Cuentos completos*, como «más pobre pero más punzante» (Arrufat 2002: 24). O lo que es lo mismo, en qué medida dicha inscripción descentra el canon de la «gran narrativa latinoamericana» desde Carpentier a García Márquez[14], como lo había hecho ya con el canon nacional cubano desde Lezama a Guillén, y con el paradigma de la constelación Borges. Cabe preguntarse, entonces, por el carácter específico de esa tangente, que parece eludir cualquier apetito de centro y que frente a los modelos consagrados –contemporáneamente a Piñera, pero sobre todo en el contexto del Boom– de la sobreabundancia discursiva, metafórica y simbólica, postula la austeridad de una escritura sin atributos. Ese operativo dislocador que podemos leer en sus ficciones se corresponde con los avatares de algunas de sus ilegibles escrituras. Tal, por ejemplo, es el caso que Cristófani señala: la extraña –y esquiva– ruta editorial del cuento «El muñeco», escrito en Buenos Aires y no publicado en ninguna de las revistas a las cuales se vinculó el cubano, como también una larga serie de omisiones de ese cuento en las ediciones argentinas o cubanas de su obra (Cristófani Barreto 1996: 46); un texto, por otra parte, que fue considerado según qué crítica como «antiperonista» o «anticomunista»[15]. El *affaire* de «El muñeco[16]», importa menos en los términos de sus connotaciones

---

[13] El tipo de «frialdad» que considera Barreto (1999) o que Arrufat intuye a la manera de «otro género de pasión» (Arrufat 1999).

[14] Arrufat ha señalado en aquel Prólogo llamado «Un poco de Piñera»: «El lector convendrá que los recursos de la escritura de Piñera no son ni la desmesura ni la enumeración. Su interpretación o la imagen que le ofrece de América es menos brillante y tal vez más pobre, pero más punzante. Si el lector realiza un esfuerzo para sobreponerse a sus hábitos y esquemas literarios, la obra de Piñera le demostrará que la literatura latinoamericana es en verdad más compleja, variada y rica que la que lo llevó a suponer el conocimiento, no dudo apasionado, de *Cien años de soledad*, *Los pasos perdidos*, o los cuentos de Cortázar» (Arrufat 2002: 24).

[15] Señala Cristófani: «En la edición cubana de *Cuentos*, el texto es el único de la versión original que no figura, ya que se lo considera como una crítica al partido Comunista. "El muñeco" es nuevamente cercenado en el volumen *El que vino a salvarme*, otra recopilación de *Cuentos fríos* y otros cuentos, editado en la Argentina del régimen militar de 1970, por la Editorial Sudamericana; la edición de *Cuentos* de la casa española Alfaguara, de 1983, tampoco lo incorpora» (Cristófani Barreto 1995: 70: 24).

[16] Por razones de coherencia metodológica en la construcción del corpus, he omitido la inclusión de este importante relato, que de manera tangencial atraviesa y recoge alguna de las cuestiones planteadas en este capítulo. Su relevancia estriba en que fue escrito en Buenos Aires

político ideológicas que por su carácter de «síntoma[17]», en la medida en que está señalando la difícil adscripción de la obra piñeriana a los paradigmas hegemónicos de las literaturas con las que dialoga. «Ese diálogo de sordos» (Arrufat 2002: 10) se configura en verdad como una *entropía ficcionalizada* que, a contrapelo de lo narrado, relee discriminando, borra dejando huella, distancia actualizando los debates que recorre la escritura literaria urdida en los dos polos –insular y rioplatense– entre los cuales traza su biografía literaria[18].

Paralelamente, la idea de exilio como espacio de la salvación de la nada, la doble factura del exilio al configurar una especie de estar fuera de, de estar a salvo, lo conduce al riesgo del sinsentido, del vacío, como afirma la crítica:

> Anos depois de retornar a Cuba, Piñera confessa, quando instado a exilar-se novamente, para fugir a prováveis perseguições a sua homossexualidade, que pode *suportar o enclausuramento, o* cárcere, o campo de concentração, mais jamais a ausência da Havana. Porque o exílio salva o homem do abismo, mas coloca-o na posição *daquele que, tendo se salvado do abismo, fica somente com sua façanha.* (Cristófani Barreto 1996: 20)

Piñera y el canon de la constelación Borges

El minicuento «En el insomnio» (1946) fue el primero de los cuentos de Piñera que –junto a «El señor ministro»– publica Borges en *Anales de Buenos Aires* (Piñera 1947) y más tarde en su antología de *Cuentos breves y extraordi-*

---

por el recién llegado Piñera, quien en la edición de sus *Cuentos Completos* lo «ubica» en «Buenos Aires 1946» (Piñera 2002: 144). Ahora bien, es el propio Rodríguez Feo el que menciona un hecho difícil de probar al afirmar que «representa una sátira del dictador Perón. Tal es así que la revista *Sur* no se atrevió a publicarlo. Se publicó en *Ciclón* en 1956 en plena tiranía de Batista, y para muchos fue una sátira del tirano» (Rodríguez Feo 1962: 51).

[17] Concepto, como se sabe, proveniente del psicoanálisis y que relee Lacan. Lo utilizo en el contexto de la crítica literaria porque me permite poner en escena el valor de una emergencia a la que subyace un océano de complejidades y de polémicas. Es entonces, por ese carácter de visibilidad que connota profundidades que no tendrán emergencia textual, que me sirve para plantear algunas nociones referidas a la literatura piñeriana.

[18] La categoría «biografía literaria» está utilizada en el sentido de una vida que se hace en la literatura y viceversa, en el inseparable vínculo entre lo vital y lo textual que estas escrituras ponen en escena. Para abonar esta hipótesis recurro al concepto de Rodríguez Feo, quien acuñó la categoría de «letravisión» como especificidad de la narrativa piñeriana en tanto visión de mundo-experiencia vital-hecha letra-carne. «Letravisión significa para mí la encarnación a través de formas imaginativas, de un estado subjetivo» (Rodríguez Feo 1962: 48).

narios (1954)[19]. El relato condensado puede ser leído como una reescritura del poema de Borges de 1936, «Insomnio», donde el argentino había trabajado el problema de la inmortalidad[20].

Borges y Bioy señalan en la Nota Preliminar a la antología antes citada: «Lo esencial de lo narrativo está, nos atrevemos a pensar, en estas piezas; lo demás es episodio ilustrativo, análisis psicológico, feliz o inoportuno adorno verbal» (Borges, Bioy 1967: 3).

La otra matriz que explora la narrativa piñeriana de esos años se vincula a un canon vigente en la literatura argentina, la tradición del policial que Borges discute con Roger Caillois en las páginas de *Sur*[21] y que se asocia activamente a la matriz de la constelación. Por lo demás, ese paradigma parece abismar la lectura cubana de sus relatos, como lo sospecha Chacón:

> Imaginemos un escritor cubano tratando de publicar una novela policial: a cualquier punto que acuda siempre llegará a la misma respuesta: ¡No! ¿Qué escudo literario lo ampara? Cómo decir de él que fundamentalmente es un gran novelista pasado o presente de Cuba? (Chacón 1994: 250)

El minirrelato «En el insomnio» se relaciona con las ideas que Borges había planteado en dos ensayos publicados en las páginas de *El Hogar* y luego en su libro *Discusión*: «El arte narrativo y la magia» y «La duración del Infierno»[22]. En el segundo, como en otros textos del mismo libro, Borges trabaja el espacio de la ambigüedad en el silogismo «La eternidad es el infierno» o «el infierno es la eternidad». Así como antes había refutado el tiempo –su sucesión y continuidad–, ahora trabaja con su revés, lo eterno, haciendo ingresar en él un componente trágico de las dos eternidades: paraíso e infierno. En el texto, apela a tres tipos de argumentos construidos por las diferentes tradiciones para operar su paradojal refutación. En el primero de ellos, se trataría de un argumento de carácter teológico, según el cual la contradicción de concebir el infierno en la

---

[19] A través de la amistad con Adolfo de Obieta, Piñera había publicado poesía dos años antes de su llegada a la capital argentina en *Papeles de Buenos Aires*, la revista que dirigía el hijo de Macedonio Fernández.

[20] El poema fue incluido en *El otro, el mismo*, de 1964 (Borges 1989).

[21] El texto de Borges sobre *Le roman policier* se publica en *Sur* bajo el título «Observación final» (Borges 1942: 92: 72-73), rematando una discusión que se había iniciado el número anterior.

[22] El texto había sido publicado en mayo de 1929 en la revista *Síntesis* (1927-1930) –de la que el poeta era miembro del consejo directivo– y luego fue incluido en la edición de 1932 de *Discusión*.

misma lógica atemporal del paraíso supondría poner en cuestión el atributo fundamental del Dios bíblico, la infinitud de su bondad. Si «el infierno según esa piadosa teoría, es el nombre humano blasfematorio del olvido de Dios» (Borges 1989: 236), y antes había señalado que «el atributo de eternidad es horroroso», ese argumento equivaldría a afirmar que si el infierno es eterno lo es también el mal, lo que entraría en colisión con la idea evangélica de la bondad divina.

Refuta luego el argumento que denomina «de carácter policial» –regido por un tipo de determinismo psicológico y ontológico que el autor no podría validar– porque supondría afirmar que culpa y castigo son los caracteres que rigen el orden humano y, en esta lógica, atribuir infinitud a la culpa (causa) por haber sido insuflada contra un ser eterno supondría afirmar que la consecuencia (el destino de la falta) determina el carácter de la falta. Señala Borges «es infinita una falta por ser atentatoria de Dios que es Ser infinito es como argüir que es santa porque Dios lo es, o como pensar que las injurias inferidas a un tigre han de ser rayadas» (Borges 1989: 237). Por último, apela a un argumento que denomina «dramático» y que consiste en definir esa noción de eternidad para poner en acto el libre albedrío, la catarsis. En términos de la lógica narrativa, este último postulado parece abrir al espacio de lo individual frente a la totalidad –a lo dado–, el artificio de la subjetivación frente al discurso ineluctable de una cosmogonía. Esa refutación ambigua se impone a partir del análisis de la historia según la cual «toda cosa estrafalaria es posible, hasta la perpetuidad del infierno, pero también es una irreligiosidad creer en él» (Borges 1989: 238).

Más que la refutación del tiempo y del infierno, lo que estos textos proclaman en su radical ambigüedad es su carácter ficcional. La refutación del tiempo lo lleva a postular la simultaneidad, la instantaneidad, el fragmento pero con un trasfondo épico, en el que se recorta la obsesión por la historia (*Historia universal de la infamia*, de 1935, e *Historia de la eternidad*, de 1936) que habilita tiempos, espacios paralelos. Si el infierno es una cosa estrafalaria e irreal, la irrealidad toma el espacio de lo real bajo la forma del eterno retorno, y configura un tipo de estar que, si no anula, al menos suspende lo individual, a través de la apelación a los arquetipos («todos los hombres son Shakeaspeare»). En este escenario, el efecto de «dramatización» (un concepto que de alguna manera reenvía al psicoanálisis, al tiempo que podemos recordar que Borges lee a Freud en clave de «ficción humorística», la misma que Piñera acuña para sus relatos) sustituye las relaciones causa-efecto, afirmando la mera secuenciación inconsecuente, casi al modo de la «emotividad episódica».

«Esta vigilia desconsolada ya es el Infierno, esta vigilia sin destino será mi eternidad. Entonces desperté de veras: temblando» (Borges 1989: 238), señala el narrador borgeano en la posdata del ensayo, jugando no solamente con la clave contaminada de los géneros sino haciendo también del juego una metaficción que desdibuja las distancias entre «esta página de mera noticia» (Borges 1989: 288) –el ensayo– y la narración de «un sueño» cuyo contenido problematiza precisamente esta tensión entre la individualidad y la totalidad, la finitud de un destino y la eternidad de lo arquetípico.

De modo que la escena, además de cifrar un problema estrictamente literario, apunta al paréntesis vital y semántico que instaura la ruptura del sueño y la experiencia de la precariedad humana: «Pensé con miedo ¿dónde estoy? Y comprendí que no lo sabía. Pensé quién soy y no me pude reconocer» (Borges 1989: 238). Entretanto, la primera secuencia del párrafo reenviaba a un sueño anterior, o a una cadena onírica: «Soñé que salía de otro, populoso de cataclismos y de tumultos –y que me despertaba en una pieza irreconocible» (Borges 1989: 238). La pequeña posdata puede ser leída en clave de microficción como la piñeriana, que, por su ubicación textual, epiloga al ensayo y pretende convertirse en la condensación de la «mera noticia», la sinécdoque ficcional.

En la última oración del relato piñeriano, «El insomnio es una cosa muy persistente» (Piñera 1967: 127), la duración parece desafiar a la misma muerte, no solamente en el presente de los verbos con que se enuncia el acto de levantarse el protagonista la tapa de los sesos, sino en el verbo transitivo-intransitivo. A los verbos de acción se opone el verbo de estado, al espacio de intransitividad –acciones con propia entidad– el ámbito de la ontología (la transitividad).

Una operación verbal próxima es la que lleva a cabo el argentino. En el texto de Borges[23] leemos: «Esta vigilia desconsolada ya es el Infierno, esta vigilia sin destino será mi eternidad» (Borges 1989: 238). El espacio del ser referido a lo atemporal e infernal satura el sintagma. De modo que para ambos textos la secuencia vigilia-infierno-eternidad constituye el nudo gordiano de la narración en la medida en que opera como reverso de la subjetivación de la experiencia humana y literaria, cuya materialidad y posibilidad está asociada al sueño, a un destino personal que conduzca a la muerte y entonces, a la humilde criba del sujeto en la totalidad.

Los textos se leen también en el eje de la ambigüedad que no solamente problematiza las relaciones entre ficción y realidad, sino también entre la tempo-

---

[23] Borges había publicado «Insomnio» en la revista *Sur* varios años antes, un texto que Piñera sin duda conocía a través de Lezama (Borges 1936: 27: 71-72).

ralidad humana y la eternidad divina, haciendo de ambos sistemas un artificio literario.

En ambos textos el tema de la escritura recorre la configuración de la trama. Si el sueño viene a oponerse a la «mera noticia» en el caso de Borges, la literatura no es sino el reverso de la «vigilia sin destino». Si el autor de *El Aleph* utiliza el pretérito indefinido –la temporalidad– para marcar la secuencia del sueño, apela, como Piñera, al presente del verbo *ser* para aludir al ámbito de la eternidad del insomnio-vigilia: «Esta vigilia desconsolada es ya el Infierno» (Borges 1989: 238). Desconsolada y persistente, los dos atributos que respectivamente recaen en la condición del insomnio, una falta que puede ser leída como el anverso del sueño –la completud del sentido– y de su sucedáneo metafórico, la ficción. A su vez, la densidad encuentra su oxímoron en la imagen del vacío de «la mesa en blanco», una probable metonimia de la página en blanco en tanto objetivación de la esterilidad de la escritura. La literatura, entonces, es el espacio de lo temporal, lo particular, lo artificial y también lo provisorio, es decir, el espacio donde el sujeto reescribe, dudando, su propia biografía como mapa de la incertidumbre.

En el desenlace del relato de Piñera, el constante presente de la enunciación se articula de manera tensa con el único pretérito perfecto que remite al estado de la eterna vigilia, que se opone a la muerte como instante y fin. Si la muerte no puede interrumpir la vigilia, es ésta de carácter metafísico, mientras que la primera es de carácter histórico.

Como un infinito tejido intertextual, la narración reescribe «Insomnio», el poema borgeano muy anterior: «Creo esta noche en la terrible inmortalidad: / ningún hombre ha muerto en el tiempo, ninguna mujer, ningún muerto / porque esta inevitable realidad de fierro y barro / tiene que atravesar la indiferencia de cuantos estén dormidos o muertos / y condenados a vigilia espantosa» (Borges 1936).

La «terrible inmortalidad», el binomio temporalidad-atemporalidad, se metaforiza a través de la figura de la vigilia que, como en Borges, es un tipo de Infierno en la medida en que la eternidad implica ausencia de destino, borradura del nombre propio. Si la «vigilia espantosa» constituye el sustituto metafórico de la borradura de la inscripción individual en la épica, de una historia propia –un destino individual– dentro de la lógica coral (de la teleología insular, de la coralidad originista), la consecuencia trágica –nunca causal sino mítica o simbólica– implica que el sujeto se reduce al relato de todos, a la historia de la eternidad hecha sobre fragmentos de la imposibilidad del sueño. De allí que el insomnio sobreimprima a la muerte su carácter atemporal, desindividuador y trascendente que somete a la lógica primaria y rectora de la existencia humana (vida-muerte) a vana ilusión: «El hombre está muerto pero no ha podido quedarse dormido» (Piñera 1967: 127). La discontinuidad que propone esta narrativa cifra el concepto de muerte como artificio del fracaso del sujeto ante el postulado moderno de alcanzar a inscribir un relato «original» –único e irrepetible– de la literatura, pero también de la historicidad de ese estar en el mundo del existencialismo. El ingreso a la eternidad de la muerte frente a la posibilidad romántica, moderna, freudiana y a la vez borgeana, de hacer del sueño el posible metafórico de un texto propio –la deidad que sueña como posibilidad de vida, el sueño como cifra de la subconciencia, el sueño como metonimia del arte, etcétera– invierte y abdica de ese utopismo moderno (que incluye también su impulso adverso y antiutópico) de pensar la sinécdoque estética como reemplazo de aquella totalidad perdida, una nueva forma de religiosidad estética.

Si el infierno no se configura como una frontera, como un espacio-tiempo situado en el después de la perennidad de la existencia, es porque el infierno es la misma existencia secular y la muerte un mero episodio entre un tipo de eternidad y su sucedáneo. La imposibilidad del sueño para el personaje del cuento piñeriano lleva implícita una consecuencia trágica: un tipo de tragicidad que convoca al humor del absurdo porque desarticula los juegos de opuestos y los sistemas de jerarquización dados por la *episteme* moderna. Esa postrer razón –anticausalista– hace que dos desvíos se crucen: el de la abolición de la utopía romántica de la creación como marca individual y el mito moderno del sujeto en cuya corporeidad –histórica, estética y textual– se halla inscrito el mandato de producir una marca del yo en el relato totalizador e intersubjetivador de su tiempo. El personaje se sumerge –borrando su posibilidad de diferenciación– en el río eterno de la muerte, sin alcanzar a conciliar el sueño que lo recolocaría dentro de las coordenadas ideológicas de su tiempo: el yo y las circunstancias, el fragmento como hipóstasis de una totalidad perdida, la creación como nueva religión en un mundo sin ella.

El relato de Piñera, como hemos visto, relee esas metáforas y las desubica, las descentra, no para postular una nueva religiosidad, sino para anular ambos sistemas –ni la coralidad intersubjetiva del originismo, ni el artificio del yo creador–, releyendo, reescribiendo la tradición como una nueva forma de la originalidad. La literatura convoca en cambio a la oralidad, a las tradiciones divergentes, haciendo del acto de leer una puesta en escena que apela a la liberación de ese fondo irracional y vacío de la existencia humana: el reino del sinsentido.

Es posible rastrear también otra reescritura de Borges en este cuento de Piñera. El relato «El milagro secreto» (Borges 1943: 101: 13-20) presenta la historia de Jaromir Hladík, el escritor de la inconclusa tragedia «Los enemigos» –además de una *Vindicación de la eternidad* y del análisis de las fuentes judías en Jacob Boehme–, que va a ser ajusticiado por la Gestapo en Praga. El relato se abre con un sueño del protagonista donde dos familias ilustres libran una partida de ajedrez, y Jaromir, uno de los contendientes, no logra recordar las leyes del juego. Cinco días más tarde sería denunciado y encarcelado y diez días después fusilado.

La precisión de fechas, nombres, datos y referencias históricas contrasta sin embargo con el trabajo sobre la categoría «tiempo», que se ahonda, extiende, relativiza con las experiencias oníricas y ficcionales del protagonista. La irreversibilidad del destino –su ejecución– abre para el personaje y para el relato la posibilidad de otros textos, es decir, de otra historia. Jaromir no solamente eterniza ese instante previo a la muerte a través del sueño y la conclusión de su tragedia «Los enemigos», sino que entrelaza ambiguamente una noción del tiempo como mero artificio. Su destino de hombre es ineluctable, pero está inscrito en la genealogía infinita de quienes –como el bibliotecario ciego de su sueño segundo– buscan a Dios en las infinitas letras de una biblioteca infinita. El olvido, la búsqueda eterna, el juego y la escritura habitan los sueños del personaje de Borges, es decir, proveen de un tipo de verdad.

Mientras el protagonista de Piñera llega a la muerte sin alcanzar a conciliar el sueño (la escritura), el de Borges lee, sueña, olvida, escribe para dilatar el encuentro con su destino final. El carácter de arquetipo –ser todos los hombres–, de letra acumulada en una cadena textual se resemantiza inversamente en el relato del cubano, donde la individuación, la fragmentación, la ausencia de prestigio y de heroísmo propia de una experiencia anónima resiente cualquier posibilidad de épica.

El texto de Piñera, «El Infierno» (1956: 242: 21-22), puede leerse en la línea del otro relato breve «En el insomnio» no sólo por la forma de relato condensado en un solo párrafo, sino porque regresa a la idea de los mundos contiguos, a la borradura de los límites entre ficción y realidad. En este caso, apropiándose del relato bíblico, configura un universo de sentidos luciferinos, instalado en la existencia terrenal. Se apropia del relato para desplazarlo y abolirlo. El universo infernal no está asociado a la vejez y a la muerte ni al pecado, sino que –como una parábasis de la inocencia– emerge en la niñez, en la boca de los padres; se continúa en la adolescencia en la llamas de la imaginación; más tarde, en la vida adulta, en los espejos que devuelven una imagen gastada y deforme;

para convertirse, ya en la vejez, en un relato prosaico y cercano de la propia existencia. El universo infernal aparece entonces como una hipóstasis del yo, un *alter ego* frente al cual ningún relato puede expiar su perversidad y persistencia.

El relato se cierra con la ratificación de un mundo que no acepta el relato cristiano, los límites de la vida y la muerte, del infierno y lo terrenal: «Por fin llega el día en que podríamos abandonar el infierno, pero enérgicamente rechazamos tal ofrecimiento, pues ¿quién renuncia a una querida costumbre?» (Piñera 1956: 242: 22).

Años después, en el poema «Inferno V», el yo poético borgeano, como retomando una antigua conversación, desagrega contenidos y metáforas y provee al lector de una potente imagen literaturizada del problema filosófico, estético y retórico que había recorrido el juego intertexual cuatro décadas antes. A modo casi de un epílogo, el poema de «La cifra» (1984) remata: «Un libro, un sueño les revela / que con formas de un sueño que fue soñado / en tierras de Bretaña / otro libro hará que los hombres, / sueños también, los sueñen» (Borges 1981). El poema, como una respuesta tardía, afirma otro matiz de la tensión eternidad-precariedad, sueño-vigilia (creación-escritura). Si el sueño, en tanto metáfora y contigüidad de la creación, sustenta la cadena casi infinita de una discursividad en la que se reescribe la literatura borgeana, la literatura –una de las formas de ese sueño y su materialidad, el libro– aproxima al hombre al gesto divino y lo reintegra a una cadena de sentidos que está obturada en la narrativa piñeriana, donde alcanzar el sueño es una imposibilidad y la ausencia de él configura el infierno eterno y terrenal, elipsis de la originalidad. Para «El Escriba» resta entonces el mero ensayo de la escritura, ejercicio de escribiente para expurgar la ausencia de trascendencia –de la obra de una vida y de la obra literaria(s)–.

El miedo, la angustia, el espanto del cuerpo y la pura carnalidad de muchos de sus escritos, los escudos, la fragmentación metonímica de sus personajes, la desarticulación y transferencia de funciones específicas –antropomorfización, animización, animalización, etcétera–, desordenados en discursos que hacen ostensible la labor del narrador y la credulidad del lector intentan desembozadamente asesinar el otro mito literario: el de la verosimilización como atributo central del relato moderno.

En el último párrafo de «El señor ministro», uno de los dos cuentos iniciáticos del periplo porteño de Piñera y que Borges, según el propio autor, recibiera con entusiasmo, leemos:

¡Dios mío, qué seguro me siento ante mis lectores! ¡Me embriaga la seguridad! El señor ministro sale. El coche, la tarde, el chofer, el palacio, la puerta. Salas deja a su paso, antecámaras bulliciosas, vestíbulos colmados de palaciegos. Y avanza y adelanta. Y siempre adelante. Y penetra y la mirada vagar deja. Y la mirada vaga, vaga... y la fuente deja sobre la mesa de cortar carnes. ¡Se estalla con tanta seguridad! Huevos, jamón, papitas, apio, sal, cebollas. ¡La seguridad asfixia a mis lectores. La tortilla en el aire. La fuente dorada, vestíbulos, antecámaras, salas, la tarde agonizante, la puerta, la limusina, el chofer, los carritos de helados, las niñeras. ¡La seguridad explota como una granada de mano! Y yo no puedo impedir que el ministro ya no pueda hacer otra cosa. (Piñera 2002: 156)

El párrafo completo hace explícitos los mecanismos del artificio, y en tal sentido desarticula la ilusión, su poder verosimilizador. Casi al modo de una ficción borgeana, al hacer ostensibles los mecanismos de la ficción rompe con la lógica lineal del discurso y yuxtapone diferentes órdenes de la instancia procedimental (narrador, personajes, tiempo, espacio y acción).

El relato «El enemigo»[24] —fechado por el autor en 1955 y publicado ese mismo año en la revista argentina— vuelve a poner en foco la escritura. El sujeto de la enunciación, víctima de la destrucción del miedo, se va deformando paulatinamente en una cosa-animal, una especie de pez que no es pez, un objeto-animal que no encuentra designación: «un animal porque respira, una cosa porque ni siente ni padece» (Piñera 1955: 236: 52).

La noción de culpa informa el relato. Como en los textos anteriores, se asiste a un segundo relato subordinado, donde lo autobiográfico es convocado para oficiar su transformación metonímica a través de elementos que condensan la lógica temporal-causal: la bañera, el escudo, la cama. Esa objetivación permite el desarrollo de un proceso iniciático de carácter invertido.

El «hacer» del relato está modelizado en la figura de la culpa-agua, una especie de fuerza tras-individual que recoge y tritura lo social que agobia, persigue y devora al sujeto, transformado en un animal inanimado. La tensión narrativa, sin embargo, está configurada a través de otra metonimia, la del dique que opera independientemente del sujeto para intentar, en vano, detener el avance de la fuerza acuática.

En este texto retoma nuevamente la estructura del relato de iniciación invertido, y la subjetividad va disolviéndose en la tensión con el mundo mediado por el superyo: la metonimia de la cama, la bañera y la literatura no logran impedir la destrucción del sujeto que no se transforma en una objetividad aséptica, sino

---

[24] El texto integra más tarde el volumen de *El que vino a salvarme* (1970), prologado por Bianco.

en algo monstruoso, mitad animal y mitad objeto, «que no puede sentir pero puede producir la muerte» (Piñera 1955: 236: 53).

La idea del muro, de matriz sartreana[25], fracasa como dique de contención de la angustia en el cuento de Piñera; el yo es dominado siempre por la culpa que se constituye en el antagonista de la construcción del sujeto. Ese sujeto no va armándose a través de pruebas, como en el típico relato de iniciación, sino que va siendo derrotado en cada contienda. Vencido él, pero también sus escudos: la cama, la bañera, la literatura. De este modo el agua, lo onírico, el arte como producto de una relectura freudiana se convierten en materiales de desecho y el sujeto que posee al principio del relato la palabra, la voluntad y la decisión, va transformándose no solamente en animal (en otra relectura oblicua de Kafka) sino, paulatinamente, en objeto monstruoso, y por último en basura. El miedo y la culpa transforman al sujeto en animal (perro), pero ese «enemigo» no proviene del afuera sino de adentro del yo. No resulta, entonces, el proceso de disolución del sujeto como producto de un tipo de modernidad alienadora, sino de la potencia interior negativa (miedo, culpa) que conduce a la destrucción.

Recordemos que, en su lectura de Freud, el dique se constituye también en un sustituto metafórico de lo femenino, del otro femenino (madre, mujer) y de lo constitutivo del sujeto que la cultura ha definido como atributos de un género (reproductividad, totalidad, albergue, matriz, origen). En esta serie, la ficción piñeriana hace fracasar esa «casa del hombre» que doblemente articula la energía subjetiva del ying y del yang y la tradición del género en la cultura occidental, para producir un relato que despoja al sujeto de su propio texto y de su contexto hermenéutico. Al fisurar las nociones de sujeto como inscripción en un sentido de la historia y desubicarlo de sus redes, funciones y sistemas de correspondencias, la narración disloca su propio estatuto. Escrito en primera persona y focalizado en la acción interna, no hay más suceso que el mero e inútil discurrir de un pensamiento amenazado, acorralado. El relato enuncia entonces una paradoja: «Estoy sumergido, textual» (Piñera 1955: 236: 54). El texto fagocita al yo, se independiza de una voluntad idealista y de la predeterminación de un sentido. La ficción no es, entonces, ni una máscara del yo ni su metaforización, sino el acabamiento de un desarme. Como una maquinaria

---

[25] En *Le mur* (1939) Sartre narra la historia de un condenado a muerte que es tentado por la autoridad para salvar su vida a cambio de una información que implica la traición a un compañero. El muro en el relato sartreano implica una doble referencia: a una zona del límite del conocimiento humano, pero también al límite de la propia vida –la situación del condenado–.

autogenerada, desplaza todo *a priori* textual y convoca al puro devenir dramatizador una historia sin Historia, de un fragmento cuya función consiste en despojar al sujeto de sus credenciales modernas, y correrlo del rol de sujeto de la historia al de producto (objeto) de una lógica textual.

En la primera escena, el yo dialoga con el lustrabotas y como consecuencia del diálogo se decide a tomar medidas contra el miedo. Sin embargo, el paulatino fracaso de la conciencia ante sus vanos intentos conduce a la acción final en la que el sujeto es despojado de su hacer externo e interno y entonces, habiendo fracasado todas sus estrategias, el relato invoca la imagen final del «degüello», es decir, «de la «cabeza en el tajo», y la imagen del basurero llevándose las metonimias del yo mientras se parodia una ficción mayor, la de aquella supuesta unidad subjetiva: «yo iría en otro carro que pasaría a recoger». De este modo, los fragmentos de este «yo-protagonista» se convierten en mero objeto cuya presencia «descuartizada» desubica cualquier espanto, cualquier tipo de atención o interés. Su olvido refuerza la idea de fragmento «arrojado» en el mundo, y por ende, del fracaso de la literatura como salvación e idealización del yo. Solamente permanece su hipóstasis desarticulada: el yo es mera perspectiva, una mirada dislocada.

Del yo que habla con el otro, se comunica, toma conciencia y planifica estrategias, solamente va quedando la parte. Ese fragmento no puede operar frente a la totalidad del mundo, sino frente a un enemigo que es su propia subjetividad: el otro «monstruoso» que lo habita, como un tipo de superyo (Freud) configurado en los dos discursos principales de la culpa y el miedo. La culpa por la traición al mandato bíblico, la culpa por la enseñanza de la construcción sexual, la ruptura edípica y la configuración de un yo dentro de una identidad sexual que proviene de una articulación-ruptura, identificación con los modelos sociales y familiares. Es el miedo a la pérdida de la estabilidad «burguesa» de los bienes y la familia pero viene además acompañado de otro miedo, que proviene de su interioridad: el temor a la pérdida de ese sujeto individual, a la unicidad, en tanto construcción moderna de una identidad única, diferente y original. El relato, centrado fuertemente en la literatura como «escritura», espacio productivo donde se hace «el mito del sujeto» como otra de las estrategias mitificadoras-desmitificadoras de la lectura piñeriana, satura la enunciación de los paradigmas que a mediados del cuarenta configuraban la narrativa del yo, lo enajena, transforma al yo en un animal, lo objetiva disolviendo la ficción principal de la subjetividad moderna y, finalmente, lo espanta, lo transforma en algo monstruoso pero inactivo, inepto, «sujeto a», no «sujeto de», incapaz de actuar, de pensar y de transformar. Mera monstruosidad, alcanza aún un dato superlativo, no provoca el espanto del otro. El basurero lo ignora, lo olvida, lo deja arrojado a su propia monstruosidad. Cuando displicentemente le señala que iría en otro camión, como un objeto que ni siquiera encierra el peligro de tirarlo a la basura, es una pura nada, nihilista y absurda.

Piñera toma de sus propias lecturas un repertorio de supuestos e imágenes pero los conduce a su propia reactividad literaria, y hace también de la filosofía y del psicoanálisis pura materia literaria, es decir, método, estética, imagen y mito para abordar la zona del espanto humano. El sujeto se reescribe en esa lectura caprichosa, se desdibuja, se disuelve y termina siendo devorado por la escritura, que es la única ejercitación que sobrevive: la pura escritura, el relato sin sujeto, el relato que se escribe a sí mismo.

En sus cuatro textos publicados en *Sur*, la escritura literaria disuelve el mito del tema, del narrador, de los personajes, de la acción, a través de la elipsis y la metonimia. Abisma la escritura, la despoja de las tradiciones y hace del relato un riguroso artefacto armado con una lógica que proviene de sí mismo: pura ficción, es decir, maquinaria intrascendente. Sin embargo, el texto que produce la abolición del sujeto contiene aún un último supuesto en la relación entre la literatura y la historia. Si Borges había formulado la hipótesis de la pura verosimilitud del relato, también la categoría de verosimilización resulta corroída. Para Virgilio, el relato no provee de verosimilitud sino de inverosimilitud, el efecto de hacer increíble su propia escritura a través de personajes convertidos en objetos y en objetos deconstruidos. No hay una bañera, ni un muro, ni un escudo que conserve la entidad de «objeto», su especificidad categorial, porque también esa categoría está destruida.

De manera que el yo se halla desarticulado en la cronología del sujeto y recolocado en una cadena semántica regida por el mito del miedo y la culpa. Los relatos de Occidente, la historiografía, el psicoanálisis, la filosofía, la literatura, carecen estrictamente de una epistemología y solamente se recupera su carácter formal –su atributo de relato–, y en ese sentido, de ficción. Sin embargo, ese puro relato tiene una función, un tipo de trascendencia no contemplada en sus propios estatutos: la del provocar el horror para abolir o al menos debilitar el horror de la propia existencia, es decir, el terror histórico. La paradoja en la que se sostiene el texto consiste en hacer de la impasibilidad del basurero ante el descuartizamiento del personaje el espanto catártico de un lector ideal. No hay hagiografía, no hay fe ni mito bíblico, no hay infierno ni paraíso en la narrativa argentina de Piñera; solamente ejercicio, sustituto de la creación, sin la cualidad original y prístina de la estética originista y sin la otra originalidad, la de Borges, urdida en el plagio, la paráfrasis, el saqueo, la copia, es decir, las formas de la reescritura. No se trata, solamente, de un sujeto sin dios o sin historia sino de un sujeto sin sujeto, o mejor: un sujeto cuya única ontología es la de su propia destrucción, el epítome final de ese suicidio en el que se ha vuelto instrumento de tortura, es decir, medio para la muerte. Pero si leemos al propio Piñera podemos aun advertir el fondo de la comunicación humanística, lo que no encuentra en la narrativa de Dostoievski y encuentra en Kafka, el del «apartar ese horror de la actualidad y transmutarlo en horror delicioso de lo intemporal» (Piñera 1945: 8: 45). Y es un apartamiento que se forja dentro de la literatura, en la ficción teatral del espanto piñeriano. La narrativa como teatro que busca una especie de nueva liberación, ya no a la manera de la catarsis clásica, sino a la manera de un teatro del absurdo; por eso la escritura y la lectura promueven un vínculo distintivo: ninguna teleología, sino un acto temporal.

Estos recorridos me permiten establecer algunas distancias con la perspectiva que trabaja Anderson (2006) en su tesis sobre Piñera. En primer lugar, cuando plantea la relación entre las escrituras de Borges y el escritor cubano, su lectura más que interrogar los diálogos intertextuales, los meandros discursivos que ponen en diálogo representaciones, metáforas y programas culturales, se focaliza en una comprensión de la escritura literaria como subsidiaria del derrotero vital de ambos sujetos. Por ejemplo, cuando piensa en la frecuentación borgeana de un tipo de fantástico– y desde allí su relación con los primeros cuentos de Piñera que el mismo Borges lee y publica–, deriva esa elección estética de una experiencia de crisis existencial que lo habría conducido a la búsqueda de temáticas y tramas vinculadas a lo onírico, lo fantasmal e infernal[26]. Esta suerte de «determinismo» precisa ser matizado– aún permaneciendo en la perspectiva que elige el crítico–, ya que la crisis posee también una contracara exultante, dada por otra experiencia, vital pero más estrictamente «literaria», la del momento de su consagración nacional, y de la sucesión de actos públicos y privados que reconocían su labor como gran escritor. De modo que el ahondamiento en esas temáticas no podría ser suficientemente explicado desde la experiencia del fracaso, ya que coincide precisamente con una instancia de enorme visibilidad de la *constelación*.

---

[26] «We should note that "En el insomnio" might have been inspired by Borges's own-out battle with insomnia, but it also evoked a more immediate personal crisis that Borges was undergoing when the two authors met in 1946. In that year Borges was rejected by Estela Canto, a sprightly Uruguayan woman to whom he proposed marriage in late 1945» (Anderson 2006: 50).

En segundo lugar, considero que una lectura del texto piñeriano a la luz de la escritura de Borges resulta pertinente y necesaria, en la medida en que pueda ser abonada en el terreno de lecturas comunes y búsquedas escriturarias próximas, cuyas huellas se cifran en la narrativa que producen durante esos años y que– con interrupciones, olvidos y asimetrías– permiten ordenar un mapa literario del diálogo. Un punto de partida para la configuración de esa escena de lectura común lo constituye el testimonio del cubano, a quien le gustaba comentar que Borges había leído alguna vez su cuento «El Gran Baro» y le pidió a él que lo leyera en voz alta en una reunión[27]. Es posible hipotetizar, entonces, que Borges estaba leyendo ya esa «teatralización» que provoca la escritura piñeriana, es decir, uno de los efectos fundamentales de la experiencia narrativa del cubano en su periplo porteño: la reversión del horror y la irrealidad –el *horror vacui*– en corporización/textualización de la experiencia del sinsentido.

En 1953, Rodríguez Feo publica en *Ciclón* «Una alegoría de la carne», una nota sobre *La carne* de *René*, editada un año antes en Buenos Aires. En su lectura propone algunas claves que nos permiten también leer dos de sus cuentos más emparentados con la novela comentada. Señala tres aspectos, a mi juicio, centrales en la escritura de Piñera: el tipo de realismo y de fantástico que configura, el problema del humor en su obra y la concepción de un tipo de efecto lector convocado por su obra y que el codirector de *Orígenes* define sosteniendo que «el estremecimiento del horror y el reconocimiento de lo humano lo verificamos cuando creemos que ya la trama ha tomado un camino puramente inverosímil» (Rodríguez Feo 1953: 43).

Poco tiempo más tarde, en el artículo «Freud y Freud» que el propio Piñera escribe para *Ciclón*, aparecen algunas claves adicionales para la lectura de sus cuentos. Allí deja expuestas las premisas de su lectura: le interesa Freud no como creador del psicoanálisis sino como escritor de ficción. Este desplazamiento de la lectura del cubano le permite mostrar dos aspectos que él considera imprescindibles en el arte y que encuentra en Freud: el método riguroso y el trabajo sobre la arcilla que permite la perennidad del arte –el material de los sueños y el misterio que subyacen en la vida humana–. En su lectura de Freud se transparentan los supuestos de su poética, en la que el sueño es una de las manifestaciones de la energía sexual del hombre.

---

[27] En una de las cartas que escribe Piñera a Rodríguez Feo, fechada el 16 de marzo de 1955, le comenta: «Querido Pepe, ya tenemos la puerta abierta con Borges. Ayer, cuando fui a buscar el texto, en el curso de la reunión donde había varias personas) me rogó que le leyese el cuento "El Gran Baro". No puedes imaginar los elogios que le hizo. Se ha portado exquisitamente» (Pérez León 1995: 166).

Ahora bien, comentando la lectura de Freud sobre los sueños, dice: «que los ladrones y el polvillo representen los órganos masculinos, capilla, dique y montaña sean los femeninos, y los escalones que conducen a la iglesia, el símbolo del acto sexual, es tan onírico y pesadillesco que no puedo menos que sentirme enredado en una nueva maraña» (Piñera 1994: 278).

Como todo buen escritor, Freud crea un método, su praxis escritural; pero ese método, histórico, es un camino para llegar a un tipo de expiación textual y sexual. Borges señala casi el mismo gesto de su lectura de Ortega, su propio fracaso. Sin embargo, el argentino postula una mirada invertida de Freud como narrador de historias: «He fracasado en su lectura. En cambio, Jung me pareció un autor muy rico, lleno de sugestiones, que pueden ser ciertas o no, pero, en fin, yo prefiero a Jung y no a Freud. Freud me parece un viejo chismoso» (Abraham & Marí & Rússovich 1984: en línea).

Como el conocimiento tiene un carácter efímero, la literatura también puede devenir en nuevas formas; lo que queda es el trabajo sobre el material fantástico-onírico de la experiencia humana, su principal misterio.

Tantalus o la autoconsumación del canibalismo

> En la tiniebla de su Torre de hambre, Ugolino devora y no devora los amados cadáveres y esa ondulante imprecisión es la extraña materia de que está hecho. Así, con dos posibles agonías, lo soñó Dante, y así lo soñaron las generaciones.
>
> Borges 1982

Una larga tradición teórica recorre la construcción latinoamericana de la antropofagia[28]. El canibalismo, como operación cultural en la cual el cuerpo se

---

[28] No voy a detenerme en dichas construcciones, muy transitadas no solamente por la crítica latinoamericana sino también por los estudios antropológicos, etnográficos, sociológicos e historiográficos. Desde las crónicas del descubrimiento, la sucesión de la figura del antropófago ha servido para diferentes operaciones teórico-críticas, entre las que —más contemporáneamente— podemos citar la saga arielista que asocia a Calibán con el materialismo y utilitarismo de la cultura de la América de Norte, la vanguardista hipótesis del «tupi or not tupí» de Oswald de Andrade cifrando la antropofagia como gesto reversivo y fagocitador de la cultura occidental desde el lugar del americano, hasta la ya clásica formulación de Fernández Retamar con su

presenta como un texto metafórico, puede ser entendido como un espacio de desestabilización, constitución y disolución de las identidades, de las relaciones de poder entre centros y periferias (el problema del colonialismo y la poscolonialidad) y de la confusa liminaridad del adentro-afuera (del sujeto individual pero también del colectivo de la nación). Como señala Jáuregui, «el cuerpo sirve para dramatizar, y de alguna manera escribir, el cuerpo social» (Jáuregui 2005: 11), para poner en acto el instante en que el comer «dramatiza» la primaria y primigenia ingesta en tanto encuentro con lo otro del mundo. Sin embargo, el comer puede comportar, además, una endoginia, una automutilación y un gesto tautológico en tanto que opera el acto reflejo de comerse a sí mismo, de autoconsumirse en una escena ritual que traiciona, duplicando, el primer mandato de amar al otro como a sí mismo. La ambigüedad, sin embargo, confunde y hace coincidir el exceso de amor propio –el sabor del cuerpo del yo– con la devoración como destrucción de sí.

Si hacemos dialogar el primer texto de Piñera sobre literatura argentina (Piñera 1947: 13: 48-53) donde había sometido su lectura al tantalismo, advertimos no solamente la pregnancia de esa configuración en la comprensión de la literatura del sur, sino además el carácter de matriz narrativa que le permite no sólo definir una retórica propia sino también operar con los otros: el otro argentino para un cubano, y el otro metropolitano para un escritor latinoamericano en una escena dominada por el problema histórico de la colonialidad en la construcción del discurso cultural[29].

La figura de Tántalo recorre, entonces, no solamente la lectura de Piñera sobre la literatura argentina, sino que constituye una matriz narrativa que se actualiza en los textos publicados en su periplo argentino, fundamentalmente en sus *Cuentos fríos* (1956), y de la cual dan cuenta dos de sus relatos publicados en *Sur*, «La caída» y «La carne». De modo que el narrador, dialogando con una serie de la literatura latinoamericana, conforma un tipo de deconstrucción y de

---

Calibán (1971), donde el signo metafórico del mito se transforma en paradigma de la reapropiación creativa y de la nueva utopía americana (véase Fernández Retamar 1971 y Jáuregui 2005).

[29] En este sentido, historiza Jáuregui: «El caníbal que funciona como estigma del salvajismo y la barbarie del nuevo mundo llega a ser un eje discursivo de la crítica de Occidente, del imperialismo y del capitalismo; un personaje metáfora en la emergencia de la conciencia criolla durante el Barroco y la Ilustración americana; un tropo para las otredades étnicas en la segunda mitad del siglo XIX; y una herramienta de identificación y autopercepción de América Latina en la modernidad. Asimismo el canibalismo hace parte de la tropología de las apropiaciones digestivas y el consumo de bienes simbólicos, así como de la formación de identidades híbridas en la llamada posmodernidad» (Jáuregui: 2005: 14).

duplicación del gesto antropófago al desplazar la figura del otro como objeto de la escena devoradora y fagocitadora a su propio cuerpo-escritura. Tántalo constituye en su retórica ensayística el mito de la traición y la devoración carnívora de sí mismo a través de la transgresión al mandato que prohíbe el sacrificio humano: al ofrecer a su propio hijo como banquete ritual profundiza el acto de la antropofagia, la descentra del eje yo-otro y desestabiliza también el gesto poscolonial de reapropiación y resignificación de la culturas dominantes. Si, por un lado, entra en diálogo con la conformación discursiva de «El escritor argentino y la tradición» (Borges 1955), por el otro ese diálogo sirve para dislocar dicha configuración, haciendo hincapié en la «traición» –como sabemos la relación entre los dos conceptos del título del ensayo condensan una cuestión retórica en la medida en que son definidos en tanto que simulacro o pseudoproblema– no como derecho[30], tal como lo había formulado Borges, sino como estigma; y al replegar el vector de apertura-ingesta de lo distinto a la encarnación y amputación del sí mismo. Por lo demás, sus textos abjuran de la carga metaforizadora del mito anulando los contenidos abstractos e imaginarios de la cultura, y poniendo en la corporalidad desnuda, muda y ciega el peso de la enunciación ficcional. Puro texto, puro cuerpo, la escritura «argentina» de Piñera relee esas tradiciones e invierte su posibilidad de significación religadora[31]. Si, como el mismo director de *Poeta* había «situado el momento de producción de sus cuentos en La Habana de 1944 donde la carencia de carne (Piñera 1999: 51) había llegado a límites poco creíbles, esos cuentos comienzan a circular en 1955, primero en la revista de Ocampo y un año más tarde en su antología editada por Losada. De manera que como su «efecto literario», los textos son leídos en el sur, es decir, se recolocan en la genealogía que traza *Sur* sobre la cultura latinoamericana, y entonces instauran una escena de lectura donde se «desleen» ambos cánones[32].

---

[30] «Creo que nuestra tradición es toda la cultura occidental, y creo también que tenemos derecho a esta tradición, mayor que el que pueden tener los habitantes de una u otra nación occidental» (Borges 1989: 272).

[31] El concepto de «religación», trabajado por Zanetti para su genealogía del ensayo del siglo XX latinoamericano, permite repensar las maneras en que, de modo más o menos mediatizado por el conocimiento histórico, los textos dan cuenta de un estado de preocupación de carácter continental, excediendo los marcos de las literaturas nacionales y reinscribiendo las polémicas en un circuito otro, donde las revistas y los vínculos interpersonales coadyuvan a dibujar una especie de subterránea narrativa trasnacional (Zanetti 1994: 489).

[32] Utilizo el concepto de «deslectura» en el sentido de una operación deconstructora de las hegemonías literarias. Si por una parte Piñera, ya alejado de *Orígenes*, se inscribe en la genealogía que comienza *Ciclón* en 1953, por otro lado, publicando en *Sur*, parece formar parte del «parricidio» de los jóvenes de *Contorno*, en la medida en que su escritura desaloja la

Ahora bien, si el origenismo configura el espacio de «el mito que nos falta», la encarnación de la poesía en la historia, la Imago lezamiana como repristinación de sentidos culturales y metafóricos y la sobreabundancia discursiva e imaginaria como desmitificador del vacío de pasado –la historia que nos falta, frustrada en lo esencial político–, la poética piñeriana en cambio desaloja esa urdimbre, «encarnando» una poética sin atributos, escasa, material, inmediata, que escenifica lo que Arrufat sentenció para sus cuentos «un diálogo de sordos con otros cuentos cubanos» y una narrativa que expurga el «alma» origenista para instaurar el reinado de la desprovista corporeidad (Arrufat 1999: 60).

Por otra parte, entran en diálogo con la genealogía trazada por Borges en sus lecturas de Dante donde había hecho énfasis en la figura de Ugolino, tal como recoge el epígrafe a este apartado. Ugolino se constituye en la literatura del argentino como la suma de la traición y de la auto-antropofagia porque desoye ambos mandatos. El intertexto borgeano, como lectura cultural, dentro de la narrativa de Piñera, puede entenderse en el eje del ensayo del 55 –traición como derecho– y también en la otra matriz del pensamiento latinoamericano en el eje caníbal-Calibán, como reinvención e inversión.

En el relato «La carne», ambientado en un contexto de abstinencia, proveniente de la prohibición estatal de ingerir carnes –escena que relee también *El matadero* de Echeverría–, un solo personaje se desagrega de la urdimbre gregaria del anónimo y domesticado colectivo, cuyas «protestas no pasaron de meras amenazas y pronto se vio a aquel afligido pueblo engullendo los más variados vegetales» (Piñera 1956: 242: 17). Se trata de Ansaldo, quien frente a la mayor parte de los personajes configurados como «tipos» (con la sola excepción de la señora Orfila) del metonímico pueblo –el Alcalde, el bailarín, el sindicato, el vecino–, opera la trasgresión autoantropofágica que traiciona no solamente el mandato bíblico –y la condena a la escena antropófaga y al sacrificio humano– sino también el mito moderno del Sujeto como una unidad de cuerpo y alma y el *cogito ergo sum* cartesiano.

El sujeto piñeriano no solamente se constituye en la abolición de todos los mandatos que consagran su entidad por encima de las demás especies, su carácter totalitario y su superioridad simbólica, sino que además opera esa inversión en el mismo escenario público y abierto del ágora griego. Su dramatización –el cortarse un filete de la nalga izquierda y saborearlo como «lo bello»– disloca el

---

abstracción y la intelectualización de los procedimientos del género narrativo e introduce un texto en apariencia sin pretextos, «antiliterario», con un lenguaje hecho menos de cifra que de tatuaje, menos de arquetipo que de vulgar existencia.

carácter trágico de la escena. Al hacer del «glorioso espectáculo» del banquete una «demostración práctica a las masas» en el centro de la plaza, produce un desajuste entre sentido y función: la hiperbólica enunciación refiere el más pedestre y espantoso de los actos, el de salpimentar un filete rebanado de su nalga y saborearlo. La degustación, inmediatamente repetida por el sumiso y «prudente» pueblo, se serializa en una secuencia de «deliciosas escenas» auto-caníbales, seguidas de cuantificaciones y progresiones del alimento y de su engullidor-engullido cuya lógica está regida por una irónica noción de justicia concebida como igualdad homogeneizadora: «pues si él había cortado de su propia nalga izquierda un hermoso filete, justo es que la cosa marchase a compás, esto es, que nadie engullera un filete menos» (Piñera 1956: 242: 18).

Al parodiar la lógica en serie de la modernización tecnocrática, Piñera refuerza un tipo de contramodernidad que ataca al sistema epistémico de ese *constructo*, como también a su principal entidad: el sujeto fuerte y centrado de la modernidad. A través de la mirada de un narrador estéril, fotográfico y dominado por la escena, que se repliega ante la duda, que no puede sino registrar y copiar.

De la autoconsumisión jerárquica de los individuos resta la postrera y metonímica parte: los dedos del Alcaide, los dedos del pie del bailarín, la lengua de las señoras que son devoradas como epigónica factura. Un procedimiento similar al que se registra en «La caída», donde la escena devoradora es sustituida por otra de carácter análogo: el desmoronamiento de los escaladores que van perdiendo paulatinamente su integridad corporal, despojados de toda conciencia unitiva. La preocupación que rige la fatal caída solo se fragmenta en un artificio: los ojos en uno, la barba en el otro, a la manera de una nueva sinécdoque absurda, lo que permanece después de la destrucción. «Pero no pude hacer lamentaciones pues ya mis ojos llegaban sanos y salvos al césped de la llanura y podían ver, un poco más allá, la hermosa barba gris de mi compañero que resplandecía en toda su gloria» (Piñera 1956: 242: 20).

La sucesiva amputación corporal, no ya por efecto de la devoración sino de la caída desprovista de cualquier heroicidad[33], solamente provoca en el narrador en primera persona una «ligera angustia» (Piñera 1956: 242: 21). El narrador privado de sentir, de concluir, de aseverar, permanece como una voz detrás del pretérito de la última frase del relato de la amputación absolutamente despojada

---

[33] «Habíamos escalado ya la montaña a tres mil pies de altura. No para enterrar en su cima la botella ni tampoco para plantar la bandera de los alpinistas denodados» (Piñera 1956: 242: 20).

de sentido, accidental, de los dos personajes. El no poder lamentar porque los ojos del protagonista y las barbas de su compañero habían llegado intactos al suelo invierte y socava la potencia de la voz de un sujeto que existe porque piensa. La supremacía de lo fáctico provoca en la construcción del relato una serie de consecuencias. En el plano de la construcción de la voz narrativa, una noción de «narrador estéril» (Cristófani Barreto 1995: 23), elíptico e impotente; en el plano de la acción, la mera sucesión no causalista arroja al texto a la pura inmediatez y al devenir sin teleología; en el plano de la construcción de los personajes, la fragmentariedad, la objetivación y metonimización de la antigua unidad que invoca la categoría de «persona» corroe los principales estatutos del género.

Además, la categoría tiempo aparece en «La caída» regida por una lógica alterna: no existen referencias precisas del devenir temporal sino un discurrir fáctico, medido por un intuitivo «pasados unos minutos», «de pronto», aproximadamente, entonces, como un modo de deshistorización que procede por préstamo. El relato provoca el efecto de que los hechos suceden al tiempo de su escritura, sus detenimientos o condensaciones no resultan el producto de una deliberación, sino del mero fluir existencial. Eluder, además, referencias histórico culturales que permitirían situarlo en alguna temporalidad precisa. Algo similar a lo que sucede en «La carne»: puro fragmento, artificio regido por alguna pauta cuantitativa ajena. Si en el relato anterior la aproximación temporal estaba regida por el número de pies de altura, en este el mismo texto escenifica el procedimiento: «Un distinguido anatómico predijo que sobre un peso de cien libras y descontando vísceras y demás órganos no ingestibles, un individuo podía comer carne durante ciento cuarenta días a razón de media libra por día» (Piñera 1956: 246: 20).

La deslocalización, por su parte, tiende a abolir referencias concretas. Es siempre una montaña, una plaza, una mesa o el césped de la llanura. La ambigua referencia no universaliza la experiencia, sino que la reduce al mero acto de la percepción provisoria de la escritura en cuanto registro, dato dislocado, fotografía borrosa.

Volvamos ahora al procedimiento capital de estos relatos: la canibalización-calibanización del yo. Si como afirma Dussel el canibalismo desnuda el «encubrimiento» en calidad de malentendido cultural del Descubrimiento, la afinidad semántica de caníbal-América muestra una lectura tautológica del cuerpo salvado, el cuerpo que sobrevive a la Edad Moderna y su apetito dominador. En tal sentido, si el caníbal constituye un dispositivo generador de alteridad y un tropo cultural de reconocimiento de identidades –la «heterotropía caníbal» (Jáuregui 2005: 14)–, el acto de autocanibalizarse desaloja al otro como contenido cultural y despoja al sujeto de la posibilidad de apertura seminal inscrita en el acto primario de comer lo otro.

La narrativa de Piñera en Argentina deconstruye anticipadamente el relato utópico de su compatriota, Fernández Retamar; «deslee» a Calibán como símbolo del encuentro y la devoración y en la tradición del modernismo brasileño, invirtiendo –retrotrayendo– el acto a la mera autoconsumisión. El otro en su escritura es un testigo impávido, que copia, que actúa por acto reflejo (en «La caída» existe aún la solidaridad y la «leve angustia» por el destino ineluctable del camarada; en «La carne», en cambio, los otros son agentes sumisos, sin voluntad, sin culpa ni conciencia, a quienes los une una transgresión que pronto se redefine como productividad social). No es un otro cultural dominador –no son Próspero–, y la escena colonial se desarma no por ausencia de las condiciones históricas, sino por incapacidad literaria de operar el compromiso. La «homotropía caníbal» constituye, entonces, un dispositivo retórico para leer la economía discursiva de la modernidades latinoamericanas (literaria, social, política, económica, tecnológica) haciendo énfasis menos en el potencial diálogo –que asumía la ya clásica genealogía antropofágica desde De Andrade en los años veinte, Borges en el 55 y Retamar veinte años más tarde– que en los residuos de dicha modernidad: la abolición de la voluntad y el libre albedrío del sujeto colectivo «pueblo», el descentramiento de las categorías rectoras de la experiencia cultural (espacio-temporal), el desmoronamiento del sujeto cognoscente, creador y artífice de su experiencia. El dominio de lo textual por encima de la subjetividad constituye un gesto subversivo que disloca las genealogías literarias[34] para escribir otra escena dominada por el cuerpo en tanto que des-cubrimiento. El monstruo americano se devora a sí mismo, se amputa, se des-figura, no en el espejo del otro, sino en el Narciso anómalo de la autoconsumación.

La escritura argentina de Virgilio Piñera se construye como una «zona de frontera» que permea los debates estéticos e ideológicos de los dos sistemas a los que de manera esquiva y anómala se vincula. Me refiero a los corpus de las publicaciones *Sur* y *Orígenes* que marcan una plataforma de despegue para su literatura a la cual regresa polémicamente para descentrarlas y hacer emerger los límites de sus supuestos. Si en el caso del canon cubano su relación con el

---

[34] Recordemos la visión de Lezama sobre el descubrimiento: «la corona de fuego» que lee el poeta en el diario de Colón como primigenio encuentro de América con la alteridad. La primera encarnación de la poesía en la historia, según Lezama, en los ojos extasiados del almirante y en su textualidad barroca.

policial lo transforma en un «excéntrico» –¿podría haber algo más incómodo que un origenista escribiendo narrativas policiales?–, ese paradigma tampoco parece ajustarse al canon de la constelación Borges. No solamente porque repele la abstracción, la intelectualización y el rigor que sentenciaron sus fundadores, sino porque satura su narración con elementos provenientes de sus lecturas existencialistas, porque «encarna» la ficción en un tipo de realismo cuyo soporte fantástico no proviene de la construcción de un artefacto perfecto, sino de la misma realidad desproporcionada, inverosímil y monstruosa. La narrativa piñeriana se afinca en las búsquedas de una carnalidad que en su recuperación del sadismo, la antropofagia y los rituales de mutilación, proveen al género de un efecto dramático: la expurgación de los mitos trascendentalistas y de la moral literaria que marcan las búsquedas de sus maestros, el exorcismo de los horrores de lo real a través de un sustituto metafórico.

El cuento y el ensayo, la experiencia de las revistitas, sus elocuciones radiales marcan el punto de la divergencia, la radical incomodidad de su literatura, que hace emerger la ausencia de cualquier centro; de allí su carácter de borde polémico, una periferia literaria que fue transformada en margen vital (el hambre, la discriminación sexual, la revulsión ideológica y, por último, la radical soledad a la que fue arrojada su escritura por décadas). Es, entonces, la ficción el espacio más contaminado de su obra y por ello el menos asimilable a los cánones de su tiempo. En particular, los segmentos de esa «escritura argentina» hacen emerger el deseo y el desborde, el *pathos* de la literatura y el rechazo de su institucionalización, «la religión del arte».

La escritura de Piñera, entonces, incluida y excluida de sus dos referentes principales (*Sur* y *Orígenes*), pone en escena las «zonas de desecho» de los programas, aquello que ni Ocampo ni Lezama Lima hubieran deseado para su canonización. Asediar el desborde, perseguir lo excluido, seducir, exceder y abdicar de los modelos constituye la forma de su ética literaria en tanto epopeya de un autor en las fronteras de la literatura y la vida, la ínsula y el continente, la ficción, la poética y el drama, los programas culturales que enmarcan un hipotético mapa de escrituras latinoamericanas, en el menos lezamiano de una generación lezamiana, en la reescritura menos borgeana de la fijación borgeana.

Epílogo

Una de las hipótesis centrales de este libro ha sido la idea de que *Sur* y *Orígenes*, en el cruce de la mitad del siglo XX –los flexibles doce años en que sus trayectorias coinciden en la escena cultural latinoamericana–, construyen una comunidad cultural heterogénea que redefine repertorios, lectores, sistemas culturales y cánones literarios. Esa comunidad imaginaria se sostiene en erráticos vínculos, más atados a contactos circunstanciales de los sujetos que a verdaderas políticas de intercambio. Lo azaroso, sin embargo, no puede sino ser comprendido en el espacio del disímil y asimétrico desarrollo de los campos específicos y, en consecuencia, de las capacidades reales para «llegar» a la otra cultura. En este sentido he interrogado las condiciones de los procesos de construcción de autonomías relativas, que emergen a través de la pregunta por las políticas editoriales propias o los caminos de profesionalización de los escritores, entre otros aspectos.

Pese a las dificultades, las dos revistas inscriben su propio matiz dentro del relato relativamente compartido de los desencuentros de las múltiples modernidades. Revisar los encuentros y desencuentros, las maneras en que las poéticas registran el impacto de horizontes afines y polémicas de época ha sido uno de los principales desafíos de mi investigación.

He procurado alcanzar algunas síntesis que hicieran emerger el carácter irreductible de cada universo discursivo. Las redes, los cruces, los contactos no permiten suponer hegemonías en los vínculos, sino más bien la búsqueda de un diálogo entre pares. Si bien ese impulso es claro en *Orígenes* y difuso y tardío en *Sur*, existe una conversación en sordina, articulada a través de oblicuas referencias a sistemas más o menos afines.

En los primeros capítulos (I y II), he buscado recortar los diferentes repertorios que, explícita e implícitamente, funcionan en la revista insular.

He partido de la categoría «escena» porque me permitía pensar en operativos lectores que pueden construir un relato acerca de esos vínculos, ya que estos entrañan operaciones ideológicas, estéticas, concepciones de lectura y tipos de recepción. Además, esa escena habilita situar los operativos como el dibujo de un mapa caprichoso y sesgado de las asimétricas relaciones culturales de las dos revistas. El espacio de las reseñas, los repertorios comunes, las notas dedicadas a la literatura argentina y las colaboraciones argentinas en la revista configuran un recorte de su par argentina que incluye no solamente la representación de lo argentino en *Sur*, sino también las posibilidades de una comunidad poética de carácter dialógica, que permite a los sujetos culturales articular otro eje. Lo insular y lo continental, el norte y el sur, la orilla (recordemos la metáfora de Sarlo) y el asedio del mar (que Piñera tematizara como «esa maldita circunstancia del agua por todas partes») configuran modulaciones de un posible diálogo latinoamericano, montado sobre lo diverso.

Dado que la presencia argentina en la revista cubana es considerablemente más nítida que en su par argentina, se hacía preciso problematizar las razones de la desigualdad. No solamente *Sur* representaba para el origenismo la presencia de un universo cultural latinoamericano de mayor desarrollo y diversidad que el cubano, sino también un modelo y un contra-modelo, a los que apelaban desde operativos lectores, menos para poner el foco en el «texto objeto» que para «leerse» a contraluz de sus propias poéticas y matizar aquellos aspectos que colaboraban y densificaban sus propias concepciones (en particular, los casos de Vitier y García Marruz).

En cuanto a las colaboraciones, el repertorio se recortó no en lo deseado, sino en lo posible de esos contactos. Lezama y Rodríguez Feo buscaban –más allá de las diferencias– publicar a las figuras estelares del sur (Borges, Ocampo, Sábato, Bioy Casares). Sin embargo, se da el caso de que no solamente ninguno de ellos colabora directamente, sino que la revista expone su «rastro», es decir, publica a hombres vinculados a la constelación *Sur* que no gozaban del prestigio de los anteriores pero que traducían, para el origenismo, el sesgo de ese imaginario. Y este efecto es también producto de otro operativo que he intentado destacar: la labor de Rodríguez Feo, quien a través de su indirecto contacto con Henríquez Ureña en las academias del norte, fecundó un temprano vínculo con los escritores de *Sur*, particularmente con Macedonio Fernández y Adolfo de Obieta, con Borges, Victoria Ocampo, Wilcock y Sábato. El propio Lezama también mantuvo un activo contacto epistolar con figuras principales de la revista, especialmente con González Lanuza y más tarde con Sábato. Por último, la parábola de Piñera en Buenos Aires es un emergente de ese telón de fondo al que adhiere su propia inscripción poética y autobiográfica y sus posibilidades reales de contacto.

En tercer lugar, el segmento de los repertorios comunes ofrece un recorte de los modelos, de aquellos paradigmas con los que ambas buscaban dialogar. En esos recortes se ponen en escena las maneras divergentes en que los escritores cubanos y argentinos resemantizan su lectura del universo occidental. La ruta norte-sur que marca la revista argentina es discutida por el grupo de Lezama, quien propicia otro eje. Desde la matriz atlántica de Portocarrero, la insularidad configura un espacio simbólico capaz de discutir política y poéticamente el orden y las reglas de funcionamiento de la «República Mundial de las Letras».

Al revisar los modos en que la literatura redefine herencias tales como las de Ortega y Gasset, pero también la de los americanos Mallea y Henríquez Ureña, es posible advertir el juego de tensiones y reapropiaciones a través del cual las escrituras sirven, más que para actualizar un debate ajeno, para hacer visibles las propias contradicciones del sistema poético al que «llegan» y en el que resultan «traducidas».

En la cuarta escena lectora, que refiere a los ensayos que abordan específicamente las problemáticas de la literatura argentina a cargo de Virgilio Piñera y Roberto Fernández Retamar, advertimos dos ejes principales: el problema de la falsificación por exceso de preocupación técnica (el tantalismo al que hacía alusión Piñera) y el problema de la necesidad de fundar una expresión americana como ruptura del eje de la colonialidad que amenaza a las literaturas periféricas. En notas que en alguna medida circunscriben la literatura argentina a su principal referente, Borges, se plantean lecturas antitéticas acerca del valor del argentino en un contexto latinoamericano. Si para Virgilio Piñera el exceso de perfección formal aleja estas escrituras de alcanzar una voz típicamente americana, para Retamar, que lee desde una perspectiva «poscolonial», es falsa porque es reproductora de la teoría del parricidio europeo, en tanto una de las variantes del discurso del colonizador. Y ubica a Borges, en cambio, como la voz capaz de reinvención de un nuevo tipo de diálogo que trascienda –aboliéndolas– las rutas de la colonialidad.

Los capítulos III y IV revisan las huellas argentinas en la escritura piñeriana, una escritura que procuré leer en los textos que promueven un ambiguo juego de fronteras y registran desplazamientos y escisiones como producto –al menos en parte– de su inscripción en el doble debate literario (argentino y cubano). He seleccionado, entonces, una parábola textual –hecha de epístolas, *plaquettes* y relatos– que, en mi perspectiva, expone el modo singular de intervenir en esos juegos y un esfuerzo por hacerse legible en el otro sistema latinoamericano. Desde la explícita referencia a sus distancias con el modelo de *Sur* hasta su correspondencia, que escenifica ese deseo (propio y a la vez origenista) por acercarse a las figuras consideradas centrales en el diseño de «lo argentino literario», esas escrituras muestran la huella de una «lectura de frontera», que puede acercarse a la consideración hecha por Piglia respecto de su amigo Gombrowicz, en términos de una «escritura argentina» que nunca deja de ser cubana. La construcción del Piñera-narrador resulta tributaria de ese recorrido ambiguo y descentrado por las dos publicaciones a las cuales perteneció y que, como un efecto tardío y también fronterizo, proliferará en la revista *Ciclón*.

A lo largo de estos años de investigación y escritura me he formulado cientos de preguntas, algunas de las cuales he intentado responder, al menos parcialmente, en estos textos. La mayor parte de ellas aún aguardan próximos recorridos. Entre ellas, la relación –o la distancia– entre Lezama y Borges todavía encierra puntos de interés que no he podido desentrañar. La escritura de Rodríguez Feo, que he abordado parcialmente, y sus contactos reales con la literatura argentina todavía pueden aportar interesantes dimensiones al diálogo, así como también la participación de Sábato en este juego (sus relaciones con Piñera, Rodríguez Feo y Lezama): todas ellas merecen ser objeto de próximos trabajos. Asimismo, he procurado no solamente dialogar con ciertas líneas teórico-metodológicas que fecundaron mis reflexiones, sino también proponer nuevas categorías para seguir pensando en las especificidades y tensiones propias del heterogéneo diálogo cultural latinoamericano.

Sur y *Orígenes* pueden comprenderse como textos abiertos, diseminadores, que no solamente exponen los modos de constitución e institucionalización de nuestras literaturas y los derroteros de las carreras literarias de sus miembros, sino también una urdimbre de sentidos y discursos que se leen dentro del microuniverso textual de un programa colectivo que expone las paradojas de la «modernidad sin modernización» de América Latina, o mejor, de las múltiples modernidades (y sus reversos) que se tensionan, se repreguntan y nunca se clausuran.

Bibliografía

He considerado pertinente ubicar de modo general las dos revistas que conforman el corpus central de mi tesis y su correspondiente periodización (para el caso de la revista *Sur*). Esta economía del texto bibliográfico permite al lector ubicarlos a través de la referencia completa a cada uno de los discursos mencionados en el desarrollo, y evita la innecesaria extensión de este apartado.

Orígenes (1944-1956), números 1 al 40. Prólogo e índice de autores de Marcelo Uribe. Edición Facsimilar. Madrid-México: El Equilibrista (1992). Se incluye el estudio de los números paralelos 35 y 36 en el año 1954, publicados por Rodríguez Feo, bajo el subtítulo de «Revista de Literatura».

Sur (1931-1979). Para este libro he consultado los números del 112 al 243, publicados entre los años 1944 y 1956, Buenos Aires. Solamente en casos en que resulta inevitable la referencia, remito a textos publicados fuera del recorte establecido para mi investigación.

Otras Revistas Consultadas

— *Espuela de Plata. Cuaderno bimestral de arte y poesía (1939-1941)*. Edición facsimilar 2002. Sevilla: Renacimiento.
— *Poeta* (1942-1943), 1-2, La Habana.
— *Ciclón* (1955-1959), La Habana.
— *Lunes de Revolución* (1959-1961), La Habana.
— *Revista de poesía* (1999), 51. *Dossier Virgillio Piñera*, Buenos Aires.
— *Encuentro con la cultura cubana* (1996-2009), 1 al 50, Madrid.
— *Újule. Revista de arte y literatura* (1994) (número doble 1/2). Cincuentenario de la revista *Orígenes* (1944-1955).
— *Revista de la Biblioteca Nacional José Martí* (1988), 2, La Habana.
— *Revista Iberoamericana* (1975), 92 y 93, «Literatura y Revolución en las letras cubanas», julio-diciembre.

— *Contorno* (1953-1959). Edición facsimilar 2008. Buenos Aires: Biblioteca Nacional.
— *Punto de Vista* (1978-2008), Buenos Aires.
— *Anales de Buenos Aires* (1946-1948), Buenos Aires.
— *Realidad* (1947-1949), Buenos Aires.
— *Aurora, Revista de la resistencia* (1947), editada por Wiltold Gombrowicz, número único, Buenos Aires.
— *Victrola. Revista de la insistencia* (1947), editada por Virgilio Piñera, número único, Buenos Aires.

Bibliografía general

AA.Vv. (1967): *Capítulo. Historia de la literatura argentina*. Buenos Aires: CEAL.
AA.Vv. (1971): *Interrogando a Lezama Lima*. Barcelona: Anagrama.
AA.Vv. (1994): *Poesía y poética del grupo Orígenes* (selección, prólogo, cronología testimonial y bibliografía de Alfredo Chacón). Caracas: Ayacucho.
AA.Vv. (2002): *Cuestiones privadas. Correspondencia a José Antonio Portuondo (1932-1986)*. Santiago de Cuba: Editorial Oriente.
AA.Vv. (2003): *Historia de la literatura cubana*. La Habana: Letras Cubanas.
AA.Vv. (2006): *Correspondencia entre José Lezama Lima y María Zambrano y entre María Zambrano y María Luisa Bautista*. Sevilla: Espuela de Plata.
Adorno, Theodor W. (1975): *Dialéctica negativa*. Madrid: Taurus.
Abraham, Tomás & Marí, Enrique & Rússovich, Alejandro (1984): «Freud era un viejo chismoso». En <https://lalectoraprovisoria.wordpress.com/2007/01/24/freud-era-un-viejo-chismoso/>.
Agamben, Giorgio (2006): *Estancias. La palabra y el fantasma en la cultura occidental*. Valencia: Pre-Textos.
Anderson, Benedict (1991): *Imagined Communities: Reflections on the Origin and Spread of Nationalism*. London: Verso.
Anderson, Thomas (2006): *Everything in its place: the life and works of Virgilio Piñera*. Lewisburg: Bucknell University Press.
Angenot, Marc (1998): *Interdiscursividades. De hegemonías y disidencias*. Córdoba: UNC.
Antelo, Raúl (1998): «Henríquez Ureña, comparatista». En Henríquez Ureña, Pedro: *Ensayos*. Madrid / Paris / México: ALLCA XX, 647-670.
Arán, Pampa (2000): «La rigurosa magia del fantástico borgeano». En *Espéculo. Revista de estudios literarios* 15: <http://www.ucm.es/info/especulo/numero15/fan_borg.html>.
Arcos, Jorge Luis (1990a): *En torno a la obra poética de Fina García Marruz*. La Habana: Unión.
— (1990b): *La solución unitiva. Notas en torno al pensamiento poético de José Lezama Lima*. La Habana: Academia.

— (1994): *La pobreza irradiante*. La Habana: Letras cubanas.
— (1999): «*Orígenes*: Ecumenismo, polémica y trascendencia». En Sosnowski, Saúl (ed.): *La cultura de un siglo: América Latina en sus revistas*. Buenos Aires: Alianza.
— (2002): *Los poetas de Orígenes*. México: Fondo de Cultura Económica.
— (2007): «Nuevos años de Orígenes». En *Encuentro de la cultura cubana* 45/46: 226-231.
ARRUFAT, Antón (2000): «Notas prologales». En Piñera, Virgilio: *La isla en peso*. Barcelona: Tusquets.
— (2002): «Un poco de Piñera». En Piñera, Virgilio: *Cuentos completos*. La Habana: Ateneo.
BALDERSTON, Daniel (2006): *Las lecciones del maestro. Homenaje a José Bianco*. Rosario: Beatriz Viterbo.
BARRADAS, Efraín (1978): *La revista Orígenes (1944-1956)*. Thesis Princeton University: film 13.328 en Benson Latin American Collection Microforms.
BARQUET, Jesús (1992): *Consagración en La Habana. Las peculiaridades del grupo Orígenes en el proceso cultural cubano*. Miami: Universidad de Miami.
BEJEL, Emilio (1994): *José Lezama Lima, poeta de la imagen*. Madrid: Huerga y Fierro.
— (1999): *Escribir en Cuba*. Río Piedras: Universidad de Puerto Rico.
BENÍTEZ ROJO, Antonio (1989): *La isla que se repite. El Caribe y la perspectiva posmoderna*. Hanover: Ediciones del Norte.
BERNABÉ, Mónica & PONTE, Antonio José & ZANIN, Marcela (2001): *El abrigo de aire. Ensayos sobre literatura cubana*. Rosario: Beatriz Viterbo.
BHABHA, Homi (1994): *Nation and narration*. London / New York: Routledge.
BIANCO, José (1936): «Las últimas obras de Mallea». En *Sur* 21: 39-71.
— (1943): *Las ratas*. Buenos Aires: Sur.
— (1961a): *Las ratas*. En *Lunes de Revolución* 95, 6 de marzo: 12-13.
— (1961b): «Tierra firme». En *Lunes de Revolución*, 20 de marzo: 3.
— (1970): «Piñera narrador». En Piñera, Virgilio: *El que vino a salvarme*. Buenos Aires: Sudamericana, 3-15.
— (1984): *Páginas de José Bianco (seleccionadas por el autor)*. Buenos Aires: Celtia.
— (1988): *Ficción y reflexión*. México: Fondo de Cultura económica.
BLOOM, Harold (2005): *El canon occidental. La escuela y los libros de todas las épocas*. Barcelona: Anagrama.
BORGES, Jorge Luis (1956): «Nota de un mal lector». En *Ciclón* 2, 1: 28.
— (1989): *Obras Completas*. Buenos Aires: Emecé.
— (1999): *Borges en Sur*. Buenos Aires: Emecé.
BORGES, Jorge Luis & BIOY CASARES, Adolfo (1967): *Cuentos breves y extraordinarios*. Buenos Aires: Rueda.
BOURDIEU, Pierre (1995): *Las reglas del arte. Génesis y estructura del campo literario*. Barcelona: Anagrama.

— (2003): *Campo de poder, campo intelectual. Itinerario de un concepto*. Buenos Aires: Quadrata.
BUENO, Salvador (1953): *Antología del cuento en Cuba*. La Habana: Ministerio de Educación.
CABRERA INFANTE, Guillermo (1998): *Vidas para leerlas*. Madrid: Alfaguara.
CALOMARDE, Nancy (2004): *Políticas y ficciones en Sur (1945-1955). Las operaciones culturales en contextos de peronización*. Córdoba: Universitas.
CARILLA, Emilio (1988): *Pedro Henríquez Ureña, signo de América*. Santo Domingo: Corripio.
CASANOVA, Pascale (2001): *La república mundial de las Letras*. Barcelona: Anagrama.
CHACÓN, Alfredo (1994): «Prólogo». En Chacón, Alfredo (ed.): *Poesía y poética del grupo Orígenes*. Caracas: Ayacucho.
CHIAMPI, Irlemar (1987): «Teoría de la imagen y teoría de la lectura en Lezama Lima». En *Nueva Revista de Filología Hispánica* 2: 485-501.
— (2000a): *Barroco y Modernidad*. Madrid: Fondo de Cultura Económica.
— (2000b): «La revista Orígenes ante la crisis de la Modernidad». En <www.usp.br/prolam/downloads/2001_01_02.pdf>.
COHEN, James & MOULIN CIVIL, Francoise (eds.) (1997): *Cuba sur le régime de la constitution de 1940: politique, penseé, Critique, littérture*. Paris: L'Hartmattan.
CRISTÓFANI BARRETO, Teresa (1995): «Los cuentos fríos de Virgilio Piñera». En *Hispamérica* 70: 23-33.
— (1996): *A libélula, a pitonisa. Revolucao, homosexualismo literatura em Virgilio Piñera*. São Paulo: Iluminarias.
CROCE, Marcela (ed.) (2006): *Polémicas intelectuales en América Latina. Del «meridiano intelectual» al caso Padilla*. Buenos Aires: Simurg.
CORNEJO POLAR, Antonio (1994): *Escribir en el aire. Ensayos sobre la heterogeneidad socio-cultural en las literaturas andina*. Lima: Horizonte.
— (1998): «Mestizaje e hibridez. Los riesgos de las metáforas. Apuntes». En *Revista de Crítica Literaria latinoamericana* LXII, 176-177: 837-844.
DÍAZ QUIÑONES, Arcadio (1987): *Cintio Vitier: La memoria integradora*. San Juan: sn.
— (2006): *Sobre los Principios. Los intelectuales caribeños y la tradición*. Bernal: Universidad Nacional de Quilmes.
DÍAZ INFANTE, Duanel (2005): *Los límites del origenismo*. Madrid: Colibrí.
DUSSEL, Enrique (2000): «Europa, modernidad y eurocentrismo». En Lander, Edgardo (ed.): *La colonialidad del saber: eurocentrismo y ciencias sociales. Perspectivas latinoamericanas*. Buenos Aires: CLACSO, 41-53.
EAGLETON, Terry (2000): *The Idea of Culture*. Oxford / Massachussetts: Blackwell.
ECO, Umberto (1992): *La obra abierta*. Barcelona: Planeta.
ESPINOSA, Carlos (1986): *Cercanía de Lezama Lima*. La Habana: Letras Cubanas.
— (2002): «El poder mágico de los bifes». En Molinero, Rita (ed.): *Virgilio Piñera. La memoria del cuerpo*. Puerto Rico: Plaza Mayor, 117-138.

— (2003): *Virgilio Piñera en persona*. La Habana: Unión.
EVEN ZOHAR, Itamar (1999): *Teoría de los polisistemas*. Madrid: Arco.
FERNÁNDEZ, Macedonio (1966): *Papeles de Recienvenido*. Buenos Aires: Centro Editor de América Latina.
FERNÁNDEZ RETAMAR, Roberto (1954): *La poesía contemporánea en Cuba (1927-1953)*. La Habana: Orígenes.
— (1961): *En su lugar, la poesía*. La Habana: Centro.
— (1962): «Poesía y revolución». En *Papelería*. Santa Clara: Universidad Central de las Villas.
— (1967): *Ensayo de otro mundo*. La Habana: Instituto Cubano del Libro.
— (1971): «Calibán». En *Casa de las Américas* 68: 124-151.
— (1976): *Para una teoría de la Literatura Hispanoamericana*. México: Nuestro Tiempo.
— (1988): «Para una intelectualidad revolucionaria en Cuba». En *Cuadernos Americanos* 6, CXLIX: 37-40.
— (1994)»Orígenes como revista». En *Thesaurus. Boletín del Instituto Caro y Cuervo* 49: 293-322.
— (2004): *Cuba defendida*. Buenos Aires: Nuestra América.
FORNET, Jorge (2006): *Para qué sirven los jarrones del palacio de invierno*. Santiago de Cuba: Editorial Oriente.
FOUCAULT, Michel (1973): *El orden del discurso*. Barcelona: Tusquets.
— (1979): *Microfísica del poder*. Madrid: La Piqueta.
FOWLER-CALZADA, Víctor (1996): «El siglo XIX de Casey y el proyecto de *Ciclón*». En *Unión* VIII (25): 9-14.
— (1998): *La maldición. Una historia del placer como conquista*. La Habana: Letras Cubanas.
— (2002): «Casey's Nineteenth Century and the *Ciclon* Project». En *The New Centennial review* 2: 187-200.
FREIDEMBERG, Daniel (1989): «27 notas al pie de un mito». En *Diario de poesía* 11: 22-24.
GARCÍA MARRUZ, Fina (1997): *La familia de Orígenes*. La Habana: Unión.
GARCÍA MARRUZ, Fina & VITIER, Cintio (1978): *La flor oculta de la poesía cubana*. La Habana: Arte y Literatura.
GARCÍA VEGA, Lorenzo (2007): *Los años de Orígenes*. Buenos Aires: Bajo la luna.
GASPARINI, Pablo (2002): «Carne fachera». En Molinero, Rita (ed.): *Virgilio Piñera. La memoria del cuerpo*. Puerto Rico: Plaza Mayor, 289-304.
— (2007): *El exilio procaz: Gombrowicz por la Argentina*. Rosario: Beatriz Viterbo.
GIANERA, Pablo y PRIETO, Martín (1999): «Juan José Hernández: El poema reclama la voz». En *Diario de poesía* 51: 3-5.
GONZÁLEZ, Reynaldo (1988): *El ingenuo culpable*. La Habana: Letras Cubanas.

González Cruz, Iván (ed.) (1993): *Fascinación de la memoria. Textos inéditos de José Lezama Lima*. La Habana: Letras Cubanas.
Gott, Richard (2007): *Cuba. Una nueva historia*. Madrid: Akal.
Gramuglio, María Teresa (1983): «*Sur*, constitución del grupo y proyecto cultural». En *Punto de Vista* 17: 7-9.
— (1986): «*Sur* en la década del treinta: una revista política». En *Punto de Vista* 28: 33-39.
— (1999): «Hacia una antología de *Sur*. Materiales para el debate». En Sosnowski, Saúl (1999): *La cultura de un siglo. América Latina en sus revistas*. Madrid / Buenos Aires: Alianza, 249-260.
— (2004): «Posiciones de Sur en el espacio literario». En Jitrik, Noé: *Historia Crítica de la Literatura Argentina*, vol. 9. Buenos Aires: Emecé, 93-122.
Gutiérrez Girardot, Rafael (2001): *El intelectual y la historia*. Caracas: La nave va.
Heller, Ben (1997a): «A Contrapuntal Hermeneuticus». En *Assimilation/Generation/Resurrection. Contrapuntal Reading in the Poetry of José Lezama Lima*. Lewisburg: Bucknell University Press, 17-56.
— (1997b): «Epilogue: Brief History of an Afterlife». En *Assimilation/Generation/Resurrection. Contrapuntal Reading in the Poetry of José Lezama Lima*. Lewisburg: Bucknell University Press, 153-191.
Henríquez Ureña, Max (1963): *Panorama histórico de la literatura cubana*. Puerto Rico: Mirador.
Henríquez Ureña, Pedro (1949): *Las corrientes literarias de la América hispánica*. México: Fondo de Cultura Económica.
— (1975): *Ensayos*. La Habana: Letras Cubanas.
Henríquez Ureña, Pedro & Reyes, Alfonso (1983): *Epistolario íntimo (1906-1946)*. Santo Domingo: Universidad Nacional Pedro Henríquez Ureña.
Hernández Novás, Raúl (1990): «Re-nacimiento de un taller renacentista». En *Casa de las Américas* 180: 133-142.
Iglesia, Cristina (2000): «Waldo y Victoria en el paraíso americano. Identidades y proyectos culturales en los primeros años de Sur». En *Boletín* 8: 113-124.
Iser, Wolfang (1987): *El acto de leer*. Madrid: Taurus.
Jauss, Hans Robert J. (1992): *Experiencia estética y hermenéutica literaria*. Madrid: Taurus.
Jitrik, Noé (ed.): (1999): *Historia Crítica de la Literatura Argentina*. Cella, Susana (Dir. del volumen): *La irrupción de la crítica*. Buenos Aires: Emecé.
— (2004): *Historia Crítica de la Literatura Argentina*. Saíta, Silvia (Dir. del volumen): *El oficio se afirma*. Buenos Aires: Emecé.
— (2007): *Historia Crítica de la Literatura Argentina*. Ferro, Roberto (Dir. del volumen): *Macedonio*. Buenos Aires: Emecé.

KANZEPOLSKI, Adriana (2001): «*Orígenes-Sur*: el murmullo de una conversación americana». En Lazarte, Javier (ed.): *Territorios intelectuales. Pensamiento y cultura en América Latina*. Caracas: La nave va.
— (2004): *Un dibujo del mundo. Extranjeros en Orígenes*. Rosario: Beatriz Viterbo.
KING, John (1989): Sur. *Estudio de la revista argentina y su papel en el desarrollo de una cultura (1931-1970)*. México: Fondo de Cultura Económica.
LADDAGA, Reinaldo (2000): *Literaturas indigentes y placeres bajos. Felisberto Hernández, Virgilio Piñera y Juan Rodolfo Wilcock*. Rosario: Beatriz Viterbo.
LAFLEUR, Héctor & PROVENZANO, Sergio & ALONSO, Fernando (2006): *Las revistas literarias argentinas (1893-1967)*. Buenos Aires: El 8vo. Loco.
LAZO, Raimundo (1974): *Historia de la literatura cubana*. México: Dirección Nacional de Publicaciones.
LEGAZ, María Elena (2000): «Construcción de lo autobiográfico en el ensayo *Historia de una pasión argentina*». En *Escribas. Revista de la Escuela de Letras* 1.
LEZAMA LIMA, José (1939): «Razón que sea». En *Espuela de Plata*, A, agosto-septiembre.
— (1977): *Obras Completas*. México: Aguilar.
— (1979): *Cartas (1939-1976)*. Madrid: Orígenes.
— (1993): *Fascinación de la memoria. Textos inéditos de José Lezama Lima*. La Habana: Letras Cubanas.
— (1996): *Paradiso*. Buenos Aires: ALLCA XX.
— (1998): *Cartas a Eloísa y otra correspondencia*. Madrid: Verbum.
— (2000): *La posibilidad infinita. Archivo de José Lezama Lima*. Madrid: Verbum.
— (2002): *Antología de la poesía cubana*. Madrid: Verbum.
LUIS, Carlos M. (1998): *El oficio de la mirada. Ensayos de arte y literatura cubanas*. Miami: Universal.
LUDMER, Josefina (1999): *El cuerpo del delito. Un manual*. Buenos Aires: Perfil.
LUIS, Williams (2002): «Exhuming *Lunes de Revolución*». En *The new centennial Review* 2, 2: 253-283.
MALLEA, Eduardo (1969): *Historia de una pasión argentina*. Madrid: Espasa Calpe.
MANZONI, Celina (2001): *Un dilema cubano. Nacionalismo y vanguardia*. La Habana: Casa de las Américas.
MATAIX, Remedios (2000): *La escritura de lo posible. El sistema poético de Lezama Lima*. Murcia: Edicions de la Universitat de Lleida.
MATAMORO, Blas (1986): *Genio y figura de Victoria Ocampo*. Buenos Aires: Eudeba.
MAYORAL, José Antonio (ed.) (1987): *Estética de la recepción*. Madrid: Arco/Libros.
MIGNOLO, Walter (1991): «Teorizar a través de fronteras culturales». En *Revista de Crítica Literaria Latinoamericana* 33: 103-112.
— (1995): «Occidentalización, imperialismo, globalización: herencias coloniales y teorías postcoloniales». En *Revista Iberoamericana* 170-171: 27-40.

— (2003): «Las humanidades y los estudios culturales. Proyectos intelectuales y exigencias institucionales». En Walsh, Katherine (ed.): *Estudios culturales latinoamericanos. Retos desde y sobre la región andina*. Quito: Universidad Andina Simón Bolívar, 31-58.
MOLINERO, Rita (ed.) (2002): *Virgilio Piñera. La memoria del cuerpo*. Puerto Rico: Plaza Mayor.
MOLLOY, Sylvia (1997): *Acto de presencia*. México: Fondo de Cultura Económica.
ORTEGA Y GASSET, José (1983): *Obras Completas*. Madrid Alianza Editorial.
ORTIZ, Fernando (1999): *Contrapunteo cubano del tabaco y el azúcar*. Madrid: Cuba España.
PALERMO, Zulma (2005): *Desde la otra orilla. Pensamiento crítico y políticas culturales en América Latina*. Córdoba: Alción.
PASTERNAC, Nora (2002): *Sur, una revista en la tormenta. Los años de formación 1931-1944*. Buenos Aires: Paradiso.
PÉREZ LEÓN, Roberto (1995): *Tiempo de Ciclón*. La Habana: Unión.
— (2002): *Virgilio Piñera: vitalidad de una paradoja*. Caracas: CELCIT.
PANESI, Jorge (2000): *Críticas*. Buenos Aires: Norma.
PIGLIA, Ricardo (1987): «La traducción de *Ferdydurke*». En *Espacios* 6.
— (2000): *Crítica y ficción*. Buenos Aires: Seix Barral.
PIÑERA, Virgilio (1942): «Terribilia meditans». En *Poeta* 1: 1.
— (1943): «Terribilia meditans». En *Poeta* 2: 1.
— (1946): «Los valores más jóvenes de la literatura cubana». En *La Nación*, 22 de diciembre, sec 2: 2.
— (1947): «Notas sobre literatura argentina de hoy». En *Orígenes* 13: 48-53 [también en *Anales de Buenos Aires* 2, 12: 52-56].
— (1954): *Cuentos fríos*. Buenos Aires: Losada.
— (1959): «Cada cosa en su lugar». En *Lunes de Revolución*, 14 de diciembre: 11-12.
— (1961a): «Un jurado de escritores conversa con *Lunes*». En *Lunes de Revolución* 95, 6 de marzo: 4-9.
— (1961b): «¿Por dónde anda lo cubano en el teatro?». En *Lunes de Revolución* 101, 3 de abril: 28-30.
— (1970): *El que vino a salvarme*. Buenos Aires: Sudamericana.
— (1985): *La carne de René*. Madrid: Alfaguara.
— (1987): *Muecas para escribientes*. La Habana: Letras Cubanas.
— (1990): «La vida tal cual». En *Unión* III, 10: 22-35.
— (1994): *Poesía y crítica*. México: Consejo Nacional para la Producción de las Ciencias y las Artes.
— (1999): «La galaxia Virgilio». En *La Gaceta de Cuba* 5: 3-7
— (2000): *La isla en peso*. Barcelona: Tusquets.
— (2002): *Cuentos completos*. La Habana: Ateneo.

Pizarro, Ana (1985): *La literatura latinoamericana como proceso*. Buenos Aires: Centro Editor.
— (1994): *América Latina. Palabra, literatura e cultura*. São Paulo: UNICAMP.
Ponte, Antonio José (2002): *El libro perdido de los origenistas*. México: Aldus.
Portuondo, José Antonio (1960): *Bosquejo histórico de las letras cubanas*. La Habana: Ministerio de Educación.
Prats Sariol, José (1984): «La revista Orígenes». En *Coloquio Internacional sobre la obra de José Lezama Lima*. Poitiers: Espiral.
Prieto, Abel (1985): «Sucesivas o coordenadas habaneras: apuntes para el proyecto utópico de Lezama». En *Casa de las Américas* 152: 14-18.
Prieto Taboada, Antonio (1992): «José Bianco: amistades literarias y proyecto de autonomía». En *Revista de Crítica literaria latinoamericana* 121: 121-133.
Quintero Herencia, Juan Carlos (2002a): *Fulguración del espacio: letras e imaginario institucional de la Revolución Cubana 1960-1971*. Rosario: Beatriz Viterbo.
— (2002b): «Virgilio Piñera: los modos de la carne». En Molinero, Rita (ed.): *Virgilio Piñera. La memoria del cuerpo*. Puerto Rico: Plaza Mayor, 403-425.
Rama, Ángel (1984): *La ciudad letrada*. Hanover: Ediciones del Norte.
Ramos, Julio (1989): *Desencuentros de la modernidad en América Latina*. México: Fondo de Cultura Económica.
Rivera, Jorge (1986): «El auge de la industria cultural». En *Historia de la literatura argentina*, vol. 4. Buenos Aires: CEAL, 577-600.
Riccio, Alessandra (1984): «Los años de Orígenes». En *Coloquio Internacional sobre la obra de José Lezama Lima*. Poitiers: Espiral.
— (1997): «Gombrowicz o la ingratitud. La traducción de Ferydurke». En *Crítica* 64: 97-113.
Rodríguez Feo, José (1962): *Notas críticas*. La Habana: Unión.
— (1976): «Mis recuerdos de Pedro Henríquez Ureña». En Henríquez Ureña, Pedro: *Ensayos*. Santo Domingo: Taller.
— (1991): *Mi correspondencia con Lezama Lima*. La Habana: Era.
Rodríguez Monegal, Emir (1949): «Discusión en torno a uno de los Borges posibles». En *Marcha* 468: 13-14.
Roig, Arturo (1993): *Rostro y filosofía de América Latina*. Mendoza: Ediunc.
Rojas, Rafael (1998): *Isla sin fin. Contribución a la crítica del nacionalismo cubano*. Miami: Universal.
— (2000): *Un banquete canónico*. México: Fondo de Cultura Económica.
— (2007): «Anatomía del entusiasmo. La revolución como espectáculo de ideas». En *Encuentro de la cultura cubana* 45/46: 3-15.
— (2008): *Motivos de Anteo. Patria y nación en la historia intelectual de Cuba*. Madrid: Colibrí.
Rosa, Nicolás (1987): «*Sur* o el espíritu de la letra». En *Los fulgores del simulacro*. Santa Fe: Universidad del Litoral.

SAID, Edward (1996): *Cultura e Imperialismo*. Barcelona: Anagrama.
SALGADO, César (2001): *From Modernism to Neobarroque. Joyce and Lezama Lima*. Lewisburg / London: Bucknell University press / Asociated University Presses.
— (2002): «The Novels of Orígenes». En *New Centennial Review* 2, 2: 201-230.
— (2004): «Orígenes ante el Cincuentenario de la República». En Birkenmaier, Anke & González Echevarría, Roberto (eds.): *Cuba: un siglo de literatura (1902-2002)*. Madrid: Colibrí, 165-190.
SANTÍ, Enrico Mario (1975): «Lezama, Vitier y la crítica de la razón reminiscente». En *Revista Iberoamericana* 92-93: 535-546.
— (1984): «Entrevista con el grupo Orígenes». En *Coloquio internacional sobre la obra de José Lezama Lima*, vol 2. Madrid: Fundamentos.
— (1985): «La invención de Lezama Lima». En *Vuelta* 102: 47.
— (2002): «Carne y papel: el fantasma de Virgilio». En Molinero, Rita (ed.): *Virgilio Piñera. La memoria del cuerpo*. Puerto Rico: Plaza Mayor, 79-94.
SARLO, Beatriz (1983): «La perspectiva americana en los primeros años de *Sur*». En *Punto de Vista* 17: 10-12.
— (1985): «Pedro Henríquez Ureña: lectura de una problemática». En *Filología* XX: 9-20.
— (1992): «Intelectuales y revistas: razones de una práctica». En *América (Cahiers du Criccal)* 9-10: 8-16.
— (1995a): *Borges, un escritor en las orillas*. Buenos Aires: Ariel.
— (1995b): *Escenas de la vida posmoderna*. Buenos Aires: Ariel.
— (2001): *La batalla de las ideas (1943-1773)*. Buenos Aires: Ariel.
SARTRE, Jean Paul (1980): *El existencialismo es un humanismo*. Buenos Aires: Sur.
— (1948): *El muro*. Buenos Aires: Losada.
— (1990): *¿Qué es la literatura?* Buenos Aires: Losada.
SOSNOWSKI, Saúl (1999): *La cultura de un siglo: América Latina en sus revistas*. Buenos Aires: Alianza.
SPENGLER, Oswald (1966): *La decadencia de Occidente: bosquejo de una morfología de la historia universal*. Madrid: Espasa Calpe.
VILLORDO, Oscar Hermes (1993): *El grupo Sur. Una biografía colectiva*. Buenos Aires: Planeta.
VÁSQUEZ, María Esther (1991): *Victoria Ocampo*. Buenos Aires: Planeta.
— (2002): *Victoria Ocampo. El mundo como destino*. Buenos Aires: Seix Barral.
VIÑAS, David (1971): *Literatura Argentina y realidad política. De Sarmiento a Cortázar*. Buenos Aires: Siglo XX.
— (ed.) (2007): *El peronismo clásico (1945-1955). Descamisados, gorilas y contreras*. Buenos Aires: Paradiso.
VITIER, Cintio (1948): *Diez poetas cubanos (1937-1947)*. La Habana: Orígenes.
— (1952): *Cincuenta años de poesía cubana*. La Habana: Dirección de cultura del Ministerio de Educación.
— (1970): *Lo cubano en la poesía*. La Habana: Letras Cubanas.

— (1993): «La aventura de Orígenes». En Lezama Lima, José: *Fascinación de la memoria*. La Habana: Letras Cubanas.
— (1994): *Para llegar a Orígenes*. La Habana: Letras Cubanas.
— (2002): *Este sol del mundo moral. Para una historia de la eticidad cubana*. La Habana: Unión.
WILLIAMS, Raymond (1980): *Marxismo y literatura*. Barcelona: Península.
— (1981): *Cultura. Sociología de la comunicación y del arte*. Barcelona: Paidós.
— (2001): *Cultura y sociedad*. Buenos Aires: Nueva Visión.
WILSON, Patricia (2004): *La constelación del Sur. Traductores y traducciones en la literatura argentina del siglo XX*. Buenos Aires: Siglo XXI.
ZAMBRANO, María (1996): *La Cuba secreta y otros ensayos*. Madrid: Endymion.
ZULETA ÁLVAREZ, Enrique (1997): *Pedro Henríquez Ureña y su tiempo*. Buenos Aires: Catálogos.
ZANETTI, Susana (1994): «Modernidad y religación: una perspectiva continental (1880-1916)». En Pizarro, Ana (ed.): *América latina. Palabra, literatura e cultura. Vol 2, Emancipacao do discurso*. Campinas: Unicamp, 489-534.

www.ingramcontent.com/pod-product-compliance
Lightning Source LLC
Chambersburg PA
CBHW020612300426
44113CB00007B/609